OVNIS

en

Norvège

Cold Cases

1972 Ovni sous le Sognefjord

1946 et 1952 Spitzbergen

François Garijo et Paola Garijo

OVNIS en Norvège, Cold Cases
© François Garijo et Paola Garijo 2022
Dépôt Légal 2022
N° ISBN : 979-10-97252-21-2
EAN : 9791097252212

Présentation
Ovni sous les mers scandinaves

En introduction au thème ufologique en Scandinavie, nous avons voulu aborder un dossier récent qui résume toute l'ufologie à lui seul dans une affaire extraordinaire : d'objet non identifié sous la mer. La première rencontre officielle de ce type, provient de l'équipage du dragueur de mines Pelorus, qui signala des OVNIS en cercles lumineux sur l'eau au matin du 26 février 1946. Le navire naviguait dans les eaux côtières des îles anglo-normandes, le soir, alors qu'il rentrait à la base, un énorme cercle lumineux est soudainement apparu sur le côté tribord. Il tournait dans le sens des aiguilles d'une montre à une vitesse incroyable. Le commandant donne l'ordre d'accélérer, mais l'objet les suit, puis lorsque qu'ils appellent par radio pour signaler l'incident, le mystérieux objet sous-marin lumineux a disparu dans les profondeurs. Cet incident est raconté par un capitaine vétéran du renseignement de la marine soviétique Igor Barclay, il connait bien les objets aquatiques non-identifiés en eaux russes et internationales, il les rencontra et en témoigne une fois à la retraite :

« Sa vitesse était supérieure à 500 nœuds. Nous ne pouvions tout simplement pas la mesurer physiquement avec notre équipement. Plus de 500 nœuds, c'est environ 800 à 900 kilomètres à l'heure sous l'eau. Les objets terrestres ne peuvent jamais développer une telle capacité. La vitesse maximale des sous-marins modernes les plus rapides est d'environ 70 à 80 kilomètres par heure. » Après cet incident mystérieux du dragueur de mines, les cercles lumineux sont devenus fréquents, les renseignements navals britannique et soviétique furent inondés de déclarations décrivant d'étranges cercles en rotation de lueurs sous-marines, d'objets. De plus, des marins américains, suédois, italiens et français commencent à leur tour à rencontrer des étrangetés similaires. Selon Nick Pope, l'ancien chef du département pour l'étude des phénomènes anormaux du ministère britannique de la Défense :

« Des personnes ont affirmé que les militaires de la marine avaient vu des OVNIS et l'ont rapporté. Ils voyaient des objets voler hors de l'océan, replonger dans l'eau, il y avait confirmations sonars, enregistrant des objets inconnus dans les profondeurs des mers, ces objets sont parfois sortis de l'eau pour s'envoler dans le ciel. »

Hiver 1972 en Norvège on découvrit un OANI sous la mer à plus de 300 km/h, certains diront avec des pics jusqu'à 600Km/h..

L'affaire est intéressante et pourrait se résumer ainsi : un OVNI circule de long en large sous les eaux d'un fjord à plus de 300 k/h sans rien percuter durant plusieurs jours, puis est bombardé en vain, on demande aux militaires de ne pas divulguer qu'ils ont vu surgir des eaux une sorte d'ellipse dans une accélération fulgurante. Une ellipse OVNI similaire figure dans le dossier de douze pages : Project Blue Book Case File for the Lockheed incident du 16 décembre 1953 à l'ouest de Brents Junction, Californie, comme en témoigne l'ingénieur en chef de la firme Lokheed Martin. Coïncidence ou pas, deux ans plus tard un brevet soucoupe volante est déposé par cette compagnie. Sur fond de guerre froide l'incident norvégien en 1972 est exploité par l'OTAN pour envenimer la situation et diaboliser l'URSS, mais des années plus tard tous les hauts fonctionnaires, militaires et espions impliqués dans le dossier parlent d'un OVNI, de quelque chose d'inconnu sur terre. Un OVNI extraordinaire se déplaçant dans les eaux et les airs est-ce possible ?

En 2021 le secrétaire à la Marine des États-Unis au siège de la division du Naval Air Warfare Center (NAWCAD) à Patuxent River, dans le Maryland déclare : « Nous détenons des brevets classés confidentiels sous la dénomination : Brevets OVNIS. » L'affaire fuite suite à une indiscretion du bureau de l'United States Patent and Trademark Office en 2019, le patron de la technologie aérospatiale avancée de la marine affirme que le brevet clé OVNI est utilisable, malgré la contreverse qu'il soulève auprès du Patent Office.

Un astrophysicien du nom d'Eric W.Davis, consultant auprès de la division OVNI du Pentagone, déclare que certains des matériaux proviennent de sources que : « Nous ne pouvons pas fabriquer nous-mêmes sur terre c'est de la retroconception extraterrestre. »

Que se cache-t-il derrière les brevets d'énergie de fusion de la marine américaine en relation avec une affaire en Scandinavie datant de 1972, que nous aborderons plus loin dans ce livre ?[1] L'un de ces brevets décrit un engin hybride aérospatial-sous-marin censé être capable de prouesses extraordinaires dans l'air, l'eau et l'espace, grâce à un système de propulsion électromagnétique pulsant révolutionnaire et des coques composites en forme de triangle ou de soucoupe volante.

Le Dr Salvatore Cezar Pais, ingénieur en aérospatiale à la Naval Air Warfare Center Aircraft Division (NAWCAD), dépose des brevets pour un « dispositif de fusion par compression plasma » en 2019, qui peut se placer dans un appareil en forme de soucoupe volante.

Pais est l'auteur des brevets d'une technologie inconnue sur terre.

Parallèlement à lui, Lockeed Martin développe de son côté un concept secret identique utilisant l'anti-gravité depuis les années quatre-vingt, un de leurs ingénieurs aujourd'hui décédé affirmait à la télévision américaine qu'il a travaillé sur la retroconception grâce aux appareils extra terrestres récupérés dans la zone 51, par l'Air Force et l'US Navy. Sur ce sujet, le secrétaire à la Marine des États-Unis au siège de la division du Naval Air Warfare Center (NAWCAD), Patuxent River, Maryland refute toutes les allégations en bloc : « Ce sont des inventions classées confidentielles. »

---

[1] https://patents.google.com/?inventor=Salvatore+Pais&oq=inventor:(Salvatore+Pais).

https://patents.google.com/patent/US10135366B2/en.

L'US Navy et le Dr.Salvatore Cezar Pais engagent des essais sur le Plasma Compression Fusion Device, un vieux projet de la NASA en 1979. Ce dernier, pourrait conduire au développement d'une arme de modification de l'espace-temps[2]. Avec une propulsion quantique allant plus vite que la lumière, un objet physique va se trouver dans un espace temps quantique distinct du notre.

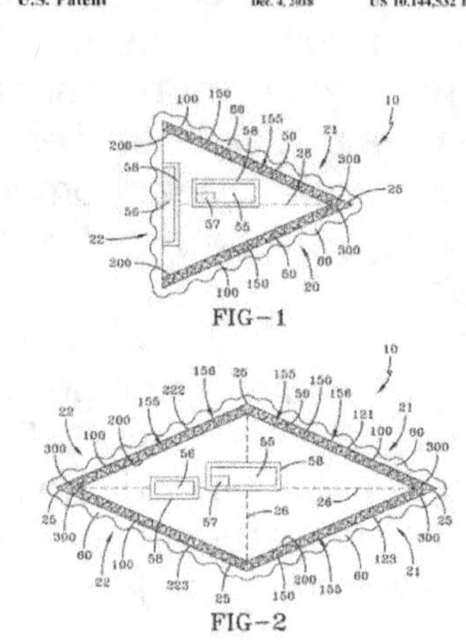

L'US Navy travaille sur des triangles, des ellipses, des soucoupes volantes.

L'un de ces brevets décrit un engin hybride aérospatial-sous-marin censé être capable de prouesses extraordinaires dans l'air, l'eau et l'espace utilisant le concept d'un mouvement contrôlé de matière chargée électriquement par vibration accélérée créant un vide auour de l'appareil. De telles capacités aquatiques et aériennes nous sont connues depuis longtemps déjà. Une fois analysés, de nombreux cas d'OVNIS entrent pleinement dans de telles capacités technologiques, et très étrangement : les croquis de la NASA en 1979, correspondent aux observations en Scandinavie de 1972 ! Est-ce un hasard fortuit ?

---

[2] https://patents.google.com/?inventor=Salvatore+Pais&oq=inventor:(Salvatore+Pais)
https://patents.google.com/patent/US10135366B2/en

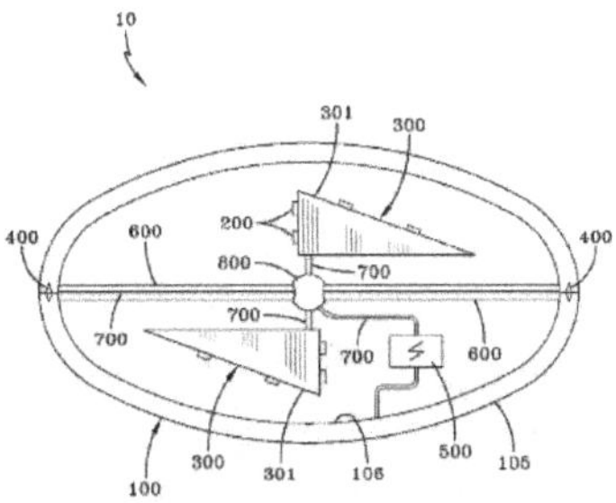

Autre brevet de la Navy : « Générateur d'ondes gravitationnelles à haute fréquence »

La rivalité entre La Navy et Lockheed Martin est connue de longue date, tous deux testaient des appareils extraordinaires dans la Zone 21 au Nevada depuis la fin de la seconde guerre mondiale.

Selon Kelly Johnson, ingénieur aéronautique pour Skunk Works division, la firme disposait de dossiers secrets notamment des observations de plusieurs ingénieurs dont K.Johnson lui même.

L'expression Skunk works peut se traduire par « Atelier des Putois ». Aux États-Unis, la moufette, cousine du putois. Ce terme est utilisé dans les affaires, l'ingénierie et les domaines techniques pour désigner un groupe bénéficiant d'une forte autonomie au sein d'une entreprise pour travailler sur des projets novateurs ou secrets.

Le 23 janvier 1953, un ingénieur du nom de Nathan C.Price déposa deux brevets au nom de Lockheed. Il a fallu environ une décennie avant que les brevets ne soient accordés en 1963. La chose intéressante ici est que l'avion détaillé dans ces deux inventions, est une conception de soucoupe volante, non seulement capable de grande vitesse, mais aussi de haute altitude.

Toutefois rien ne nous permet d'imaginer un instant que la capacité des travaux de Lockheed Martin atteignait à ce stade prototype, les caractéristiques de vol des OVNIS.

SUPERSONIC AIRCRAFT

Original Filed Jan. 23, 1953   3 Sheets-Sheet 1

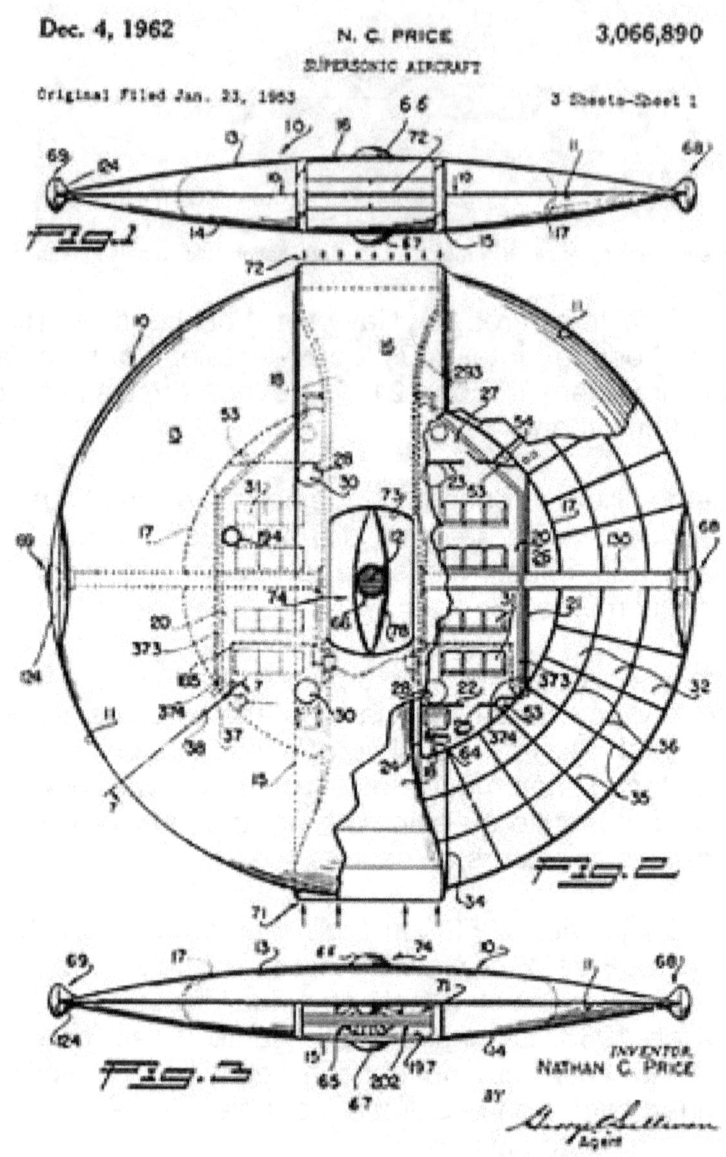

Lockheed Martin Nathan C. Price
Brevet décembre 1962.

Kelly Johnson a fourni deux croquis signés témoignant de son observation[3]. L'un est l'objet de décembre 1953, une simple ellipse aplatie, mais le second, daté d'environ novembre 1951, montre un objet étrange ressemblant à un avion à ailes volantes arrondies et en flèche. Dans son récit écrit, Johnson précise :

« Je dois également déclarer qu'il y a environ deux ans, Mme Johnson et moi même avons vu un objet que je croyais à l'époque, et que je pense toujours, être une soucoupe volant à l'ouest de Brents Junction, Californie, par une nuit très sombre. Je n'ai pas vu l'objet lui-même mais une flamme ou une émanation clairement définie, comme indiqué sur le croquis ci-joint. Cet objet voyageait d'est en ouest à une vitesse très élevée et sans bruit. La flamme ou l'émanation était d'un beau bleu clair, avec des bords extrêmement bien définis. Ma première impression était qu'il s'agissait d'un avion à postcombustion, mais l'absence de bruit et la propagation pure de la flamme ont complètement éliminé cette possibilité. »

Mais quel rapport direz-vous entre toutes ces affaires sans connection entre-elles ?

C'est fort simple !

L'Observation de Kelly Johnson en décembre 1963 ressemble à s'y méprendre au projet de la NASA : Field Resonance Propulsion concept ainsi qu'à l'OVNI de Norvège en 1972.

Un Ovni est observé en 1967 au-dessus de la Volga, c'est une éllipse, se déplaçant sans bruit ni trainée de propulsion. On ne peut plus se contenir à des doutes raisonnables, les coïncidences ne trompent pas.

---

[3]Observation de Brents Junction, une petite ville juste à l'est du ranch Johnson's Agoura.

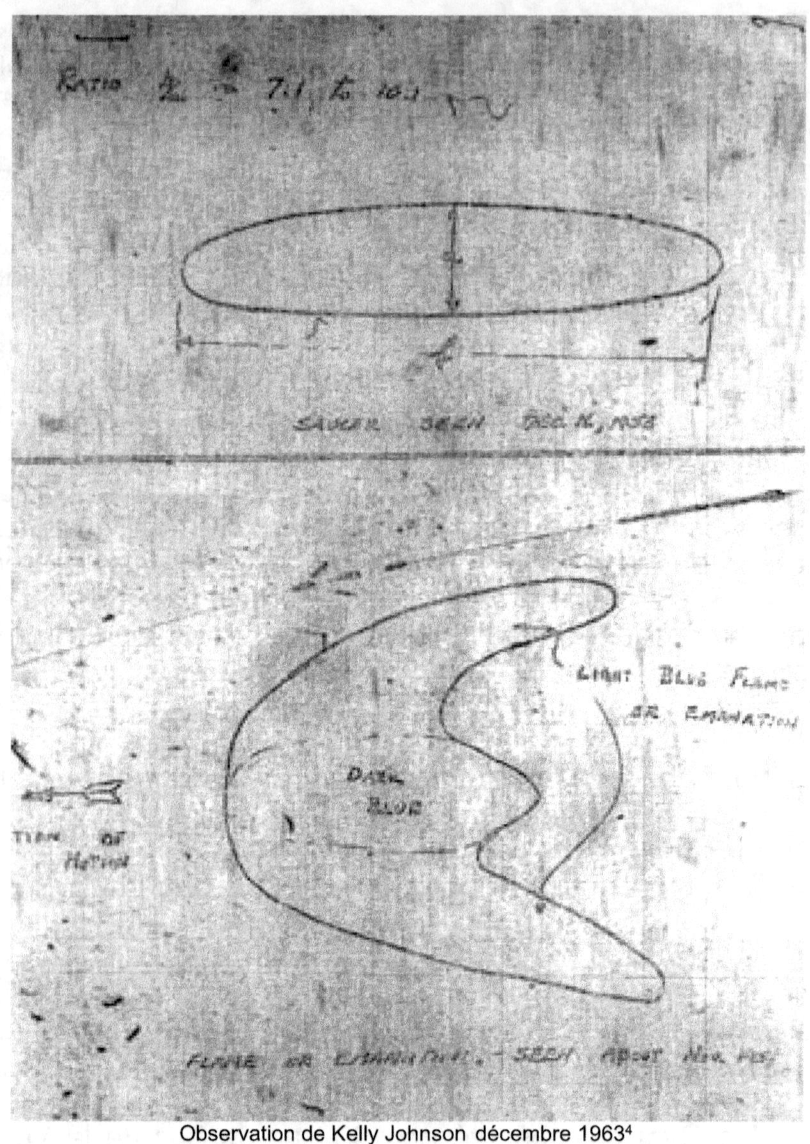

Observation de Kelly Johnson décembre 1963[4]

---

[4] WV-2 4301, numéro de série USN 126521, l'avion impliqué dans l'incident d'OVNI.

Project Blue Book Case File for the Lockheed incident.

Biographie de l'US Air Force, Lt General Donald Putt :
http://www.af.mil/news/biographies/putt_dl.html

En 1972 au Sognefjord nous retrouvons la même capacité de déplacement ahurissante des ovnis aériens, mais cette fois sous les eaux plus de 300 km/h au travers d'un fjord qui n'était pourtant pas pas en ligne droite. Sept ans plus tard une monographie de la NASA datée d'août 1979 : Field Resonnance Propulsion Concept confirme l'existence des OVNIS et la nécessité d'une étude approfondie étendue en laboratoire incluant la fusion expérimentale, la configuration de propulsion magnétique et hydrodynamique (p7 et p8), ils préconisant une ellipse et une soucoupe volante confirmant (p3) que les OVNIS dépassent la vitesse de la lumière et se transportent au-delà de l'espace et du temps. La NASA n'exclut pas la possibilité de poursuivre le développement d'une telle technologie à des fins spatiales futures.

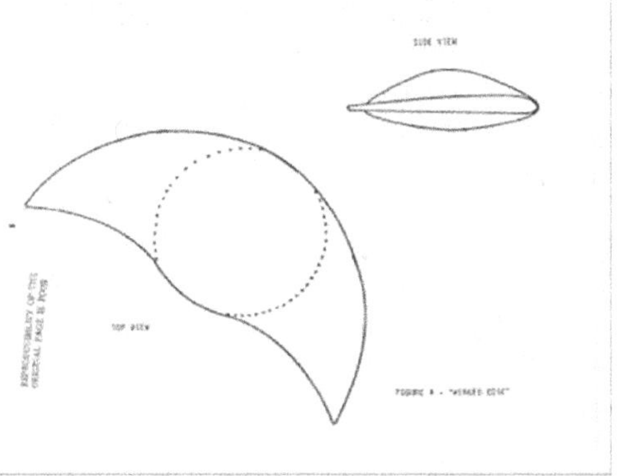

Source : rapport de la NASA National Aeronautics & Space Administration, Washington DC Août 1979 Lyndon B. Johnson Space Center Field Resonance Propulsion Concept p. 8.

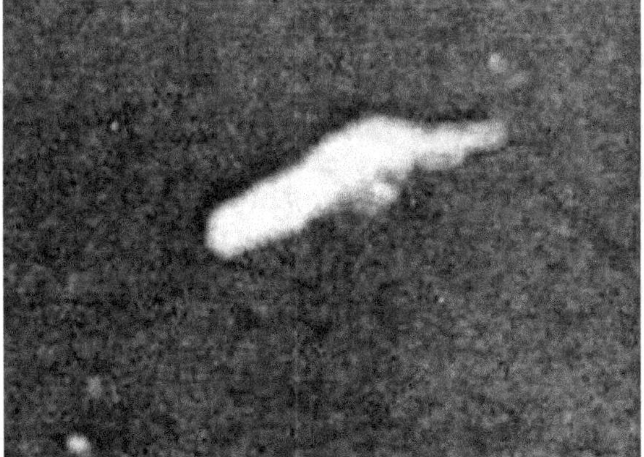

Photo M.Gershteyn, Ovni sur la Baltique Soviétique 11 fevrier 1976.

Field Resonance Propulsion Concept

(NASA-TM-80961) FIELD RESONANCE PROPULSION
CONCEPT (NASA) 13 p HC A02/MF A01 CSCL 21C

G3/20

August 1979

NASA
National Aeronautics and
Space Administration

Lyndon B. Johnson Space Center
Houston, Texas

Rapport de la NASA pour la National Aeronautics & Space Administration, Washington DC.
Août 1979.

Photo source Nasa, trace sur Mars
Empreinte possible d'un Ovni qui s'est posé, remarquez les deux cercles de part et d'autre.

Chasse à l'OVNI, Norvège 1972

Photo prise en 1972 au cours de la chasse à l'ovni.

Si nous devions comparer l'affaire de 1972[5] avec sa technologie connue, le premier sous-marin nucléaire d'attaque français, le Rubis, lancé en 1979 progressait en plongée à la vitesse de 25 nœuds maximum (46 km/h), autant qu'une mobylette sur terre, nous excluons toute possibilité qu'un appareil de quelque nation que ce soit, à détenu cette technologie à l'époque pas plus que ce n'est le cas aujourd'hui.

Entre 1969 et 1982 : 226 observations de sous-marins soviétiques sont signalées en Norvège, toutefois dans ce nombre, plusieurs cas OVNIS furent rapportés :

- 104 Sont considérées comme des erreurs possibles.

---

[5] L'affaire du Sognefjord est référenciée dans les statistiques du The Washington Papers, Soviet Submarine Operations in Swedish Waters 1980-1986, de Milton Leitenberg publié en 1987 par le Center for Strategic Studies and International Studies Washington D.C. ISBN 0-275-92841-1, paragraphe Norway, p 18.

- 29 Correspondent à un évènement unique celui de l'OVNI du Sognefjord en novembre 1972.

- 122 Autres se diluent sur une période de 13 années en trois catégories, avéré, probable, et possible.

Par ailleurs, le cas de 1972 et celui du Hardangersfjord du 27 avril au 6 mai 1983 sont très connus.[6]

Norvège 1972 l'Opération DUCK désigne une chasse à l'OVNI du 12 au 29 novembre 1972 par des navires de l'OTAN.

À l'automne 1972, les services côtiers de la Norvège découvrent un intrus sous-marin dans leurs eaux territoriales. Il ne répond pas aux signaux d'avertissement, n'entre pas en contact. Arrive le 12 Novembre 1972, cette nuit-là, le radar du ferry de Vangsnes, comté de Vestland détecte quelque-chose sous, l'eau, un bip inattendu. Un ou des marins voient un énorme objet sombre sous la surface et supposent qu'il s'agit d'une baleine, même s'il était inhabituel pour une baleine d'être aussi loin à l'intérieur des terres.

Un peu avant, un pêcheur nommé Mons Langetig se tenant sur la rive près de Vangsnes, dans l'après-midi de ce 12 novembre 1973, fut surpris de voir ce qui ressemblait à une proéminence, sans doute un périscope ondulant à la surface de l'eau (second témoin oculaire civil ayant vu un périscope, mais il n'en était pas sûr non plus à 100 %).

Une femme Johanna Vangsnes, le second témoin d'un periscope, dira elle aussi avoir vu ce qui pourrait donc être un sous-marin ce 12 novembre à Vik :
« Que c'était un sous-marin, j'en suis presque sûre, c'était clairement visible, je l'ai vu et l'ai suivi depuis la terre pendant longtemps, avant que tout ne disparaisse soudainement dans les profondeurs », dit-elle.

---

[6]https://www.youtube.com/watch?v=QSTE2lQsJ4g&list=PLq5ToL2SXFdbHBGi0JmCmG-CNc7pprlAH&index=80&t=0s.

Elle maintiendra cette position cinquante ans durant, elle en était persuadée, mais pourquoi ?

Parce que tout le monde parlait en permanence de la présence des sous-marins soviétiques, dans les journaux, à la radio et à la télévision, il ne pouvait donc s'agir que de cela et de rien d'autre.

Les navires de la flotte de l'OTAN organisaient non loin de là, des exercices, de sorte que des spéculations selon lesquelles un sous-marin potentiel russe les espionnait, furent pertinentes. Sous le nom de Standing Naval Force Atlantic (Stanavforlant) une force multinationale de dix navires stationnant au port de Bergen, proposa de se joindre à la chasse au sous-marin, de nombreux navires de pêche civils firent de même, plus deux croiseurs britanniques, trois hélicoptères, deux sous-marins (ou trois), quatre frégates, dix à seize navires de guerre Norvégiens, un avion.

En une semaine, 10 observations d'un objet inconnu immergé en mouvement rapide sont signalées, quand à son tour, une unité de défense norvégienne détecte quelque chose métallique en mouvement rapide. Le navire de guerre Trondheim remontant la voie navigable établit un écho sonar positif avec l'objet, allant de 180 à 300 kilomètres heure.

Nous sommes en 1972, les USA insistent pour qu'une traque massive soit organisée, le renseignement de la marine américaine dispose d'informations que les Norvégiens ne connaissent pas, ces données confidentielles les motivent. Leurs navires et en particulier un sous-marin ont filmé des objets inconnus sortant des eaux avant de s'envoler avec aisance dans le ciel (1970-1971). La Norvège est visitée, par des inconnus, il est temps de découvrir par quoi.

Photos prises depuis un périscope années 70 par l'armée américaine en eaux Norvégiennes.

Photo prise depuis un périscope en eaux Norvégiennes.

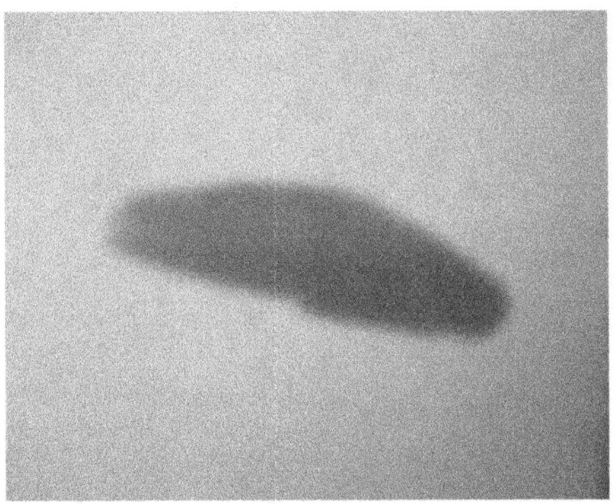

Photo SSN 674 Trepang 1971 eaux norvégiennes.

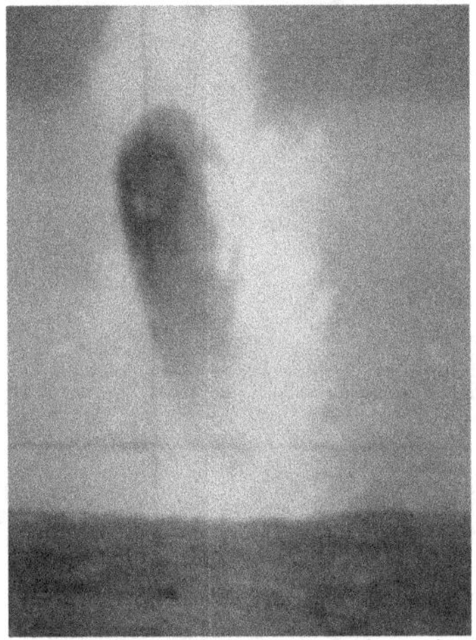

Un immense cigare volant sort des eaux et s'envole dans le ciel 1971.

« Nous ne pouvons pas faire de suppositions », dit le ministre de la Défense Johann Kleppe aux journalistes, de plus : « Nous devons nous en tenir aux faits, et ils sont qu'un sous-marin étranger se trouve dans les eaux norvégiennes. Ce fait est basé sur une information à la fois visuelle et technique. » Ce dernier propos est totalement faux, Kleppe le reconnaitra lui même des années plus tard, il savait qu'il ne s'agissait pas des soviétiques : « L'entrée du fjord d'une profondeur de 650 pieds offre une voie touristique navigable, bordée de hautes montagnes, mais il n'y a rien d'important sur le plan militaire dans la région et donc aucune raison stratégique majeure pour qu'un sous-marin espion étranger s'y trouve», soulignent les journaux norvégiens.

Photo prise depuis le sous-marin nord-américain USS Trepang SSN 674 en mars 1971 lors de son voyage entre l'Islande et l'île norvégienne de Jan Mayen dans l'océan Atlantique,

L'amiral commandant à bord était Dean Reynolds.

USS Trepang SSN 674 en 1971.

L'affaire du sous-marin fantôme

L'armée norvégienne déclare la guerre à ce qu'elle suppose être un sous-marin soviétique et se trouve face à face avec un OVNI. L'affaire est factuelle que l'on y croie ou pas, l'amiral en chef, et premier ministre de l'époque affirment depuis presque cinquante ans qu'il s'agissait indubitablement d'un OVNI, et rien d'autre. Que sait-on de ce dossier secret norvégien ?

Un rapport classe hautement confidentiel pendant plus de 33 ans sort des archives, ce document de 16 pages daté du 24 janvier 1973, est déclassifié par le renseignement militaire des forces navales norvégiennes en janvier 2006. Il décrit une bataille navale de plusieurs jours contre un inconnu circulant sous la mer à 300 km/h et propose une probabilité certaine qui doit impérativement satisfaire tout le monde :

« Le 24 janvier 1973 : Nils Tiltnes, capitaine Commandant en chef ORG 1, réf. FO/ 6 Feb 1973/629/73/357. Aucune des observations techniques faites n'était de nature telle qu'il puisse être établi qu'un sous-marin étranger était présent dans le Sognefjord pendant la période considérée. [...] Cependant, si l'on compare toutes les observations techniques qui ont été faites, la conclusion doit être qu'il est extrêmement probable qu'un sous-marin étranger ait été immergé dans le Sognefjord pendant la période concernée. » Ors les observations techniques prouvent au contraire qu'un objet inconnu dépassant toutes les capacités de déplacement en immersion s'est joué des forces armées les plus modernes de l'OTAN. Les OVNIS existent ; la marine Norvégienne fut confrontée à cette réalité[7], bien que les journaux de l'époque se refusent de l'admettre, un mensonge bienséant vaut mieux qu'une réalité dérangeante.

---

[7] Nettstaden til Oddmund Løkensgard Hoel 10 février 2010.

http://www.krundalen.no/blogg/?p=674&cpage=1.

HEMMELIG
i.h.t. Sikkerhetsinstruksen

POSTREFERANSEARK for innkommet skriv ved :

KNM TORDENSKJOLD

KNM Tordenskjold JOURNALSTEMPEL	Senders ref 20/6 Feb 1973/629/73/357
KNM TORDENSKJOLD HEMMELIG J nr H-136 Dato 9/2 -73 3-7	INNHOLD : FREMMED UVB I NORSKE FARVANN - ANALYSE AV TILFELLET I SOGNEFJORDEN. Ekspl nr 1 m/2 vedlegg Ekspl nr 2 og 2

Fordeles til	Sign.	Dato	Skrivet er kommet i 1 eksemplarer og 2 vedlegg
NK		9/2	La saken sirkulere om ARKIVET for registrering
S		9/2	MERKNAD :
ARS			AVGRADERT
HAS		13/2	Dato 20/11.04 Sign.
RAS			
SBS			
SOS		27/2.	
TMS			
TAS		28/2	

For SAKSBEHANDLER :
Oppbevaringskategori
ARKIVERES (TA)

KUN FOR ARKIVET :
Følgende KNM Tordenskjold Jnr er vedheftet :

Jnr /
Jnr /
Jnr /
Jnr /
Jnr /
Jnr /

ARKIVERES?				Originalskriv og/eller vedheftede skriv kan ikke fjernes uten Arkivets samtykke.
Sign	Dato	Sign	Dato	Hvis et skriv er i flere eksemplarer og ett beholdes, skal dette anføres.

Voici le document confidentiel en question.

Rapport du commandant des forces navales du commandement de la défense du sud de la Norvège, daté du 24 janvier 1973[8].

---

[8] http://www.krundalen.no/artiklar/uvb-rapport.pdf.

Vår referanse
629/73/SST/ORG-1/NT/G3I/357
Tidligere referanse
SST 27 des 72/69019/72/357

Dato
- 6 FEB 1973

AVGRADERT
Dato 29/1-06   Sign. _______

√ KNM TORDENSKJOLD   (Ekspl nr 1 m/2 vedl expl nr 2 og 2)

Int ford:
ORG-1   { "   "   2 u/vedl)
K-22   { "   "   3 u/vedl)
PO/Arkiv   { "   "   4-5 u/vedl)

FREMMEDE UVB I NORSKE FARVANN - ANALYSE AV TILFELLET I
SOGNEFJORDEN

./.   Vedlagt oversendes rapport fra Kommandøren for sjøstrids-
kreftene i Sør-Norge med kommentarer fra Øverstkommanderende
i Sør-Norge.

Rapporten bes returnert Forsvarets overkommando/Sjøfor-
svarsstaben etter gjennomsyn.

Uten vedlegg er dette skriv UGRADERT.

                    Etter fullmakt

                    Nils Tiltnes
                    Kommanderkaptein
                    Sjef ORG-1

ØVERSTKOMMANDERENDE I SØR-NORGE
Oslo mil/Holmenkollen
OSLO 1

(02) 14 73 90

Ekspl nr 2 av 11
Side 1 av 6

Vår referanse
17417/72/B/OKS/357

Dato
24 januar 1973

Tidligere referanse
a. H-187/72/FKS/MAROPS/357.1 av 11 des 1972
b. 17417/72/FKS/KOMSJØSØR/357 av 10 jan 1973
c. 17417/72/FKS/KOMLUFTSØR/357 av 17 jan 1973

Forsvarssjefen   (ekspl nr 1 med 2 vedlegg)

Gjenpart
FO/GIS   ("   " 2 uten vedlegg)
FO/GIL   ("   " 3 "   ")
FKN   ("   " 4 "   ")
SKV   ("   " 5 "   ")

Int ford
KOMSJØSØR   ("   " 6 "   ")
KOMLUFTSØR   ("   " 7 "   ")
MAROPS STAVANGER   ("   " 8 "   ")
OKS   ("   " 9 "   ")
ARKIV   ("   " 10-11"   ")

OPERASJON DUCK I SOGNEFJORDEN 12 - 29 NOVEMBER 1972 - RAPPORT

1. Vedlagt oversendes kommentarer til OPERASJON DUCK I Sognefjorden 12 - 29 november 1972, utarbeidet av Kommandøren for sjøstridskreftene i Sør-Norge (ref b) og Kommandøren for luftstridskreftene i Sør-Norge (ref c. Detaljert rapport over operasjonen er tidligere sendt Forsvarssjefen direkte fra FKS/Maritimt operasjonssenter Stavanger (ref a).

2. HENDELSESFORLØP

Ved FKS/Maritimt operasjonssenter ble der kl 1500Z den 12 november mottatt melding om at to sivile personer ca kl 1300 hadde iakttatt hva man måtte anta å være en delvis neddykket undervannsbåt utenfor Vangsnes i Sognefjorden. På grunnlag av iakttakernes pålitelighet og beskrivelsen av det observerte ble OPERASJON DUCK besluttet igangsatt.
Tilgjengelige sjø- og luftstridskrefter ble beordret til Sognefjorden med ordre om å lokalisere og bringe til overflaten den ukjente undervannsbåt som antokes å befinne seg der. Oversikt over disse styrker er gitt i pkt 4.

Vedlegg: 2   HEMMELIG

Operasjonen ble ledet av Kommandøren for sjøstridskreftene i Sør-Norge i
samarbeide med Kommandøren for luftstridskreftene i Sør-Norge og gjennom-
ført i overensstemmelse med reglene for OPERASJON DUCK slik disse er
fastsatt i COMNAVNON/COMNAVSONOR CLASSIFIED INSTRUCTIONS (CCCI).

Under operasjonen kom der inn meldinger fra sivile kilder og observasjone
fra deltakende styrker. Disse styrket antagelsen om at der var en under-
vannsbåt til stede. Detaljer om utførte søk, observasjoner og bruk av
varselladninger og våpen fremgår av referansene a og c.

Operasjonen ble avsluttet kl 1600A den 29 november idet man da hadde
sterke indikasjoner på at der ikke lenger befant seg noen fremmed under-
vannsbåt på norsk område.

3.   RESULTAT AV OPERASJONEN

     Ingen av de iakttagelser og tekniske observasjoner som ble gjort var av
     en slik natur at man kan fastslå at en fremmed undervannsbåt var til ste
     i Sognefjorden i det aktuelle tidsrom. I ref b, pkt 7, nevnes at kontakt
     ble oppnådd fra norsk undervannsbåt og P-3B den 24 november. Kontakten
     fra P-3B, som inntraff 241804Z og som ble holdt i 21 minutter, ble i
     FORM PURPLE klassifisert som POSSUB CONF 3 (ref b, pkt 11, og ref c, ved-
     legg, side 5). På grunnlag av analyse av flyets lydbåndopptak har FST/E
     senere meddelt at denne kontakt er å betrakte som NONSUB. Kontakten opp-
     nådd fra undervannsbåten (SKLINNA) er fremdeles klassifisert som POSSUB.
     Det foreligger ikke lydbåndopptak av denne kontakt.

     Sammenholder man imidlertid alle de iakttagelser og tekniske observa-
     sjoner som ble gjort må konklusjonen bli at det er OVERVEIENDE SANNSYNLIG
     at en fremmed undervannsbåt befant seg neddykket i Sognefjorden i det
     aktuelle tidsrom.

4.   DELTAKENDE STYRKER

     Under operasjonen deltok følgende enheter:

     - Fly

               P-3B ORION fra 333 skv   17 sorties
               UH-1B fra 720 skv   39   "
               2 SEA KING fra FONAC, UK (19-23 nov) 16   "
               NIMROD fra UK (fra 25 nov)   4   "
               P-3B fra KEFLAVIK (26 nov)   1   "

               I tillegg fløy tyske maritime fly
               patrulje i Skagerrak fra 27 nov.

                                      HEMMELIG

- <u>Fartøyer</u>

                    KNM TRONDHEIM (OTC)
                    KNM NARVIK
                    KNM OSLO (fra 24 nov)
                    KNM STAVANGER (fra 24 nov)
                    8 TKB'er fra 21. og 25. TKB skv
                    KNM UTVÆR
                    KNM UTSIRA
                    KNM SKLINNA
                    KNM KAURA

At såvidt mange enheter kunne delta i operasjonen skyldes et sammentreff
av heldige omstendigheter og kan ikke betraktes som representativt for de
midler som til enhver tid kan ventes satt inn i slike operasjoner.

Da operasjonen ble iverksatt hadde OKS tre undervannsbåter under sin
kommando. I tillegg befant 2 fregatter seg i Haakonsvern i første uke av
sin oppøvingsperiode. Samme sted var der ytterligere en undervannsbåt
under oppøving samt TKB'er tilhørende 21. og 25. TKB skvadron.

For assistanse av norske ORION-fly er man avhengig av at disse kan avgis
fra Nord-Norge. Utenlandsk fly- og helikopterdeltakelse er avhengig av
beslutninger som norske myndigheter bare i liten grad kan påvirke.

Det faktum at tids- og distansefaktoren muliggjorde innsetting av fartøyer
i områder for den antatte undervannsbåt kunne ha klart å forlate dette,
var av vesentlig betydning for gjennomføringen. I andre tilfelle, hvor
troverdige undervannsbåtmeldinger innløper fra områder fjernt fra egne
egnede styrker, vil man måtte avfinne seg med en relativt overfladisk
kontroll, som for eksempel visuell observasjon fra ikke-maritime fly og
helikoptere hvis forholdene tillater dette.

Siden der i Sør-Norge i store deler av året savnes effektive beredskaps-
klare styrker, vil man måtte regne med at fremtidige tiltak oftest vil
måtte bli som beskrevet umiddelbart ovenfor.

5. OPERATIVE ERFARINGER

    Man bør ikke trekke for vidtgående slutninger på grunnlag av de er-
    faringer som ble gjort under denne operasjon. Det man imidlertid kan slå
    fast er at:

    - man må forvente at sonarforholdene er vanskelige i indre norsk farvann,
      og at disse favoriserer en undervannsbåt,

    - våre styrkers deteksjonsmuligheter bare kan forbedres hvis A/U fartøyene
      utstyres med Variabel Dybde Sonar (VDS) og ved at vi får helikoptere
      med Dipping Sonar.

                                                     HEMMELIG

I forbindelse med ovenstående anbefales at der ved Forsvarets overkommando
utarbeides en oversikt over de formelle, tekniske og økonomiske konse-
kvenser av en eventuell fremtidig anskaffelse av Dipping Sonar for in-
stallasjon i en del av de nye SEA KING redningshelikoptere.
Likeledes bør tekniske og økonomiske sider ved anskaffelse av VDS til
fregattene og korvettene bringes på det rene. På grunnlag av disse
studier bør man deretter vurdere om A/U beredskap skal prioriteres til-
strekkelig høyt til å rettferdiggjøre anskaffelsen av det nevnte utstyr.

For øvrig kan det konstateres at operasjonen ble gjennomført uten sam-
arbeidsvansker. De britiske A/U helikoptere utførte med sine 16 sorties
et utmerket arbeide. Selv om de ikke oppnådde kontakt, er det på det rene
at deres sonar hadde en rekkevidde som langt overgikk fartøyenes.

Med 39 sorties viste UH-1B helikopteret seg vel egnet som visuelt supple-
ment til sonarsøkene. Effektiviteten av samarbeidet mellom disse heli-
koptere og fartøyer kan forbedres ved fremtidig samtrening. Denne kommando
vil være oppmerksom på dette i forbindelse med 720 skvadrons treningsopp-
legg.

Styrkenes operasjonsfrihet ble noe hemmet av den stadige tilstedeværelse
av sivile småfly som fløy på oppdrag fra pressen. Idet minimum sikkerhets-
høyde under skyting med TERNE er 3000 fot, skulle betingelsene være til
stede for utstedelse av NOTAM som begrenser slik flyvning i operasjons-
området. Kommandøren for luftstridskreftene vil behandle denne sak videre.

For øvrig gir jeg min generelle tilslutning til de operative/taktiske
konklusjoner som fremgår av referansene b og c.

6. PRESSE- OG INFORMASJONSTJENESTE

På grunn av den store interesse som operasjonen ble omfattet med fra
presse og kringkasting, ble belastningen til tider for stor for MAROPS
Stavanger. Forsvarets overkommando medvirket direkte i P&I-tjenesten
gjennom en vesentlig del av det aktuelle tidsrom.

Jeg anser det mest hensiktsmessig at Øverstkommanderende, som den opera-
tivt ansvarlige, forestår den nødvendige informasjonsvirksomhet. Dette
vil i fremtiden bli gjennomført ved midlertidig å styrke MAROPS med offi-
serer som kan besvare henvendelser og ved at der fra FKS om nødvendig
sendes ut periodiske orienteringer gjennom NTB.

7. KOMMANDOFORHOLD OG KOORDINERING

Etter mitt skjønn ble OPERASJON DUCK ledet og gjennomført på en forsvar-
lig og profesjonell måte.

HEMMELIG

KOMSJØSØR har i ref b gitt en rekke synspunkter på kommando- og ansvarsforholdene under operasjoner av denne art. Jeg har ikke til hensikt å kommentere de enkelte utsagn, men ønsker rent generelt å gi uttrykk for at jeg anser disse forhold klart dekket av de gjeldende instrukser. Den måte operasjonen ble gjennomført på støtter også dette syn.

Når det gjelder de rent praktiske forhold er det uunngåelig at det leilighetsvis kan oppstå problemer som følge av den fysiske beliggenhet av det maritime operasjonssenter. Selv om meget kan oppnås ved maksimal utnyttelse av de eksisterende sambandsmidler, er det helt på det rene at der er et behov for SECURE VOICE samband mellom Holmenkollen og Jåttå. Ved installasjon av slikt utstyr vil den operative koordinering bli vesentlig bedret.

KOMSJØSØR gir videre uttrykk for at hans permanente fredsstasjonering bør være i Stavanger. Jeg deler ikke dette syn. Dette forhindrer imidlertid ikke at KOMSJØSØR under spesielle omstendigheter temporært kan forflytte seg til Stavanger.

8. BRUK AV MAKTMIDLER - NYE REGLER

I punktene 13, 14 og 15 i ref b gjennomgår KOMSJØSØR gjeldende regler for bruk av maktmidler overfor en neddykket fremmed undervannsbåt.

Jeg støtter hans konklusjon at gjeldende regler gir undervannsbåten store muligheter til å unnslippe og at de bør revideres således at de kan ha en realistisk og gjennomførbar hensikt.

Av "Regler for fremmede krigsskips og militære luftfartøyers adgang til norsk territorium under fredsforhold" (fastsatt av FD med virkning fra 15 mars 1970) fremgår det (§ 4) at Forsvarssjefens direktiv skal forelegges FD for godkjennelse).

Bestemmelsene i OCCI A4 undergikk en mindre revisjon 23 oktober 1970 og er i overensstemmelse med Forsvarssjefens direktiv og muntlig instruks fra Forsvarsstaben.

Den vesentlige svakhet ved de gjeldende regler er at fartøy eller fly som er gitt i oppdrag å hevde norsk suverenitet overfor neddykket undervannsbåt i beste fall må vente 20 minutter fra varsel gis til men kan iverksette det eneste tiltak som med noen grad av sannsynlighet kan bringe undervannsbåten til overflaten, nemlig regulært angrep. Med de sonarforholdene som man normelt må regne med i norske farvann, er det lite sannsynlig at kontakt i det hele tatt kan holdes så lenge som 20 minutter. Hvis OPERASJON DUCK skal kunne gjennomføres på en formålstjenlig måte i fremtiden må reglene derfor tillate en langt hurtigere reaksjon med maktmidler. Ganske spesielt bør dette gjelde overfor fremmed neddykket undervannsbåt som er trengt inn i indre norske farvann.

KOMSJØSØRs forslag til hovedlinjer i et nytt regelverk – ref b, pkt 15,
har et slikt siktepunkt og jeg slutter meg i prinsippet til dette.

9. ANBEFALING

Jeg anbefaler at Forsvarssjefen lar de gjeldende regler revideres etter
retningslinjer som foreslått ovenfor. OCCI A4 vil deretter bli om-
arbeidet ved samarbeide mellom KOMSJØSØR og KOMSJØNORD.

Einar Tufte Johnsen
Generalløytnant
Overstkommanderende i Sør-Norge

HEMMELIG

HEMMELIG
i.h.t. Sikkerhetsinstruksen

FORSVARSKOMMANDO SØR-NORGE
Kommandøren for sjøstridskreftene
Oslo mil/Holmenkollen
OSLO 1
(02) 14 73 90

HEMMELIG

Ekspl nr 2 av 13

Vår referanse
17417/72/B/FKS/KOMSJØSØR/357
Tidligere referanse
KOMSJØSØR/MAROPS/11 des 72/H-187/72/357.1

Dato
24 januar 1973

Forsvarets overkommando   (Ekspl nr 1)
(Sendes gjennom Øverstkommanderende
i Sør-Norge)

Gjenpart
FO/GIS
KOMSJØNORD
SKV

Int ford
ØKS
KOMLUFTSØR
KOMSJØSØR
STSJ
MAROPS Stvgr
FKS/Arkiv

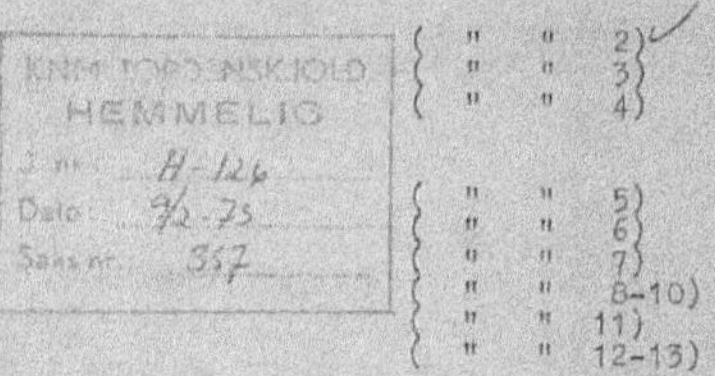

"	"	2)
"	"	3)
"	"	4)
"	"	5)
"	"	6)
"	"	7)
"	"	8-10)
"	"	11)
"	"	12-13)

OPERASJON DUCK I SOGNEFJORDEN 12-30 NOVEMBER 1972 -
FORSVARSKOMMANDO SØR-NORGE/KOMMANDØREN FOR SJØSTRIDSKREFTENE
I SØR-NORGE'S MERKNADER

1. I det etterfølgende tar Forsvarskommando Sør-Norge/Kommandøren
   for sjøstridskreftene i Sør-Norge opp og kommenterer enkelte
   prinsipielle sider ved Operasjon Duck i Sognefjorden. Detalj-
   ene vedrørende selve operasjonen går frem av KOMSJØSØR/MAROPS'
   oversikt av 11 desember 1972.

Operasjonens omfang

2. Da meldingene om ubåtobservasjonene i Sognefjorden ble mottatt
   av KOMSJØSØR hadde man 3 UVBer under KOMSJØSØRs operative kon-
   troll. Den heldige omstendighet at det i Haakonsvern var 2
   fregatter i første uke av sin oppøvingsperiode og det geogra-
   fiske sted for grensekrenkelsen med kort seilingstid fra Marin-
   ens hovedbase - bevirket at man raskt kunne få dirigert ade-
   kvate fartøyer til stedet, og at operasjonen kunne gjennom-
   føres.

3. Et annet tilfelle hadde man ved melding om ukjent ubåt ved
   Slagenstangen i Oslofjorden 13 september 1972. Observasjon-
   ens troverdighet og tiden frem til at militære myndigheter
   fikk melding er meget lik Sognefjordoperasjonens, men det
   videre forløp har IKKE likhetspunkter.

17417/72/B/FKS/KOMSJØSØR/357

- Etter at TO RF-5, EN TKB og ETT havnefartøy - alle uten A/U-
  kapasitet - hadde vært på søk i området fra ca kl 1630 og
  utover en tid, meldte Sjøforsvarskommando Østlandet 132020A,
  at SKØ manglet midler til videre søk, og aksjonen ble der-
  etter avblåst.

4. <u>Konklusjon</u>. Årsaken til at vi denne gang kunne igangsette Ope-
   rasjon Duck så raskt og tilsynelatende effektivt skyldes der-
   for følgende TO tilfeldigheter:

   a. Grensekrenkelsens geografiske beliggenhet, nær Marinens
      hovedbase, og

   b. At man hadde TO fregatter + TKB-skvadroner under oppøving
      i Haakonsvern da grensekrenkelsen fant sted.

   Reaksjonsmønstret er således steds- og tidsbestemt og avhengig
   av sammenfallende, tilsynelatende gunstige tilfeldigheter.

   <u>Deltagende fartøyer</u>

5. Det er nødvendig å understreke at:

   a. Frig div 2 (KNM "TRONDHEIM" og "NARVIK") kun hadde hatt
      sitt mannskap ombord EN uke for oppøving da operasjonen
      startet.

   b. 21 TKB-skvadron samt de TO fartøyene fra 25 TKB-skvadron
      også var under oppøving og stort sett like lite øvet som
      Frig div 2 da disse ble trukket inn i operasjonene.

   c. Av UVBene hadde 3 stk (KNM "UTVÆR", "UTSIRA" og "SKLINNA")
      operativ status, mens KNM "KAURA" var under oppøving.

   d. Frig div 1 (KNM "OSLO" og "STAVANGER") som først kom inn
      i operasjonen den 24 november 1972, var derimot fullt ope-
      rative.

6. <u>Konklusjon:</u> Operasjonen må vurderes på bakgrunn av styrkens
   muligheter/øvelsesnivå. Som "øvelse" betraktet ga imidlertid
   operasjonen gode resultater for mannskapene ombord med en god
   motivasjon for den videre tjeneste.

   <u>Operasjonsforholdene</u>

7. Denne operasjon ga også bevis for at de spesielle og særlig
   vanskelige sonarforhold i våre fjorder gir overflatefartøyer
   små muligheter for deteksjon av ukjent ubåt i indre farvann.
   Alle overflatefartøyenes svake kontakter ble senere evaluert
   til "Nonsub".
   Både egen UVB og egne P3Ber oppnådde kontakter den 24 november.
   To av disse kontakter er regnet som possub.

8. De TO Sea King helikoptere som velvillig ble stillet til vår
   disposisjon i 4 døgn var meget anvendelige. Helikopterenes
   "dipping sonar" kom under skiktene og må derfor i dette tilfel-
   le ansees langt mer effektiv enn fregattenes vanlige sonar.

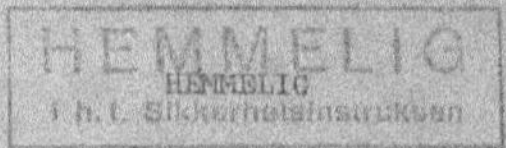

9. <u>Konklusjon</u>. Man må regne med at våre overflatefartøyers sonar-
utstyr har begrensede muligheter til å oppdage ukjente ubåter
inne i våre fjorder. De beste deteksjonsmuligheter har UVBer
og A/U-helikoptere.
For deteksjon/bekjempelse av fremmede ubåter i våre fjorder
har Forsvaret behov for A/U-helikoptere i samarbeide med over-
flatefartøyene.
En mulighet har man her muligens i forbindelse med våre red-
ningshelikoptere.

<u>Operasjonens gjennomføring</u>

10. I møte hos Forsvarssjefen den 16 november anbefalte Øverstkom-
manderende i Sør-Norge/KOMSJØSØR at man gjorde en henvendelse
til UK for å få låne helikoptere med "dipping sonar". Dessuten
ble det tilrådet å stramme inn på den prosedyre som er fast-
satt i CCCI A4 for Operasjon Duck pga de vanskelige sonar-
forhold i Sognefjorden.
Resultatet ble at man fikk utlånt 2 Sea King helikoptere i
fire dager (19-22 november). Prosedyren for å få ubåt til over-
flaten nedlagt i Operasjon Duck ble imidlertid fastholdt.

11. I følge "form purple", DTG 242202 hadde P3B kontakt "possub
confidence 3" i 21 minutter. Mulighetene for angrep var således
tilstede. Spørsmålet om forhåndsautorisasjon til P3Ben om an-
grep, eller ordre fra OTC om angrep, synes uklart og vil bli
drøftet mellom Kommandøren for Luftstridskreftene og KOMSJØSØR.

12. <u>Konklusjon</u>: På bakgrunn av det faktiske forløp av Operasjon
Duck synes det som om både egen UVB og egne P3Ber kan ha hatt
muligheter for å angripe den ukjente kontakt den 24 november
1972 og særlig hvis prosedyren hadde vært endret.

13. <u>Instruksverket</u>

Gjeldende prosedyre for varsling og bruk av tvangsmidler vis
a vis neddykket ukjent ubåt i norske sjøområder er lagt ned
i CCCI A4, og baserer seg på:

a. Kgl res av 19 januar 1951. "Regler for fremmede krigsskip
og militære luftfartøyers adgang til norsk territorium
under fredsforhold".

b. Forsvarssjefens direktiv for fremgangsmåte for å få brakt
fremmed undervannsbåt til overflaten og regler om våpenbruk
under slike operasjoner. (Utdrag av FST 7 des 66/H-9254/66/
O/Ops).

c. Instruks om håndheving av "Regler for fremmede krigsskips
og militære luftfartøyers adgang til norsk territorium under
fredsforhold". Fastsatt av FD mvf 15 mars 1970 i henhold
til Kgl res av 19 januar 1951.

Verken ovennevnte ref b. eller någjeldende CCCI A4 synes å ha
blitt omarbeidet etter den nye instruks fra Forsvarsdepartement-
et, jfr pkt c. ovenfor.

17417/72/E/FKS/KOMSJØSØR/357

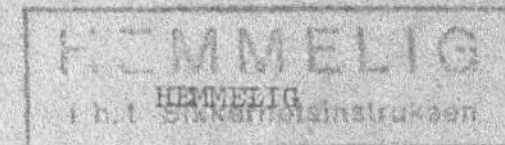

14. Gjeldende prosedyre, jfr CCOI A4, gir en ukjent ubåt store
muligheter til å unnslippe, særlig inne i våre fjorder, idet
det i beste fall vil gå 20 min fra man gir første varsel
(håndgranat) til angrep kan iverksettes. I mellomtiden har man
ogeå forstyrret sonarforholdene vesentlig ved varsel nr 2 -
stor sprenglagning (S/M).

15. Konklusjon: Forsvarssjefens direktiv, jfr pkt 15 b., bør end-
res.
Basert på et nytt direktiv fra FSJ må nye bestemmelser utar-
beides for CCOI A4.
KOMSJØSØR anser at hovedlinjene i en ny prosedyre bør være:

a. I indre farvann:

   (i)   Ukjent inntrengning i indre farvann av neddykket frem-
         med undervannsbåt skal betraktes som en handling med
         en klar fiendtlig hensikt, og behandles deretter.

   (ii) Etter nærmere direktiv fra KOMSJØSØR/KOMSJØNORD skal
         egne fartøyer og/eller fly (helikoptere) angripe umid-
         delbart etter deteksjon av fremmed ubåt.
         Noe varsel gis IKKE, og angrepets hensikt er å tvinge
         den fremmede ubåten opp eller å senke den.

   (iii) Alle våpen - heimende torpedoer inklusive - tillates
         brukt.

b. I sjøterritoriet:

   (i)   Oppdages fremmed neddykket ubåt i sjøterritoriet skal
         varsel gis med 5 håndgranater, disse skal fortrinnsvis
         kastes innenfor (nærmere land) den fremmede ubåt.

   (ii) Hvis den fremmede ubåt etter 5 - FEM - minutter IKKE
         har:

         a. Kommet opp til overflaten

         b. Gitt seg til kjenne på annen måte
            (signaler på undervannstelefon, banking i skrog,
            skutt opp signalraketter ol)

         iverksettes angrep etter pkt a.

c. Bekjentgjørelse

   Disse nye regler bør offentliggjøres. Offentliggjørelsen
   bør ha både uten- og innenriks hensikt.

16. Kommandoforholdene

KOMSJØSØR vil spesielt fremheve at MAROPS Stvgr er den utøven-
de del av ØKS/KOMSJØSØRs hovedkvarter på den maritime side,
og at dette MHQ fortsatt er best egnet til å lede kombinerte
fartøy/fly operasjoner som den aktuelle.

HEMMELIG
HEMMELIG
i h.t. Sikkerhetsinstruksen

17417/72/B/FKS/KOMSJØSØR/357

Selv om operasjonene vesentlig foregikk i de indre farvann innen
Sjøforsvarskommando Vestlandet og i begynnelsen nærmest hadde
karakter av en lokal operasjon, fant en ikke grunn til å fore-
slå å overføre ledelsen av fartøysoperasjonene til SKV.

17. Den manglende operative sjømilitære kompetanse ved FKS/FORO
som påpekes i KOMSJØSØR/MAROPS' rapport kan i aktuelle tilfelle
avbøtes ved at ØKS beordrer forsterket stabsvakt i FORO uten-
om kontortid. Denne må da i tilfelle etableres med sjøoffiserer
fra fellesstaben.

18. KOMSJØSØR har overfor ØKS gitt uttrykk for at KOMSJØSØR bør være
permanent plassert i STAVANGER. Det er der man har oversikt over
situasjonsbildet til enhver tid, og det er der alle operative
vurderinger blir foretatt, planer lagt og ordrer gitt. Etter å
ha vært plassert i ØKS' hovedkvarter i to år har KOMSJØSØR den
erfaring at det i KOMSJØSØRs instruks pålagte ansvar for rådgiv-
ende virksomhet har vært lite aktuell.
Den utøvende del av virksomheten derimot, foregår til enhver tid.
Men denne del av virksomheten må delegeres til sjefen for MAROPS
Stvgr, og KOMSJØSØR har kun en vanlig telefonlinje til å holde
direkte kontakt med virksomheten. På øvrige sambandsmidler kom-
mer tidsforsinkelse inn, og man får lite informasjoner om bak-
grunnen for vurderinger og avgjørelser. Dette er lite tilfreds-
stillende.

19. Forholdene under Sognefjordsoperasjonen medførte også at sjefen
MAROPS etablerte direkte kontakt med Forsvarets overkommando.
Formelt representerer dette en kontakt ØKS/KOMSJØSØR, FORSVARS-
SJEF. Men reelt er da ØKS og KOMSJØSØR utenfor og man er til-
bake til tidligere organisasjon da KOMSJØSØR - nu representert
ved sjefen MAROPS Stvgr sto kommandomessig direkte under For-
svarssjefen i fred.

20. <u>Konklusjon:</u> De tre hovedfunksjoner i KOMSJØSØRs instruks omfat-
ter rådgivende, utøvende og inspiserende virksomhet, hvorav de
to sistnevnte utgjør en betydelig større del enn den første.
Disse funksjoner kan like godt eller bedre utføres fra STAVANGER.
Sognefjordsoperasjonen viste at KOMSJØSØR av operative (og be-
redskapsmessige) grunner burde ha ledet operasjonen fra STAVAN-
GER. Konklusjonen er da at beredskapsmessige grunner tilsier et
KOMSJØSØR bør ha permanent stasjon i STAVANGER inntil FKS har
fått et hovedkvarter som rummer alle elementer.

<u>Presse- og informasjonstjenesten under Operasjon Duck</u>

21. Denne sak har flere sider:

a. Hvilken instans som skal utstede kommunikeer/gi pressemeld-
inger og ha ansvaret for presse- og informasjonstjenesten
under en sådan operasjon.

b. De etterretnings- og sikkerhetsmessige sider, relasjonene
mellom den pågående militære operasjon og hva som blir offent-
liggjort i presse og kringkasting.

17417/72/B/FKS/KOMSJØSØR/357

c. Tilstedeværelse av reportere, delvis i leiede småfly, i et
militært operasjonsområde. Journalistvirksomhetens hindring
av/inngripen i militære operasjoner.

22. Under denne operasjon ble det av ØKS opprinnelig fastsatt at
KOMSJØSØR/MAROPS skulle gi alle uttalelser til pressen, og ha
ansvaret for hva som kunne bli frigitt. Imidlertid ble det gitt
flere uttalelser til presse og kringkasting fra andre kilder
av tildels gradert art.
På bakgrunn av disse forhold ble beklageligvis all informasjons-
tjeneste overført FO/P&I den 22 november av sjefen MAROPS Stvgr.
KOMSJØSØR har påtalt dette overfor sjefen MAROPS Stvgr.

23. Ellers savnet man både i forbindelse med selve operasjonen, og
i forbindelse med den kritikk og omtale operasjonene senere
fikk i presse og kringkasting klart identifiserbare sjømilitære
sjefer. Det synes også uklart hvem som er Forsvarssjefens frem-
ste sjømilitære operative rådgiver i en sak av denne art. - Er
det Generalinspektøren for Sjøforsvaret, KOMSJØSØR eller eldste
sjømilitære offiser i FO/O?

24. To spesielle forhold i forbindelse med pressen bør nevnes:

a. Offentliggjørelsen av deler av den hemmeligstemplede CCCI A4
"Prosedyren" for å få ubåt opp i bl a "Aftenposten" den 20
november 1972 var uheldig.

b. Tilstedeværelse av norske UVBer i Sognefjorden ble først rø-
pet gjennom avisreporternes virksomhet. Dette kan ha gitt den
andre siden E-messig gevinst.

25. <u>Konklusjon</u>: Det bør gis klare direktiver om pressetjenesten og
hvem som er ansvarlig for koordinering av opplysninger til pres-
sen. Meldingene bør være korte og nøkterne og ikke gi opplys-
ninger om taktikk som er hemmeligstemplet eller andre forhold
som kan være av etterretningsmessig verdi.
Uttalelser bør kun gis om saker som ligger under egne ansvars-
forhold.

<u>Hovedkonklusjoner</u>

26. Sognefjordsoperasjonen, som var en vanlig kombinert operasjon
fartøy, helikopter, fly - var i sjømilitær henseende en enkel
operasjon selv om vi ved denne anledning var så heldige å kunne
disponere flere fartøyer og fly enn vanlig i Syd-Norge. De til-
dels fantasifulle presseartikler, og pressens iherdige virksom-
het for øvrig i området bevirket at operasjonen ble "blåst opp"
og vakte både politisk og internasjonalt uvanlig oppmerksomhet.

27. De fleste observasjoner og meldinger om ukjent ubåt i Sogne-
fjorden, KNM "SKLINNA"s hydrofonkontakt og P3B's kontakt sann-
synliggjør at det har vært en fremmed ubåt i Sognefjorden. Selv
om man ikke har konkrete beviser for tilstedeværelsen er sann-
synligheten så stor at de iverksatte tiltak må sies å være fullt
rettferdiggjort.

17417/72/B/FKS/KOMSJØSØR/357

28. På bakgrunn av de deltagende fartøyers øvelsesnivå utførte
de sine oppgaver meget tilfredsstillende. De britiske heli-
kopterne og P3Bene muliggjorde effektive søk både i og utenfor
Sognefjorden under de vanskelige sonarforhold i indre norske
farvann. MAROPS Stvgr opererte med rutinemessig dyktighet.

29. Den gjeldende prosedyre i OCCI A4 Operasjon Duck er ikke effek-
tiv nok for å tringe en fremmed ubåt opp til overflaten i
indre norske farvann. Med varsel og lang ventetid før angrep
vil en ubåt forholdsvis lett kunne unnslippe.

30. Under operasjoner av denne og lignende typer i fredstid vil
det av hensyn til tidsfaktoren som regel oppstå behov for
direkte kontakt sjef MAROPS Stvgr - FORSVARSSJEF. Ved den nu-
værende delte plassering av ØKS' stab og den gjeldende orga-
nisasjon vil da ØKS - KOMSJØSØR i realiteten være mer eller
mindre passive infoadressater. KOMSJØSØR har pr instruks den
operative kontroll over fartøyene i Syd-Norge, men i reali-
teten er og må den delegeres til sjefen MAROPS Stvgr som har
operativ stab og samband til disposisjon.

Anbefalinger

31. På bakgrunn av "Instruks om håndheving av "Regler for fremmede
krigsskips og militære luftfartøyers adgang til norsk territo-
rium under fredsforhold", fastsatt av FD mvf 15 mars 1970 iht
Kgl res av 19 januar 1951" bør Forsvarssjefens direktiv for
fremgangsmåten endres og skjerpes, og OCCI A4 endres tilsvar-
ende. KOMSJØSØRs forslag til hovedlinjene i en ny prosedyre
fremgår av pkt 15. De nye regler bør offentliggjøres slik at
den skjerpede holdning blir kjent. På bakgrunn av den publisi-
tet som slike operasjoner i indre farvann medfører vil en til-
rå at man ikke reagerer ved tilsvarende meldinger hvis oven-
nevnte skjerpede forholdsregler ikke blir approbert

32. KOMSJØSØRs operasjonsmessige stilling virker i praksis uklar.
Organisasjon og kommandoforhold bør praktiseres slik at man
får klart identifiserbare sjefer også på det plan KOMSJØSØR
virker.

33. I operasjonsteatret bør det bli lagt restriksjoner på ikke
rutegående privat (fly - og) båtvirksomhet.

34. Fire Sea King redningshelikoptere bør utstyres med "dipping
sonar" slik at man har to i Nord-Norge og to i Syd-Norge.
Likedan bør neste generasjon av A/U-fartøyer utstyres med "VD-
sonar".

35. Så lenge den maritime del av ØKS' hovedkvarter er delt bør
KOMSJØSØR ha permanent stasjon i STAVANGER.

36. Presse- og informasjonstjenesten bør gis klare direktiver slik
at ansvarsforholdene blir klare. Den operative stab som gjen-
nomfører operasjonen bør også ha ansvaret for utsendelse av
pressemeldinger.

37. Ovenstående er koordinert med KOMLUFTSØR.

D E Kjeholt
Kontreadmiral
Kommandør for sjøstrids-
kreftene i Sør-Norge

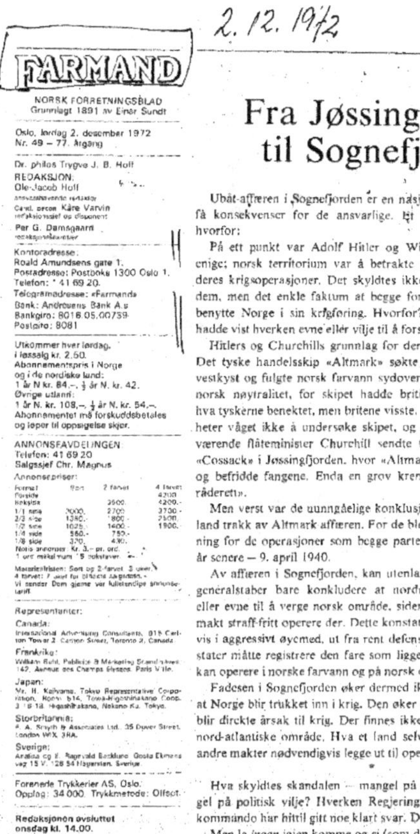

2. 12. 1972   103035

FARMAND

NORSK FORRETNINGSBLAD
Grunnlagt 1891 av Einar Sundt

Oslo, lørdag 2. desember 1972
Nr. 49 – 77. årgang

Dr. philos Trygve J. B. Hoff
REDAKSJON:
Ole-Jacob Hoff
ansvarshavende redaktør
Cand. oecon Kåre Varvin
redaksjonssjef og disponent
Per G. Damsgaard
redaksjonssekretær

Kontoradresse:
Roald Amundsens gate 1.
Postadresse: Postboks 1300 Oslo 1.
Telefon: * 41 69 20.
Telegramadresse: «Farmand»
Bank: Andresens Bank A.s
Bankgiro: 8016.05.00739
Postgiro: 8081

Utkommer hver lørdag.
I løssalg kr. 2.60.
Abonnementspris i Norge
og i de nordiske land:
1 år N kr. 84.–, ½ år N. kr. 42.
Øvrige utland:
1 år N. kr. 108,–, ½ år N. kr. 54,–.
Abonnementet må forskuddsbetales
og løper til oppsigelse skjer.

ANNONSEAVDELINGEN:
Telefon: 41 69 20
Salgssjef Chr. Magnus

Annonsepriser:

Format	Sort	2 farvet	4 farvet
Forside			4200
Bakside		3600.	4200.-
1/1 side	2000.	2700.	3700.-
2/3 side	1350.-	1800.-	2500.
1/2 side	1025.	1400.	1900.
1/4 side	560.-	750.-	
1/8 side	370.	430.	

Notis-annonser: Kr. 3.– pr. ord.
1 ord maksimum 5 bokstaver.

Materialfristen: Sort og 2-farvet 3 uker.
4 farvet: 7 uker før bladets utgivelse.–
Vi sender Dem gjerne vår fullstendige annonse-
tariff.

Representanter:

Canada:
International Advertising Consultants, 015 Carl-
ton Tower 2, Carlton Street, Toronto 2, Canada.

Frankrike:
William Buhl, Publicité & Marketing Scandinaves,
142, Avenue des Champs Elysées, Paris VIIe.

Japan:
Mr. H. Kaiyama, Tokyo Representative Corpo-
ration, Room 614, Towa-Higashinakano Coop.
3-18-18, Higashinakano, Nakano-Ku, Tokyo.

Storbritannia:
A. A. Smyth & Associates Ltd., 35 Dover Street,
London W1X 3RA.

Sverige:
Arailea og E. Ragnvald Backlund Gösta Ekmans
väg 15 V. 126 54 Hägersten, Sverige.

Forenede Trykkerier AS, Oslo.
Opplag: 34 000. Trykkmetode: Offset.

Redaksjonen avsluttet
onsdag kl. 14.00.

18

Fra Jøssingfjord til Sognefjord

Ubåt-affæren i Sognefjorden er en nasjonal skandale. Den må få konsekvenser for de ansvarlige. Et kort tilbakeblikk viser hvorfor:

På ett punkt var Adolf Hitler og Winston Churchill skjønt enige; norsk territorium var å betrakte som åpent område for deres krigsoperasjoner. Det skyldtes ikke ondsinn hos noen av dem, men det enkle faktum at begge forutsatte at fienden ville benytte Norge i sin krigføring. Hvorfor? Fordi nordmenn selv hadde vist hverken evne eller vilje til å forsvare sitt område.

Hitlers og Churchills grunnlag for denne antagelse var solid: Det tyske handelsskip «Altmark» søkte i 1939 inn til Norges vestkyst og fulgte norsk farvann sydover. Dette var misbruk av norsk nøytralitet, for skipet hadde britiske fanger ombord — hva tyskerne benektet, men britene visste. Men de norske myndigheter våget ikke å undersøke skipet, og gav det fritt leide. Daværende flåteminister Churchill sendte til slutt inn krigsskipet «Cossack» i Jøssingfjorden, hvor «Altmark» hadde søkt tilflukt, og befridde fangene. Enda en grov krenkelse av Norges «sjølråderett».

Men verst var de uunngåelige konklusjoner Tyskland og England trakk av Altmark affæren. For de ble av fundamental betydning for de operasjoner som begge parter gjennemførte et halvt år senere — 9. april 1940.

Av affæren i Sognefjorden, kan utenlandske admiralstaber og generalstaber bare konkludere at nordmennene mangler vilje eller evne til å verge norsk område, siden de lar fremmed krigsmakt straff-fritt operere der. Dette konstaterer de ikke nødvendigvis i aggressivt øyemed, ut fra rent defensive hensyn vil en rekke stater måtte registrere den fare som ligger i at fiendtlige styrker kan operere i norske farvann og på norsk område.

Fadesen i Sognefjorden øker dermed ikke bare muligheten for at Norge blir trukket inn i krig. Den øker også faren for at Norge blir direkte årsak til krig. Der finnes ikke militære tomrom i det nord-atlantiske område. Hva et land selv ikke kan forsvare, vil andre makter nødvendigvis legge ut til operasjonsfelt.

*

Hva skyldtes skandalen — mangel på militær evne eller mangel på politisk vilje? Hverken Regjering eller Forsvarets Overkommando har hittil gitt noe klart svar. Det må komme.

Men la *ingen* igjen komme og si (som det først ble sagt) at opp-

Nous pouvons difficilement nous rendre compte de l'importance des faits à l'époque, un exemple d'article, en l'occurrence le journal hebdomadaire « Farmand », Oslo le 2 décembre 1972, décrit une atmosphère de guerre froide, et pourrissement des relations internationales et incompétence des forces de l'OTAN, incapables de gérer l'incident. Les soviétiques n'en sortent pas vainqueurs pour autant, l'affaire de l'OVNI va devenir un véritable cauchemar pour le KGB et les forces du pacte de Varsovie, tout comme l'OTAN.

draget — å tvinge den fremmede ubåt til å identifisere seg — var «umulig». Den historien vil ingen tro. Der hersket drømmeforhold for en vellykket gjennomføring av oppdraget, i og med at ubåten var fanget i en fjord.

Dette synes Forsvarets Overkommando nu å ha innsett; den skylder nu på at det var gjeldende «instruks» for slike operasjoner som gjorde det umulig å tvinge ubåten opp til overflaten.

Dette er en smartere unnskyldning. Den skyver ansvaret vekk fra den sittende regjering og forsvarsministeren og over på tidligere regjeringer, som måtte ha utarbeidet eller godkjent instruksen. Samtidig tåkelegger den hvorvidt ren og skjær militær evneløshet skulle være årsak til fadesen i Sognefjorden.

Altså — en brukbar bortforklaring både for den politiske og den militære ledelse. Men i lengden duger ikke bortforklaringer i forsvarsspørsmål: jfr. historiens dom over *både den politiske og* den militære ledelse i 1940.

Farmand har i alle år utfordret «rette vedkommende» til å svare på om Norges forsvar er adekvat — om det kvalitativt og kvantitativt er istand til å møte sine oppgaver i krig og fred. Ingen militære sjefer har giddet eller våget å svare. Men de er ikke dermed uten ansvar. De må forklare forholdet, *om* nu Marinen virkelig viser seg å være underkastet en instruks, som gjør det umulig for den (under optimale forhold!) å møte en situasjon som Marinen nettopp eksisterer for å behandle.

Forsvarets Overkommando skal være meget forsiktig med å rake kastanjene ut for de politiske ansvarlige — hvis det er hva FO gjør ved å gi instruksen skyld for fadesen. For om landets politiske ledelse så igrunnen Johan Kleppes fjes på TV det meste; Forsvarsministeren var stiv av skrekk. Åpenbart hadde han aldri forestilt seg at der fulgte nasjonale oppgaver med stillingen som forsvarsminister, et «bein» han fikk av Lars Korvald. Dessverre tjente statsråd Kleppes anførsler ytterligere til å diskvalifisere ham som forsvarsminister:

For det første hadde han latt «ubåten unnslippe for å unngå tap av menneskeliv». Dertil er å si at ansvaret for eventuelt tap av menneskeliv måtte bæres av den fremmede ubåts sjef,

Regjeringsorganet Izvestija håner ubåt-affæren: U-båten var en sild...

og hans oppdragsgivere, det var deres valg. Men det valg Norges forsvarsminister traff ved denne avgjørelse, var at det er bedre å risikere flere nordmenns liv i fremtiden, enn idag å kreve respekt fra inntrengeren. Intet demokratisk lands forsvarsminister bør treffe et slikt valg — og overleve politisk.

Videre mente statsråd Kleppe at ubåten hadde hatt det «lite hyggelig» i Sognefjorden, han trøstet seg med at det nok ville virke avskrekkende. Til dette resonnement bemerker altså historien at det er feilaktig — og dertil livsfarlig for landet:

Når en fremmed ubåt slipper så lettvint, kan både NATO-land og Warszawa-land bare konstatere at nordmenn ikke beskytter sitt eget territorium; og de vil innrette seg deretter. Det er på dette punkt ubåt-affæren avslører grov svikt, hvaenten svikten ligger hos vår politiske ledelses innsikt eller hos våre militæres evne.

En liten nasjon som *ikke kan* forsvare seg selv, blir en kasteball for andre; derfor søker de små nasjoner allierte. Men den lille nasjon som ikke *vil* verge sitt territorium, opphører før eller senere å eksistere. Der finnes en rekke folkegrupper på størrelse med den norske, som ikke kalles nasjoner. Fordi de intet land har.

Journal Farmand du 2 décembre 1972.

Le gouvernement norvégien n'est pas certain qu'il y ait eu un seul sous-marin dans le Sognefjord en novembre 1972, encore moins un soviétique, et pour cause, il n'existe aucun appareil aussi rapide qu'un TGV sous les eaux des océans en 1972, pas plus qu'aujourd'hui. L'affaire est donc très sérieuse, elle démarre comme dans un film de science-fiction, le sous-marin norvégien KNM Sklinna « établit un contact sonar inconnu » dans le Sognefjord, il s'agit bien d'une masse métallique :

« Mais les sons acoustiques entendus n'avaient jamais été perçus auparavant par les spécialistes militaires. »

Le Klinna formule l'hypothèse la plus probable : « Ce son inconnu, est probablement d'origine militaire soviétique, ce ne peut être rien d'autre », 33 ans plus tard, l'amiral Bjarne Grimstvedt, déclare aux journalistes en novembre 2005, qu'ils n'avaient jamais eu de contact confirmant qu'il y avait réellement un sous-marin, car les signaux provenaient d'une source mystérieuse indéfinissable et inconnue de tous :

« Non, il n'y avait pas de sous-marin soviétique dans le Sognefjord en 1972 », dit l'amiral au journal Bergens Tidende en 2005, « Je peux dire avec une certitude à 100% que nous n'avons détecté aucun sous-marin pendant les 16 jours où nous étions en mission de chasse », on ne peut être plus clair dans ses propos.

Alors quel type d'appareil inconnu ont-ils poursuivi ?

En 2005, Johan Kleppe, ministre de la Défense entre 1972 et 1973, choisit à son tour de dire toute la vérité sur cet évènement dans le Sognefjord en 1972 :

« C'était quelque chose d'inconnu »

Certains avancèrent en 1972 l'hypothèse d'un banc de poissons, une baleine, un sous-marin soviétique, mais un détail nous fait douter, le fait que cette chose naviguait sous l'eau à plus de 300 km/h, et l'armée le savait depuis le premier jour. En 1972, l'amiral Grimstvedt chef de l'opération militaire, fait le constat suivant :

« Lorsque notre armada de navires et d'hélicoptères attaqua ce qui se trouvait sous l'eau, tous les appareils électroniques sont tombés en panne, jamais à aucun moment un sous-marin ne fut identifié que ce soit visuellement ou électroniquement par les militaires, de plus, les sons et échos radars découverts nous sont totalement inconnus. »

Si cette affaire parait anodine pour nous européens, elle n'est pas classée simple anecdote par les voisins de la Norvège, en particulier la Russie Soviétique.

En pleine guerre froide on les accusa d'ingérences, d'espionnage et de vouloir intimider militairement les alliés de l'OTAN.

Une émission de télévision de la Chaine « Rossyia 1 », diffusée à une heure de grande écoute proposa d'aborder ce sujet : « OVNIS-OANIS : Extra-Terrestres Sous la Mer », OANIS, Quakers, spirales lumineuses, tentant de faire la lumière sur ce que les journaux de l'époque n'ont pas osé dire, à la fin de la diffusion, le journaliste de « Rossyia 1 » conclut la soirée par la question suivante :

« De quoi parle-t-on ? »

De la présence confirmée par la marine soviétique d'OVNIS sous la mer, les officiers n'ont pas eu peur d'en parler publiquement, mais tous les russes n'en sont pas [9]conv aincus.

Un habitué des studios, l'écrivain Pavel Vadimovich Poluyan, affirme le contraire, d'après lui, la Russie et les USA ont produit cette ingénierie futuriste depuis longue date, les journalistes l'interrogent, sans doute à l'aide de reverse-engineering à partir d'épaves d'appareils non terrestres ?

«Non», répond-t-il, selon son opinion cette technologie est humaine, il argumente son jugement dans son livre : Chasse aux OVNIS, Tourbillons dans le temps Il connait des entreprises qui réalisent des prototypes en Russie. Le 16 novembre 2020, Pavel Vadimovich Poluyan annonce à la radio Spoutnik dans le programme : « Illusions de l'Espace » :

---

[9] (Охота за НЛО. Вихри Во времени), publié par la maison d'édition EKSMO en 2018, ISBN 978-5-04-095809-2..

« Qui sont les OVNIS ? Des soucoupes volantes de type espion, été créées et utilisées par les services spéciaux américains. » Pavel ajoute : « Il y a donc des raisons de croire que la divulgation du mystère OVNI viendra bientôt », les OVNIS en Scandinavie étaient forcément issus d'une technologie américaine d'après lui, car les russes travaillaient sur des prototypes identiques de longue date.[10]

Mais en 1973, était-ce possible ?

A l'époque, les services secrets suédois confirment avoir détecté sous leurs eaux territoriales 2 000 cas d'inconnus supposés être des sous-marins soviétiques, mais ils n'en sont pas surs.

Selon eux ce n'est qu'une hypothèse parmi tant d'autres car ils n'ont jamais pu identifier formellement ce qui circulait sous les eaux ces années-là, certains détails ne sont pas divulgués publiquement. Le gouvernement Norvégien déclare entre 1975 et 1985, environ 103 intrusions possibles de quelque chose non identifiable : « Les vitesses et déplacements de ces inconnus dépassaient de loin ce que l'imagination humaine pouvait envisager ».

John Keel, écrivain ufologue indépendant, journaliste américain new-yorkais, ayant publié de nombreux articles dans Fate Magazine, avance son hypothèse personnelle à ce sujet : « Une force aéronavale clandestine OVNI opère sur cette planète ».

Il suppose que des bases sous-marines se situent près du cercle polaire, l'ufologue américain, nomme ces OVNIS : « Chevaux de Troie », et n'explique pas leur existence, mais nous invite à un questionnement plus large à leur sujet :

---

[10] (НЛО в Скандинавии 70-х годов «летающих тарелках» шпионского типа, которые созданы и используются спецслужбами США).

« Nous ne voyons et ne comprenons que leur apparence, mais à l'intérieur, il y a quelque chose de beaucoup plus difficile à croire. »

La chaine de télévision russe « Ren TV » et son présentateur vedette Igor Prokopenko réalisèrent une rétrospective sur ces affaires d'OVNIS aquatiques dans les eaux scandinaves et soviétiques dans la plus ancienne émission hebdomadaire de la chaîne intitulée : « Secrets Militaires » :

« Tout le monde ne sait pas que je suis lieutenant-colonel de réserve. J'ai eu une fois accès aux documents les plus classifiés. Je les ai lus à la fin des années 80, quand ils étaient interdits à l'usage du public », c'est à ce moment-là qu'il apprit l'existence des OVNIS, notamment en Norvège.

Igor Prokopenko devint ufologue en 1991, il travaillait alors dans les archives militaires confidentielles à Berlin-Est, il y trouve un fichier top secret qui l'a impressionné par son intitulé : « Liste du personnel ayant observé des objets volants non identifiés dans la zone du champ de tir », il contenait des listes de militaires ayant vu des OVNIS, avec des schémas détaillés et croquis signés par le chef du département spécial de la division à destination du KGB et du haut commandement.

C'est ainsi qu'est né son premier film documentaire intitulé : « Les OVNIS derrière le Rideau de Fer », diffusé en 2005, inspiré des cas observés par l'armée soviétique.

Le journaliste n'est pas un affabulateur, les documentaires de Prokopenko ont reçu divers prix, leur auteur et producteur fut sept fois lauréat du TEFI National Télévision Award, Grand Prix du quatrième Festival International Law and Society (2001) ; Grand Prix de Bruxelles (2002) ; Grand Prix de Rome (2005) : Prix spécial du Président de la République italienne (2006) ; Prix spécial du Festival du film de Macao (2010).

Ces récompenses sont un gage international de son professionnalisme journalistique. Rapidement, poussé par l'intérêt grandissant des auditeurs pour le sujet OVNI, il publie divers livres[11] qui deviennent des best-sellers en Russie. Pour l'armée russe, les OVNIS sont une évidence, les militaires ont vécu des rencontres rapprochées :

Tout comme Prokopenko, nous allons maintenant aborder objectivement ce cas norvégien de 1972 qui alimenta une enquête des deux côtés du rideau de fer en pleine guerre froide : Détails de l'Opération Duck, Norvège, 12 au 29 novembre 1972.

Dans les eaux du Sognefjord, surnommé roi des fjords, le plus grand et le plus profond de Norvège s'étendant sur plus de 200 kilomètres, un ferry avance sur des eaux calmes comme une mer d'huile en plein hiver. Cette nuit-là, le radar du ferry de Vangsnes détecte quelque-chose, un marin observe un énorme objet sombre assez volumineux sous la surface de l'eau, supposant qu'il s'agissait d'une baleine, ou peut-être d'un truc lisse d'aspect ou métallique, il en fait part au capitaine : « Nous avons frôlé une baleine. »

Un peu plus loin, un pêcheur nommé Mons Langetig, avait observé par la fenêtre de sa cuisine ce qui ressemblait selon lui à un périscope, mais il n'en était pas sûr à 100 %, il le suppose malgré tout. Il faut dire que tous les journaux parlaient de la présence d'appareils soviétiques sous la mer, une femme Johanna, troisième témoin oculaire dira être presque sûre avoir vu ce qui est selon-elle un sous-marin ce 12 novembre à Vik :

---

[11] Extra-terrestres d'Importance Nationale Secret Militaire, Igor Prokopenko ISBN 978-5-699-94277-0.

(Пришельцы государственной важности. Военная тайна Игорь Прокопенко ISBN 978-5-699-94277-0).

« Que c'était un sous-marin ? J'en suis presque sûre, c'était clairement visible, je l'ai vu et l'ai suivi depuis la terre pendant longtemps, avant que tout ne disparaisse soudainement dans les profondeurs », confirme-t-elle[12].

Rapidement, en une semaine, dix observations d'un OANI en mouvement signalées au Sognefjord, vont s'accumuler sur le bureau de l'Amirauté, quelque chose de métallique en mouvement rapide sous la surface, confirmé par des sonars positifs venant compléter seize jours plus tard un total de 29 déplacements confirmés, de l'ordre de 200 à 300 kilomètres, heure :

Revenons au 13 novembre 1972, deux témoins non identifiés rapportent avoir vu un objet brillant sur l'eau, la télévision s'empare de l'information et va filmer sur place. Du treize au 19 novembre elle diffuse les images d'un spectacle dantesque, l'embouchure du fjord est bloquée par des navires, tandis que d'autres naviguent de long en large sur des eaux étrangement calmes, le long de ruban d'eau entouré de berges enneigées et de falaises gelées, la chasse à l'intrus s'éternise dans un acharnement qui selon les autorités : finira par payer, croient-ils, les journalistes du monde entier vont arriver, les chambres d'hôtel sont toutes réservées.

Le 20 novembre 1972, l'OANI est décrit officiellement pour la première fois par les autorités comme un objet massif en forme lisse et silencieux, car la police relate avoir observé un objet sombre flottant à la surface pendant sept minutes, à 13h00, il évolue sous l'eau se dirigeant vers la pointe sud du Sognefjord, quinze minutes plus tard, cinq autres policiers le voient à Kvamsoy, une petite île à environ 50 km au nord de Kyrkjebo.

---

[12] https://www.nrk.no/vestland/krev-sanninga-om-fiendtleg-ubat-1.6931530.

Ils assistent au passage d'un même objet, se déplaçant au moins à 124 miles par heure (200 km/h), un exploit impossible compte tenu de la technologie navale de l'époque, les rapports de la police le décrivent tel quel. En fait, l'OANI parcourut 75 km en moins de 15 minutes soit 300 km/h.

Parvenu à l'embouchure du fjord sa vitesse dépasse 320 km/h !

Le premier lancement de mines sur cette cible en mouvement est alors décidé, on va la détruire à tout prix.

Vers l'île de Kvamsoy, certaines frégates larguent des mines sur l'OANI, apparemment sans effet, l'objet poursuit son voyage de long du Sognefjord à des vitesses qui de nos jours et à cette date qui ne sont toujours pas réalisables, indifférent aux attaques contre lui, sans que l'on sache pourquoi il ne s'en va pas définitivement[13]. Dans ce contexte, au même moment, de leur côté, les sous-marins soviétiques suivaient des objets immergés voyageant à plus de 125 mph (202 km/h) en scandinavie et Mer Baltique.

---

[13] https://www.youtube.com/watch?v=h6xJTDr-iac.

https://www.nytimes.com/1972/11/27/archives/norwegians-report-mystery-submarine-has-escaped-to-sea-norway-says.html.

Ils ne pouvaient pas les identifier, le record du monde de vitesse de déplacement en immersion d'un sous-marin fut de 44,7 nœuds pas plus de 80 km/h, et ce n'étaient pas des faits uniques. Dans certains cas, l'OVNI observé par les Russes ou les Nord Américains, sortit de l'eau et s'envola dans le ciel. Nous sommes dans le vif du sujet ufologique mondial, au cœur de l'inconnu, des officiers hauts gradés en furent témoins. Des livres rédigés par d'anciens officiers de la marine soviétique relatent des rencontres de ce type, ces témoignages produits à la télévision russe et nord-américaine, sont circonstanciés et avérés sur les cinq continents, des ouvrages en langue française sont disponibles[14]. L'OTAN décide d'en finir dans la nuit du 21 novembre 1972, quatre témoins voient des missiles[15] tirés à Hermansverk, ils plongent dans les eaux, l'OANI n'est pas touché, de gigantesques geysers s'élèvent vers le ciel puis retombent. Selon d'autres versions, ces témoins ont aperçu ensuite des objets lumineux jaillissant des flots, volant silencieusement, ressemblant à de petites boules rouges de lumière, l'incident est passé sous silence par les militaires qui les voient aussi. Comme le confirmeront les militaires, chaque nouvelle attaque est suivie de contre-mesures de la part de l'intrus, toute l'électronique et les radios sont inutilisables et ne reprennent que lorsque l'OANI est reparti.

---

[14] - « OANIS en Russie : Objets Aquatiques non-identifiés en eaux russes et internationales », de Paul Stonehill et Phillip Mantle, ISBN-13 979-8689490595, 231 p.

- « Invisible Résidents » d'Ivan Sanderson, 1979.

- « OANI », de Sylvain Matisse, éditions Saint Martin, 2016, 414p, ISBN 978-2-916766-78-2 et second tome, « OANI Compléments d'Investigation », du même auteur, 2020, ISBN 978-2-37849-028-7.

[15] http://www.waterufo.net/item.php?id=430

L'objet inconnu poursuit ses déplacements, imperturbable au tumulte qu'il provoque, jusqu'à ce que dans l'après-midi du 22 novembre 1972, la marine tire un dernier missile anti-sous-marin, il devrait lui être fatal. À cet endroit-là, la profondeur de l'eau est à peine de 25 mètres, ce qui provoque une énorme onde de choc à partir du point d'impact jusqu'à 16 km de distance, véritable ras-de marée. Tout sous-marin conventionnel aurait été gravement endommagé et forcé de remonter à la surface ; pourtant ce navire s'est échappé apparemment indemne. Au même moment, d'autres événements étranges se produisirent. Les hélicoptères et navires de l'OTAN subissent à nouveau des problèmes électroniques inexpliqués, ils sont tombés en panne encore une fois. C'est alors que la version de l'apparition sur la côte scandinave d'objets non identifiés d'origine inconnue a été exprimée pour la première fois au plus haut niveau de commandement soviétique. Selon le commandant de la Flotte Soviétique en mer du Nord à cette époque, l'amiral Vladimir Chernavin, la question suivante s'est alors imposée assez fortement :

« Si ce ne sont pas les navires soviétiques, et s'il ne s'agit pas d'une provocation des Norvégiens et des Suédois, alors les objets non identifiés peuvent être tout aussi dangereux pour l'Armée Rouge, voire un prétexte fallacieux pour déclarer la guerre. »

Pour s'en assurer le commandement soviétique décide d'interdire provisoirement à ses sous-marins d'approcher les eaux territoriales d'autres pays à moins de 50 kilomètres. Les commandants exécutent cet ordre secret, mais les fantômes sous-marins continuent d'ennuyer les Scandinaves (Mémoires de Vladimir Nikolayevich Chernavin).

Le 23 Novembre 1972[16] au soir, des témoins observent un grand objet sombre en mouvement près de la surface pendant quelques minutes puis il disparait rapidement. Plus loin un navire de guerre circulant dans l'Aurlandsfjorden, un affluant venant rejoindre le fjord principal, capte un gros objet sur ses instruments. Selon les techniciens radio, aucun sous-marin n'aurait été capable d'une telle vélocité : « 200 à 300 km/h », il vient sur eux, puis donnent l'alerte, incapables de le poursuivre. Ce 23 novembre, un garçon de 14 ans, Martin Nielsen, dit aux autorités avoir vu ce qu'il pense être six fusées ou objets, lumineux sortir directement hors de l'eau et disparaître dans les airs, la police enregistre sa déposition. D'autres témoins attesteront de la présence de sphères lumineuses rouges et vertes très distinctement au-dessus de la crête de montagnes près d'Aurlandsfjorden, sur un ciel gris blanc hivernal :

« Soudain, des sphères volantes non identifiées jaunes et vertes sont apparues dans le ciel sur le fjord lui-même, ainsi qu'une sorte d'aéronef mystérieux de couleur noire sans marques d'identification ».

Les sphères volantes ont commencé à clignoter en tous points semblables à un phénomène répertorié « rencontre du III° type » par l'arme de l'air américaine répondant au signalement du 14 avril 1953. Le renseignement de l'air révélé que des groupes de lumières rouges, blanches et vertes, avaient été aperçues par des aviateurs américains, au-dessus du nord-est de l'île septentrionale d'Hokkaido, au Japon, ces faits avérés figurent dans le dossier Project Blue Book, Case # 2496, documents de James E. McDonald[17]

---

[16] http://www.waterufo.net/item.php?id=430

[17] (https://www.project1947.com/shg/janfold.htm).

Le 24 novembre 1972, le sous-marin S-305 KNM Sklinna de la Marine royale norvégienne entre en contact immédiat avec ce qu'il présume être un sous-marin soviétique de la classe Whisky à 15h10, sortant du fjord entre Gulen et Høyanger, en tout cas c'est un appareil immergé immense. Le commandant de bord informe immédiatement par radio deux frégates norvégiennes naviguant plus haut, mais la cible allait si vite qu'aucun navire en surface ne put la rattraper. Le soir, un reportage du journal télévisé diffuse les vues aériennes du Sognefjord avec des navires de guerre de la marine norvégienne à la recherche d'un intrus mystérieux, un avion Orion confirme un contact sonar positif avec cet éventuel sous-marin, communique la nouvelle position mais la frégate KNM Narvik arrive sur zone trop tard. Cela fait dix jours que l'armée est incapable de localiser et d'identifier formellement un intrus qui ne s'enfuit pas, demeure dans le fjord, s'en va, revient comme s'il cherchait quelque chose :

« Il est de notre devoir de défendre notre pays», annonce le général norvégien H.F.Zeiner-Gundersen, « et de chasser tout navire ou sous-marin qui se cache dans nos eaux. Ne peut-on pas l'aider, s'il appartient à une grande nation », pourquoi est-il là ?

Malgré les protestations adressées par le ministère soviétique des affaires étrangères, les pays scandinaves présentent de nouvelles allégations de violations des frontières par la flotte de sous-marins soviétique, l'Union Soviétique et l'OTAN sont au bord d'un grave conflit. Du 26 au 27 novembre 1972 les soviétiques s'énervent, la « Pravda », la radio et la télévision diffusent des démentis véhéments au sujet des nouvelles provocations des occidentaux et des américains en particulier, accusant l'Union Soviétique sur de fausses preuves afin de pourrir les relations internationales entre l'URSS et les nations Baltiques en pleine guerre froide.

L'amiral Chernavin, convoque d'urgence une conférence de presse avec le consentement des plus hauts dirigeants du pays, afin deprésenter une déclaration sensationnelle à l'intention des journalistes occidentaux :

« Du commandant en chef de la marine de l'URSS l'amiral Vladimir Nikolayevich Chernavin (de 1985-1992), je lance un appel à vous et à travers-vous à votre gouvernement, afin que vous attrapiez le sous-marin, le détruisiez et présentiez ses restes à la communauté internationale. Si vous détruisez au moins un sous-marin soviétique dans vos eaux, moi, le commandant en chef de la marine de l'Union Soviétique, vous en remercie. Et je remercierai même les marins de l'OTAN pour la destruction de ce sous-marin ».

OSLO, Norvège, le 26 novembre, le commandement norvégien de la défense lui répond qu'un sous-marin non identifié chassé dans les eaux du Sognefjorden après deux semaines[18] il s'est échappé en haute-mer[19]. Que s'était-il passé au soir du 24 novembre, la flotte de l'OTAN avait fait une tentative massive de bombarder les eaux et de forcer le sous-marin à faire surface. Tout à coup, il y eut un chaos total, tout l'équipement électronique tomba en panne. Les communications devinrent impossibles et les équipements radar et sonar inutilisables, ce fut selon les autorités la dernière grande bataille : « Est un véritable fiaco. »

Le ministre de la Défense, Johan Kleppe, confirme le 27 novembre que malgré le fiasco des jours précédents, le sous-marin s'est probablement échappé de l'entrée étroite du fjord barrée par une flotte de l'OTAN et de navires de pêche civils :

---

[18]https://www.nytimes.com/1972/11/27/archives/norwegians-report-mystery-submarine-has-escaped-to-sea.html
[19]https://www.nytimes.com/1972/11/27/archives/norwegians-report-mystery-submarine-has-escaped-to-sea-norway-says.html

« Je suis désolé de dire que nous n'avons pas pu ramener le sous-marin à la surface et l'identifier », ce sont les derniers mots qu'il adresse au public norvégien dans une émission télévisée spéciale de grande écoute.

En Union Soviétique, le journal gouvernemental « Izvestia » qualifie l'affaire de chasse aux sorcières, affirmant catégoriquement que le soi-disant sous-marin n'appartenait à aucune nation du bloc soviétique. D'une manière ou d'une autre, l'énorme l'OVNI sous-marin partit en pleine mer à 60 miles de là, traversant une maille infranchissable de filets, quatre frégates, un torpilleur, deux sous-marins norvégiens et d'autres navires qui gardaient vaillamment l'entrée du fjord. Cent kilomètres au large environ, un objet en forme d'ellipse sortit des eaux et monta dans le ciel, ce fut la dernière observation et la plus importante. Un rebondissement inattendu va venir apporter de nouveaux arguments dans cette affaire, la Marine Soviétique et de l'US Navy, vont nous en apprendre davantage : « La dernière torpille fabriquée aux États-Unis fut lancée pour détruire cette cible sous-marine », commente Vladimir Nikolaevich Chernavin à la télévision et dans les journaux : « Elle ne touche aucune cible et coule au fond, cette torpille est secrète, ce qui signifie qu'elle ne doit en aucun cas tomber entre les mains des soviétiques, aussi un plan d'urgence pour récupérer cette torpille top secrète fut mis en place. » La marine américaine confirma cette allégation, ce fut un terrible scandale, à la fois l'échec de l'utilisation d'une torpille top secrète sous commandement de l'OTAN, et la question encore plus désagréable : l'Union Soviétique a-t-elle vraiment réussi à créer un tel appareil invulnérable, rapide et furtif ? Après un bombardement aussi peu glorieux de leurs propres eaux, les autorités norvégiennes sont forcées de déclarer que cette fois, probablement, ce n'étaient pas des sous-marins soviétiques, l'histoire nourrit la presse :

« Pour quelle raison cette destruction de la faune et de la flore du Fjord, la perle touristique de l'Europe du Nord ? »

Pour connaitre la précision de la version soviétique de l'affaire, il faut se pencher sur deux espions qui venaient du froid : Arne Treholt et Knut Ringstad.

Arrêté en 1984, un haut fonctionnaire norvégien, Arne Treholt, fut reconnu coupable d'espionnage pour le compte du Kremlin en 1985, et à la même époque, un second espion membre du Parti libéral norvégien Venstre, Knut Ringstaad proche de Johan Kleppe, ministre de la défense, au moment où les forces militaires ont chassé le soi-disant sous-marin soviétique dans le Sognefjord en 1972. Les informations fournies par Arne Treholt et Knut Ringstad étaient politiques, militaires et ufologiques, car ce sont les sources que des russes de haut rang vont citer à la télévision. Ils auraient fourni à la demande du KGB des rapports notamment sur l'affaire de l'OVNI du Sognefjord en 1972.

En tout cas, les russes l'affirment.

Voici comment Vladimir Nikolaevich Chernavin, amiral commandant en chef de la marine soviétique entre 1985-1992, devenu vice-ministre de la Défense de l'URSS décrit cette chasse à l'OVNI d'après les sources qu'ils ont obtenues :

« Les Norvégiens chassaient comme suit : après avoir reçu un signal des services côtiers qu'il y avait un sous-marin étranger dans la baie, ils bloquaient l'entrée du fjord avec des chaînes et filets. Tôt ou tard, il devrait émerger et ainsi se révéler ou tenter de sortir du piège. Mais rien de tel ne s'est produit, aussi en dernier recours, les navires de l'OTAN ont commencé à bombarder leur propre baie avec des charges de profondeur. Mais cela ne servit à rien, les soviétiques n'étaient pas là, car ils ne pouvaient pas y être. » Malgré cela, les Norvégiens, avec les navires de l'OTAN, décident de bombarder avec des mines en profondeur, des torpilles et missiles le Sognefjord, ravageant la faune et la flore pour rien.

Navire de surface à la recherche de l'OVNI 1972.

Selon les documents secrets en possession des soviétiques, nous pouvons lire dans leurs témoignages :

« Une quarantaine de navires de guerre, ainsi que des avions et des hélicoptères participent à l'opération. Des tonnes d'explosifs vont tomber dans la malheureuse baie. Et puis quelque chose se produit auquel personne n'aurait pu s'attendre. L'intrus est apparu au-dessus de la surface de l'eau. Un objet étrange a émergé des profondeurs avec une vitesse incroyable sous la forme d'une ellipse lumineuse, pas du tout comme un sous-marin »

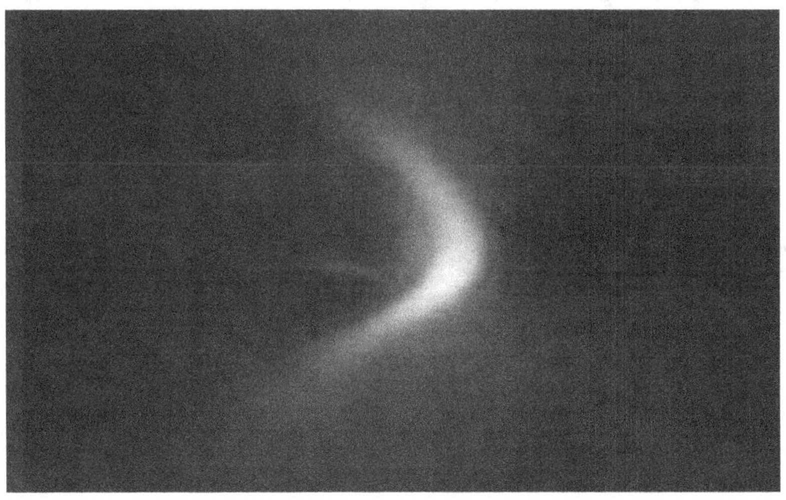

Photo ovni en élipse Union Soviétique Volga 1967.

Ces propos sont rapportés dans des émissions de télévision russes dès la fin des années deux-mille, suite à la publication de mémoires retentissantes d'officiers du renseignement naval soviétique à la retraite, dont Vladimir Nikolaevich Chernavin et Vladimir Ajaja. Ces sources sont-elles fiables ?

Un objet étrange sortit des profondeurs marines avec une vitesse incroyable sous la forme d'une ellipse lumineuse, pas du tout comme un sous-marin.

L'appareil fantôme disparait en haute mer dans le ciel.

C'était une ellipse ou le reflet d'une soucoupe ?

En plus des déclarations de sphères lumineuses sorties de l'eau volant sur la montagne, un appareil inconnu sombre dans le ciel sans lumières ne fut pas identifié, ensuite, un OVNI sorti de l'eau se perd dans les nuages, nous sommes en droit de dire que tous ces témoins décrivent des phénomènes inexpliqués, une rencontre du premier type évidente. L'information figurant sur les données confidentielles fournies par le puissant KGB décrivaient une ellipse ou une soucoupe, c'est ce qu'il ressortirait des documents qu'ils ont obtenu des norvégiens ?

Ce rapport n'a pas encore été déclassifié.

Mais pour les russes le fait est avéré !

Dans les cercles de l'OTAN, on ne sait pas quoi penser, les soviétiques les placent face à un nouveau défi : soit les russes n'avaient vraiment rien à voir avec cela, soit l'amiral soviétique bluffe. L'un des deux espions était un agent double, l'OTAN décide quand même de fournir aux soviétiques des informations confidentielles. Le dossier secret du Pentagone communiqué aux soviétiques est nommé « Énéide », la tâche est clairement définie : capturer à tout prix le sous-marin fantôme soviétique, l'anéantir cas échéant !

Il est décidé d'utiliser l'atout principal de la marine américaine, une torpille top secrète de dernière génération, la suite on la connait, à 100 km au large de la baie du fjord ce qui ressemble à une ellipse sort des eaux et monte vers le ciel. Le 17 janvier 1973 la presse publie des photos d'étranges traces trouvées par 200 m de fond sous la mer Baltique au large des côtes norvégiennes mais également suédoises. Argumentant qu'il existe certains sous-marins soviétiques miniatures se déplaçant le long du fond marin sur des chenilles, laissant des traces, l'affaire de l'OANI de 1972 encore fraiche refait surface si l'on peut dire. La partie soviétique est accusée d'utiliser des sous-marins top-secrets, des nageurs de combat en haute mer et même des robots. Mais quel tracteur chenillé aurait circulé au fond de la mer par 182 mètres de fond et sur 3 km de long.

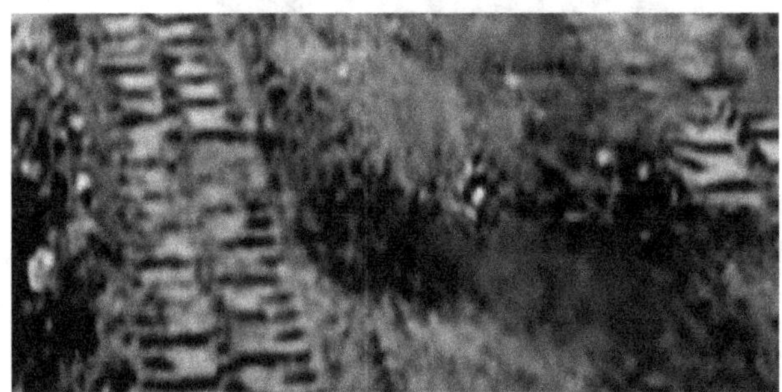

La Navy avait-elle utilisé un bathyscaphe à chenilles?.

Le commandant des forces navales de la défense sud de la Norvège,expose le 24 janvier 1973 :

« La plupart des observations et rapports d'un sous-marin inconnu dans le Sognefjord, le contact de l'hydrophone du sous-marin KNM SKLINNA et le contact de P3B rendent probable la présence d'un sous-marin étranger dans le Sognefjord. Même s'il n'y a aucune preuve concrète de la présence, la probabilité est telle que les mesures mises en œuvre doivent être considérées comme pleinement justifiées. »

Peut-être est-ce la trace d'une tentative des nord-américains pour récupérer leur torpille secrète ?

Un submersible US à la recherche de sa torpille perdue ?

Plus de trente ans plus tard, un objet indéterminé est ramassé non loin de là, au fond du Sognefjord par des plongeurs, certaines des propriétés du matériau sont les mêmes que celles des restes de l'accident de Roswell, métallique, souple. Les analyses et ce qu'il est devenu sont un mystère de plus, le cas est exposé sur You Tube, l'authentification de l'artéfact mystérieux est impossible.

Au milieu du fjord, plusieurs navires de la marine militaire attendaient, groupés comme s'ils cherchaient quelque chose, les plongeurs photographient des pistes larges de chenilles par presque 200 m de fond. Une fois de plus les pays membres de l'OTAN accusèrent l'URSS, nous devons nous poser la bonne question : pourquoi à ce jour, la CIA n'a pas déclassifié les informations en sa possession à ce sujet ?

Alors qu'elle a déclassifié de simples coupures de presse du Washington Post sur cette affaire entre 1972 et 1973 ?

Quel nouveau secret, mérité d'être occulté si longtemps ?

Afin de se justifier aux yeux du public, le Pentagone déclassifie et soumet à la presse les faits disponibles confirmant la trace soviétique de ses navires. Tout le monde attendait une révélation sensationnelle, mais le résultat d'un examen minutieux fut plus qu'inattendu, en effet les films et enregistrements de sons présentés à la communauté internationale, confirment définitivement que ces bruitages étranges n'ont rien à voir avec les sous-marins, quelle qu'en soit la nation d'origine. Selon l'officier de la marine soviétique à la retraite Vladimir Nikolaevich : « Ils démontraient indubitablement que ces sons n'avaient rien à voir avec les sous-marins, quelle qu'en soit la nation d'origine.» Les sons des profondeurs avaient une origine inconnue et ne furent jamais entendus auparavant sur notre terre, ne correspondaient pas aux bruits émis par des sous-marins ou des navires :

« Certains témoins avaient affirmé avoir vu un sous-marin, au moins une observation, aurait duré 30 minutes, toutefois cela demeure peu probable », le journal The Washington Post du 30 novembre 1973 table dans un article que les navires de l'OTAN ont vu un périscope et que l'appareil immergé refait surface pour prendre de l'air frais dans la nuit du 24 au 25 novembre 1972 à 12 miles du point le plus à l'ouest de la côte en haute mer, cette information est infondée. Le 17 janvier 1973 JDW[20] rédige une lettre au journal dans laquelle il se désolidarise du contenu de l'article, considérant qu'il y a des contradictions au sujet de la présence de deux sous-marins soviétiques, toute l'opération militaire fut contre-productive et l'idée développée d'une incursion soviétique dénouée de fondement, car la presse abandonne l'idée d'un ou des OVNIS, persuadés que la seule théorie d'une activité terrestre ne peut qu'être retenue, à l'exclusion de toute autre éventualité.

---

[20]

http://jfk.hood.edu/Collection/Weisberg%20Subject%20Index%20Files/T%20Disk/Tiger%20to%20Ride%20NATO/Item%2092.pdf

La presse n'en démordait pas, les russes étaient derrière cette affaire, et pourtant, en définitive, les autorités norvégiennes vont faire des déclarations tardives mais non moins retentissantes plus de quarante ans après les faits, elles vont dans le sens des ufologues : « Oui il y eut bien un OVNI. »

Le contre-amiral à la retraite Bjarne Grimstvedt répond au journal Bergens Tidende :

« Il n'y avait jamais un seul sous-marin »

« Ce n'était rien de connu »

En 1972, Grimstvedt était capitaine du « KNM Trondheim » et chef de l'opération, il est décédé en 2008, à l'âge de 78 ans, et maintenu cette version tout au long de sa vie : la « chasse » va durer 16 jours, un objet se déplace sous l'eau entre 3 et 5 mètres par seconde, à cause de lui, lors de leurs attaques, navires et avions tombent en panne, plus rien ne fonctionne, c'est la panique à bord :

« Lorsque notre armada de navires et d'hélicoptères attaqua ce qui se trouvait sous l'eau, tous les appareils électroniques sont tombés en panne, jamais à aucun moment un appareil sous-marin ne fut identifié que ce soit visuellement ou électroniquement par les militaires, de plus, les sons et échos radars sont inconnus »

À son tour, Johan Kleppe, ministre de la Défense en 1972 le confirme à son tour :

« Ce n'était rien de connu, ce ne fut jamais à aucun moment un sous-marin soviétique ».

Ces protagonistes de l'affaire, de hauts dirigeants politiques et militaires exposent leur réputation publique :

« Nous avons bien découvert et poursuivi un OVNI en 1973 »

L'ancien chef du renseignement de la flotte du Nord de la marine de l'URSS Viktor Berezhnoy témoigne :

« Les sous-marins et les marins de navires de surface soviétiques ont découvert des objets qui pouvaient se déplacer sous l'eau à une vitesse allant jusqu'à trois cents kilomètres à l'heure. C'est vraiment un aspect purement ufologique, et il est lié aux civilisations extraterrestres, comme on dit maintenant »

Viktor Berezhnoy affirme :

« Il a été noté à plusieurs reprises dans les journaux de bord, que ces OVNIS apparaissent dans le ciel, plongent sous l'eau ou sautent de sous l'eau, volant à grande vitesse, s'immergeant à nouveau et peuvant se déplacer sous l'eau à grande vitesse »

Un fait curieux surviendra des années plus tard, le premier président de la Russie, Boris Eltsine entré au Kremlin en 1991, exprime l'espoir que les nouveaux dirigeants russes et suédois échangent leurs fichiers respectifs au sujet des OVNIS en Scandinavie. Quatre ans plus tard, en 1995 d'autres événements OANIS inquiétants se poursuivent rapidement et de façon imprévisible, forçant le Parlement suédois à créer en 1995 une commission spéciale d'éminents scientifiques avec pour sujet de travail : « La gestion des fantômes sous-marins. »

L'armée finit par déclassifier certaines informations et il s'est avéré que les statistiques sur la détection d'objets sous-marins non identifiés étaient assez sérieuses et fréquentes, ainsi, plus de 2 000 cas ont été référencés (autant chez les sociétiques).

Des témoins oculaires ont décrit des objets étranges avec une maniabilité, vitesse et invulnérabilité absolues. Ces caractéristiques font douter les chercheurs de l'origine terrestre de ces objets. En outre, selon les forces navales des États-Unis et d'autres pays, des objets non identifiés rencontrés par des sous-marins combinaient les qualités de déplacement d'un sous-marin et d'un avion. Les engins inconnus se déplaçaient à la vitesse d'un train TGV sous la mer, sans créer de poussée sur le liquide tout autour d'eux, mais induisant la propagation d'ondes sonores acoustiques émises par une ou plusieurs sources, dont les sonars réceptionnaient les échos jusque-là inconnus.

1972 photo d'OVNI prise par le passager d'une voiture, lieu indéterminé.

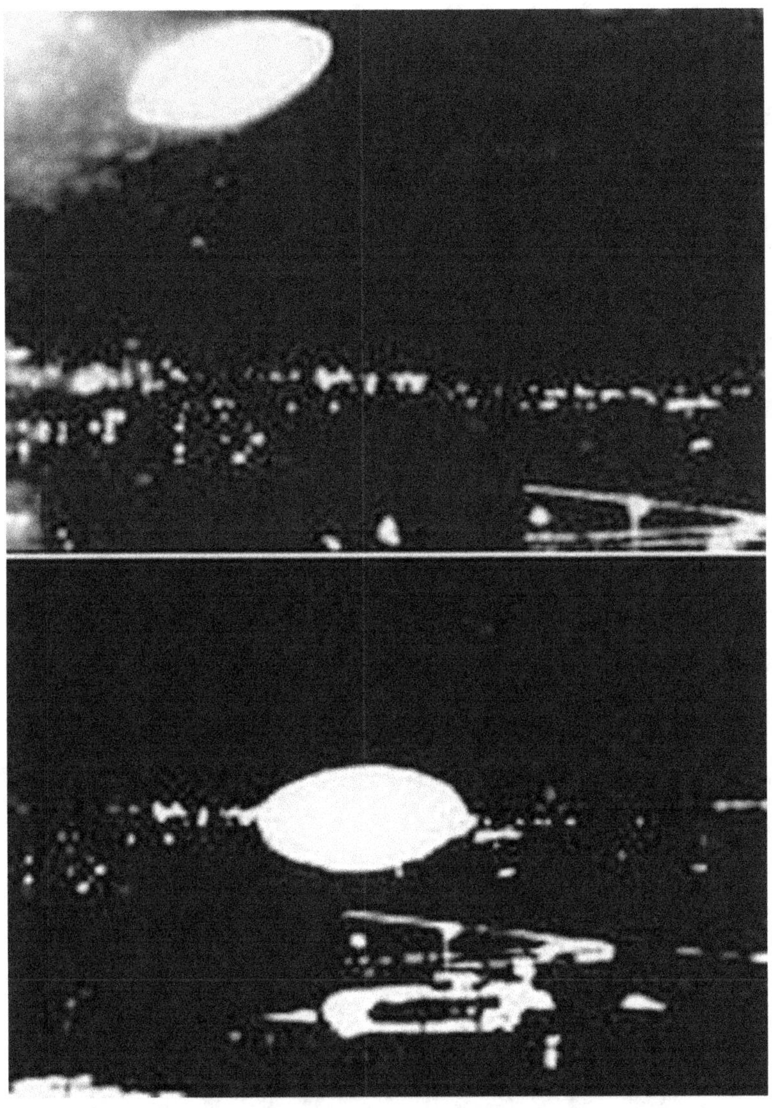

Ovni port de Gdansk Pologne, 1978

Six ans plus tard, un OVNI en forme de sphère ou d'éllipse sortant des eaux survola le port de Gdansk en 1978. Nous sommes en présence de faits et non de théories, quelque chose d'inconnu se déplaçe sous les eaux et dans les airs, s'immobilise parfois, repart dans une accélération inimaginable pour notre technologie humaine.

Soucoupe du Spitzbergen : l'OVNI qui n'existe pas ?

American Airlines Boeing 777 Flloorth Smith 5 sept 2019.

LA SOUCOUPE RUSSE : Le CONTEXTE

La seconde partie de cet ouvrage va aborder des sujets plus controversés, certains ne verront rien de concret, d'autres des pistes d'évidences supplémentaires, chacun admet ce qui satisfait son point de vue, pour ou contre l'idée de l'existence des : « Les Soucoupes volantes ».

La simple mention d'un crash d'OVNI évoque tout de suite Roswell au Nouveau-Mexique, l'incident impliquant le plus célèbre de l'histoire et l'année 1947, marquant le début de l'ère moderne ufologique dans la conscience collective, avec ce qui est devenu un phénomène aux Etats-Unis, puis ensuite dans le monde entier, ceci désormais fait partie de notre culture sociétale. Peu de personnes le savent, ce n'était pas la première fois que des OVNIS se manifestaient, inquiétaient, et semaient la panique parmi les civils et les militaires.

Une certitude est réelle, il s'est passé quelque chose d'important au sortir de la seconde guerre mondiale, qui n'a pas pu trouver de réponses adéquates, l'année 1946 est très intéressante car elle va donner le ton pour les soixante-dix années suivantes, car aucune réponse des gouvernements n'est crédible.

Nous voyons bien qu'il est question d'affaires d'État dérangeantes, que les OVNIS existent ou pas, cela nous plonge dans une incertitude, la pensée que l'on nous cache quelque chose au plus haut niveau de l'État.

Il subsiste de nombreuses légendes sur les crashs d'OVNIS, certaines d'entre elles basées sur des documentations photographiques, ainsi que des témoignages oculaires, d'autres reposent principalement sur des sources qui s'effacent mystérieusement, tout en semant malgré elles des traces.

Le but de cet ouvrage n'est pas de prendre parti ou de convaincre qui que ce soit, mais de rapporter des faits de société, chacun de nous désirant croire en ce qu'il veut bien.

Cinq ans après Roswell, une petite affaire avec des témoins invérifiables alimente la presse allemande, ce qui intrigue le plus n'est pas l'histoire elle-même, mais en quoi elle pouvait bien servir les intérêts américains dans une désinformation intentionnelle, si l'on accepte la version que les autorités veulent bien nous donner, nous en parlerons, c'était en 1952 au Spitsberg.

Dans ce contexte : « Et si les OVNIS n'ont jamais existé à quoi ont bien pu servir les centaines de millions de dollars, d'euros et de roubles investis dans des organisations de recherche gouvernementales dont les archives sont encore classées secrètes ? »

Que ne nous dit-on pas ?

Et pourquoi ?

Les apparitions d'objets volants non identifiés de toutes formes signalées à l'ATIC, l'Air Technical Intelligence Center de l'USAF aux Etats-Unis couvrant la période de 1947 à 1952 portent sur 4 000 rapports enregistrés officiellement sur plus de 8 000 reçus. Le capitaine Edward J.Ruppelt inventa le terme OVNI afin de remplacer celui de soucoupe volante, fut le directeur du célèbre projet Blue Book, lui et son personnel parcoururent presqu'un million de kilomètres pour se rendre sur les lieux des observations, dont 200 000 kilomètres pendant seulement deux ans, de 1951 à 1953, ce n'est pas anodin.

De 1947 à 1948 l'ATIC enregistre cinquante signalements par mois, soit 1200 cas inexplicables, mais Ruppelt dira dans ses mémoires que c'était parfois par jour.

En 1949-1950-1951 seulement dix enregistrements par mois sont recensés, puis en décembre 1951 leur nombre remonte à 20 signalements par mois, avant d'exploser littéralement en 1952, année à laquelle la moyenne mensuelle porte sur 100 à 150 observations par mois, soit environ 1700 à 1800 cas par an.

Le 23 février 1953 environ 51 rapports remis par Albert M Chop membre du service de renseignement de l'US Air Force étaient classés Top Secrets à ne pas divulguer, pourquoi ?

Ruppelt décéda étrangement d'une crise cardiaque le 15 septembre 1960, emportant avec lui ses secrets à l'âge de 37 ans, selon son témoignage de l'époque voici quelques cas très étranges, simplement extraordinairement incroyables, ils ne sont pas sans nous poser de sérieuses interrogations à leur sujet.

INCIDENT N° 1 :

« Le 12 août 1953, une femme du Ground Observer Corps dans les Black Hills du Dakota du Sudquand une lumière planant dans le ciel à l'est de sa position. Deux opérateurs d'une station radar sont sortis pour vérifier la chose visuellement pendant que la femme était encore au téléphone. Pendant qu'ils scrutaient le ciel, la femme a rapporté :

« La chose commence à bouger au-dessus de Rapid City. »

Au même moment, deux hommes opéranteurs radar voient la lumière commençant à bouger, puis retournant à leur poste pour la tracer,à ce moment, une femme signale que l'objet revenait au même moment à sa position initiale. Le radar a trouvé un écho positif au même endroit, confirmant ce qu'ils avaient vu tous les trois.

Un F-84, dans les airs à ce moment-là, se dirige vers la cible. Le pilote d'avion à réaction observe la lumière, il a un contact visuel et vole vers elle, l'objet se dirige vers le nord avec le jet derrière lui, pendant que les opérateurs radar mesurent la poursuite sur leur appareil.

L'objet volant non-identifié reste devant le jet et semblé prendre de la vitesse à chaque fois que le pilote accélére. Après avoir poursuivi sa cible sur une distance de 120 milles, le pilote manque de carburant et obtient la confirmation de revenir se poser.

Lorsque le jet se retourne, l'OVNI le fait aussi et le poursuit à son tour comme pour l'observer, l'étudier. Après l'atterrissage du premier avion à réaction, un deuxième F-84 repère visuellement la chose au-dessus de lui. Il est monté à 20 000 pieds, et l'OVNI est à son niveau quand instantannément l'objet a de nouveau accéléré vers le nord.

De nouveau, cette chasse est mesurée sur un radar au sol avec l'OVNI et le jet clairement visibles sur le scope. Au cours de cette seconde phase, le pilote a accomplit un certain nombre de tests pour écarter certains des phénomènes courants confondus avec les soucoupes volantes.

Il éteignit toutes les lumières de ses instruments, donne une accélération à l'avion pour s'assurer qu'il ne poursuit pas un reflet sur sa verrière. Ensuite, ol analyse l'objet avec soin par rapport aux étoiles, jurant qu'il se déplaçait à travers elles, éliminant ainsi la possibilité qu'il courrait en vain après une planète ou une étoile.

Enfin, quand il pense s'approcher de l'objet, il allume son radar de visée. Ce type de jet a une lumière sur le tableau de bord qui indique un verrouillage avec la cible par l'électronique. La lumière s'est allumée, l'objet est bien réel. Le second avion poursuit la lumière à 160 milles au nord, avant d'abandonner à son tour. Cette fois, l'OVNI maintient son vol vers le nord et le centre de contrôle du corps d'observateurs est alerté, ses techniciens tracent un léger écho sur le rayon au nord :

« Ce fut un événement étonnant, car accumulant des observations simultanées à partir de deux sites au sol reliés par téléphone. Confirmations depuis la terre ainsi que sur les scopes radar, et à bord de jets. Cette observation depuis le sol couvre des centaines de kilomètres de distance. »[21].

En 1952, sur 2199 déclarations d'OVNIS, environ 434 d'entre-elles, soit 19,7%, étaient des phénomènes totalement inconnus et classables : « Appareils impossibles à réaliser techniquement sur terre ».

Parmi elles figuraient des affaires rapportées par des scientifiques et des pilotes vétérans d'excellente réputation, dont beaucoup de sceptiques, jusqu'à ce qu'ils aient aperçu les soucoupes volantes de leurs propres yeux.

Ces dossiers incluaient des exemples de performances de vol et de manœuvres dépassant les capacités de tout avion connu sur terre.

Que conclure de cela ?

---

[21] https://www.project1947.com/shg/articles/true_ruppelt.htm.

Selon certaines sources de 1947 à 1957, portant sur dix années, le nombre des rapports étudiés par l'ATIC serait de 5 700, alors que l'ATIC n'en reconnait seulement que 4 400 à partir desquels ils n'ont seulement étudié et analysé 1 493 cas. Les techniciens de l'ATIC (cinq personnes) en vinrent à la conclusion que, dans 26,94% des cas il s'agissait réellement d'objets volants non identifiés. Selon Ruppelt, le nombre final de 402 ovnis confirmés devait être multiplié par dix soit 4 200, car seulement 10% de tous les phénomènes observés aux USA entre juillet 1947 et décembre 1952 furent étudiés.

Cela ne l'empêcha pas de rédiger à la fin de son rapport de l'époque que les ovnis n'avaient jamais existé.

Environ 12,5% des signalements portés à la connaissance de l'ATIC, provenant de radars civils et militaires aux Etats-Unis, et 22% des autres contenaient des données insuffisantes ne permettant pas d'en extraire des conclusions exploitables.

Que pouvons-nous en déduire ? Cela revient clairement à avouer qu'environ 27% des observations d'appareils volants n'étaient pas identifiables par les contrôles aériens militaires et civils, que leurs caractéristiques techniques et l'évolution de leur trajectoire de vol posait problème et qu'environ dans 22% des autres cas, on ne savait pas ce que cela pouvait être, ce n'étaient pas des avions civils ou militaires.

Ces conclusions effarantes proviennent de la nation la plus puissante au monde, les USA, leur commission d'enquête dévoile à demi-mot, que 49% des observations d'aéronefs non identifiés au-dessus de leur territoire ne sont pas identifiables, c'est-à-dire qu'aucun plan de vol civil ou militaire n'a été posé, aucun appareillage à bord ne permettait de les identifier, et cela sur des milliers de faits avérés. Voici quelques-unes des affaires que le projet Blue Book n'a pas réussi à résoudre :

INCIDENT N° 2 :

Le 29 juillet 1952, près de Port Huron, Michigan, deux avions de chasse F-94 dans les airs pour des essais nocturnes sur un B-25 cible capturent un écho inconnu, quand une station radar à proximité détecte un objet inconnu, demandant à l'un des appareils de mener une enquête. L'avion à réaction atteint 20 000 pieds, et le pilote repére l'objet visuellement, commançant à le chasser :

« Le pilote d'avion à réaction allume le radar qui se verrouillé automatiquement sur cible. L'objet reste facilement à l'avant du jet, même lorsque le pilote enclenche la post-combustion. Mais notre enquête a montré qu'il n'y avait pas d'avion à proximité et que la double vérification radar excluait les planètes, les étoiles, les reflets et les hallucinations. »

INCIDENT N° 3 :

Le 24 juillet 1952, deux colonels de l'armée de l'air stationnés au Pentagone en route à bord d'un B-25 de la base aérienne de Hamilton à Colorado Springs, volaient à 11 000 pieds près de Carson Sink au Nevada. Il était 15h40 par une journée calme et dégagée avec une visibilité illimitée, soudain, ils interceptent visuellement trois objets argentés formant une pointe de flèche en approche par une vitesse incroyable. Les objets sont apparus pour la première fois à la position 1 heure et dépassent le B-25 dans une ligne de vol continue.

Les deux colonels confirment les trois étranges objets avec soin, demeurant convaincus qu'il ne s'agissait pas d'un engin qu'ils auraient pu voir auparavant. Ils estiment leur taille à peu près à celle d'un F-86, et leur distance par rapport à eux, entre 400 et 800 mètres.

Les deux hommes rapportent que les objets possédaient une crête au sommet ou dôme, et avaient des contours bien définis et ne croyaient pas en l'existence des soucoupes volantes ni l'un ni l'autre.

Ce même jour un autre cas significatif, selon des pilotes d'un avion de passagers allant de Houston au Texas à Boston au Massachusetts : Clarence Chiles et John Whitted, deux pilotes vétérans, décorés pour leur service qu'aviateurs pendant la Seconde Guerre Mondiale, considérés comme des employés modèles précieux et respectables d'Eastern Airlines déclarent avoir vu un objet inconnu en forme de tube s'approchant de l'avant de leur avion, un Douglas DC 3.

L'OVNI d'une longueur d'environ 30 mètres se déplaçait à une vitesse de 800 à 1100 km à l'heure.

On pouvait parfaitement distinguer deux rangées de rectangles lumineux, sortes de fenêtres latérales le long de l'objet, un autre des témoins le décrit, précisant également la présence de ces fenêtres, avant qu'il s'envole à grande vitesse évitant leur avion de ligne. La fusée ou torpille volante a laissé une colonne de feu orange sur son parcours ascensionnel.

INCIDENT N° 4 :

Le 28 janvier 1953, à 21h35, un pilote d'avion à réaction près d'Albany, en Géorgie, repére une lumière extrêmement brillante à 10 heures.

Au début, il pensait que c'était un autre avion ou une étoile exceptionnellement brillante, mais lorsqu'il monte à 10000 pieds, il semble en avance et un peu en dessous de lui. À la première observation, la lumière est blanche, mais plus tard, elle mute du blanc à orange pour redevenir blanche.

L'objet demeure à vue pendant 17 minutes, puis au cours des 15 dernières secondes, sa forme se métamorphose de circulaire à triangulaire, avant de se scinder en deux triangles distincts, l'un immédiatement au-dessus de l'autre, un peu plus tard, les deux disparaissent comme si quelqu'un avait simplement éteint la lumière.

Le pilote appelle Albany, en Géorgie, mais avant de pouvoir faire son compte-rendu, le contrôle au sol lui a demande s'il avait voit quelque chose d'inhabituel : « Le radar au sol avait détecté le jet et une cible étrange ».

Sur le radar, lorsque le jet accélére, la cible aussi conservant son avance constante sur lui.

INCIDENT N° 5 :

Peu après minuit, le 5 août 1952, deux aviateurs marchaient à Haneda AFB au Japon pour commencer leur travail, lorsqu'ils repérent un grand objet rond avec une lumière dans le ciel. Se dépêchant monter à la tour de contrôle, ils le signalent aux opérateurs en poste, et se relayent pour observer l'objet au moyen de jumelles 7x50. Sous les lunettes grossissantes, on pouvait voir une lumière moins brillante autour du bord de l'objet principal, sorte de halo.

Le personnel trace la venue d'une cible nette sur leur scope dans les environs immédiats. En corrélant le mouvement visuel, et l'écho ils établissent l'évidence qu'ils observaient tous le même objet.

Le radar suit l'objet à une vitesse approximative de 300 nœuds et un F-94 se lance à sa poursuite la verrouillant comme une masse métallique avérée.

Parvenu à 6 000 pieds, l'avion perd le contact radar et, parallèlement, la tour et le radar au sol aussi.

L'objet sur le radar s'est séparé en trois morceaux qui ont volé en formation à des intervalles d'un quart de mille.

Au cours de l'incident, un ballon météo a été reché à la base, les témoins disent que sa lumière était beaucoup plus faible que celle de l'OVNI, aucune confusion posiible..

INCIDENT N° 6 :

Dans la nuit du 26 janvier 1953, un groupe de membres de la force aérienne stationnés sur un site radar au Nouveau-Mexique observent un objet très brillant, de couleur blanc rougeâtre à l'ouest de leur station, puis l'enregistrent sur leur radar.

L'objet durant environ 45 minutes, visuellement et par radar, se déplace derrière une colline puis réapparait, évoluant de façon intelligente et maitrisée.

Le radar le localise à 9 milles de la station, voyageant vers le nord par 12 à 15 nœuds sur une altitude de 10 000 à 15 000 pieds. Un ballon météo se trouvait à proximité, démontrant que l'OVNI s'est déplacé régulièrement presque directement dans le sens du vent.

INCIDENT N° 7 :

Le 16 février 1953, à 23h30, un pilote et un instructeur d'un C-47 survolant Turnagain Arm, une baie située près d'Anchorage, en Alaska, virent un feu rouge qu'ils considéraient être un avion à réaction à cinq milles d'eux.

Mais alors qu'ils le regardent, il devient de plus en plus gros et lumineux, comme s'il se dirigeait vers eux. Incapables de voir un quelconque feu de navigation, ils interrogent la tour de contrôle située à Elmendorf AFB, afin de savoir si d'autres avions survolaient la région.

La tour répond qu'il n'y en a pas, réalise une vérification avec des résultats négatifs, pendant que l'objet est vu bas et nettement en dessous de l'horizon lorsque le C-47 volait à 2000 pieds.

Continuant à venir sur le C-47, augmentant en brillance et en taille jusqu'à atteindre deux ou trois fois celle d'origine, l'objet inquiête sérieusement les pilotes. Ensuite, il semble s'arrêter et rester suspendu pendant cinq minutes.

Les pilotes, pensant toujours que ce pourrait être un autre avion, joignent Elmendorf, la tour leur demande s'ils pouvaient encore voir la lumière.

OUI ! Elle était encore visible et la tour les invite à essayer de l'intercepter, mais lorsque le C-47 la prend en chasse, la lumière semblé accélérer et rapidement disparait.

La nuit suivante, vers 20 heures, cinq membres de la police de l'air en patrouille repèrent le même feu volant, ou un autre feu mais rouge, au bout d'une des pistes d'Elmendorf.

En le comparant à des phares connus, ils estiment qu'il ressemblait à un phare de 36 pouces vu à 3 km de distance.

Cette chose bouge dans une ascension progressive à peu près équivalente à celle du jet, en direction d'Anchorage. La police de l'air au téléphone avec la tour, apprend qu'il n'y a rien sur leur radar, alors ils ordonnent à un avion de l'intercepter.

Au fur et à mesure que l'avion monte, l'objet augmente de manière notable, quand l'avion se dirige vers lui pour intercepter, la lumière se hisse verticalement à 5 500 pieds dans le ciel couvert de nuages, plus rapide que leur avion.

La police de l'air ne savait pas lors de la rédaction de son rapport que l'observation originale avait été multiple et sur deux jours. Une vérification minutieuse n'a révélé aucun ballon dans la région. Les étoiles et planètes ont été éliminées parce que la première nuit l'objet était sous l'horizon et que la deuxième nuit, le temps était couvert. S'il s'était agi d'un avion conventionnel, le radar l'aurait détecté. Si c'était un ballon perdu qui avait erré plus loin porté par les vents, le C-47 aurait facilement pu le rattraper la première nuit et le dépasser. La deuxième nuit, son élévation verticale soudaine a éliminé la théorie du ballon à la dérive, il volait a plus de 3000 km/h.

Ces cas, et des centaines comme ceux-là, s'imissent telles des échardes, au cœur du mystère des soucoupes volantes. Malgré tous les efforts de l'ATIC sur une période de sept ans, et l'assistance de conseillers techniques et scientifiques de haut niveau (nous le supposons), ils n'ont pas réussi à apporter des réponses de quelque ordre que ce soit, alors que chaque année des milliers de nouveaux dossiers signalés aux USA et dans le monde entier, aboutissant sur leur bureau, s'emplilant inexorablement.

Aucune nation au monde sur terre n'était capable en 1947, pas plus qu'en 2019, de construire des appareils volants exotiques de tous types, sans ailes ni moteurs, équipés de systèmes de conduite et de propulsion permettant des vitesses d'accélération et bruptes changements de vol à angle droit avec des variations si vertigineuses qu'elles occasionneraient la casse irrémédiable du matériel et la mort immédiate de l'équipage.

Les militaires et scientifiques étudièrent très sérieusement tout ce qui se produisit, tentant d'apporter la preuve et démonstration techniquement incontestable que les OVNIS ne pouvaient pas exister. La plus puissante nation au monde était débordée, dépassée, quand ses propres alliés Scandinaves au sein de l'OTAN lui demandèrent de venir à leur secours entre 1946 et en 1952. La « Soucoupe Soviétique » du Spitzberg était un exemple probant.

C'est ici que l'histoire moderne rejoint une des plus troublantes affaires mythiques du vingtième siècle avec des répercutions sur des dizaines de pays en l'espace d'un an.

Pour replacer dans son contexte une des affaires de ce livre, peut-être même l'affaire en soi, qui en elle seule reflète toutes les autres, nous dirons qu'elle se situe proche du Pôle Nord, dans des terres arctiques au-delà de la Norvège, non loin du lieu où se déroule l'affaire de l'OVNI du Spitzberg en 1952, La distance entre Petrozavodsk en URSS et son célèbre OVNI de 1978, et Spitzbergen le lieu du crash de l'ovni de 1952 est d'environ 1800 km, à seulement à 1000 km de là vers l'ouest se situe de l'île russe de Yuzhny[22], Oblast d'Arkhangelsk. Pourquoi parler de Yuzhny (Южный), littéralement : Le Sud, avant d'aborder le crash OVNI du Spitzbergen ? Car cette île est classée à l'époque soviétique zone Top Secret Interdite (Закрешение Секретно), donc ciblée par la CIA. Ce secteur à toujours été intensivement espionné car touchant aux allier Norvégiens, Suédois et Finlandais au contact immédiat des frontières nord de l'URSS et ses bases secrètes de sous-marins nucléaires.

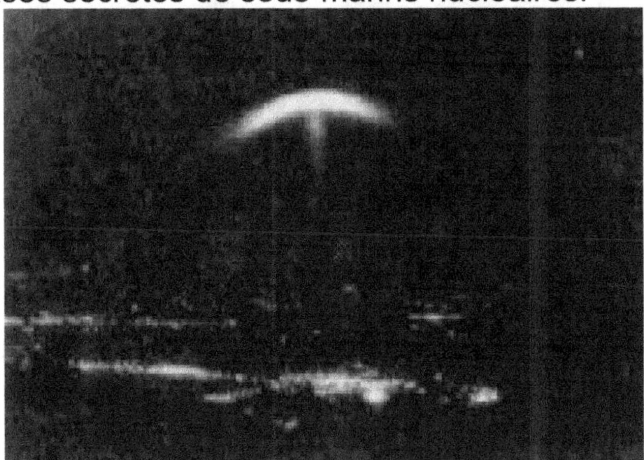

Ovni en ellipse origine sources soviétiques.

---

22 Avec les coordonnées 72°N 54°E dans l'archipel de Novaya Zemlya, d'une superficie insulaire de 33275 km 2.

Dès 1946, les nord-américains ont menti à leurs alliés suédois et norvégiens en leur surévaluant les capacités techniques scientifiques soviétiques[23] afin d'expliquer des survols d'OVNIS sur la Scandinavie.

La fusée soviétique lancée à quelques mètres de distance en 1947 avec de grandes difficultés ne pouvait pas réaliser l'exploit de voler sur des milliers de kilomètres de distance au travers de son propre pays et passer inaperçue depuis zone 51 soviétique vers Astrakhan, à 2 5550 km d'Oslo.

Tant de mythes ont couru sur les soucoupes allemandes et soviétiques, alimentées ou pas par la desinformation américaine, qu'ils ont presque occulté des cas d'OVNIS parfaitement réels, capables de vols et d'immersions en mer, loin de la maîtrise technologique conventionnelle.

---

[23] La Russie fit tardivement de l'île de Yuzhny, un site d'essais classé secret défense durant près de cinquante ans car auparavant, ceux-ci se déroulaient parfaitement dans les bases d'Emba dans le désert de Mugalzhar, ou de la région d'Aktobe, à l'ouest du Kazakhstan, et naturellement de Kapustin Yar entre Stalingrad et Astrakhan (la zone 51 soviétique). Donc dans des zones désertiques dépourvues d'habitations et de conséquences collatérales possibles, très loin à l'intérieur des frontières de l'URSS.

OVNI : Allemagne 1944.

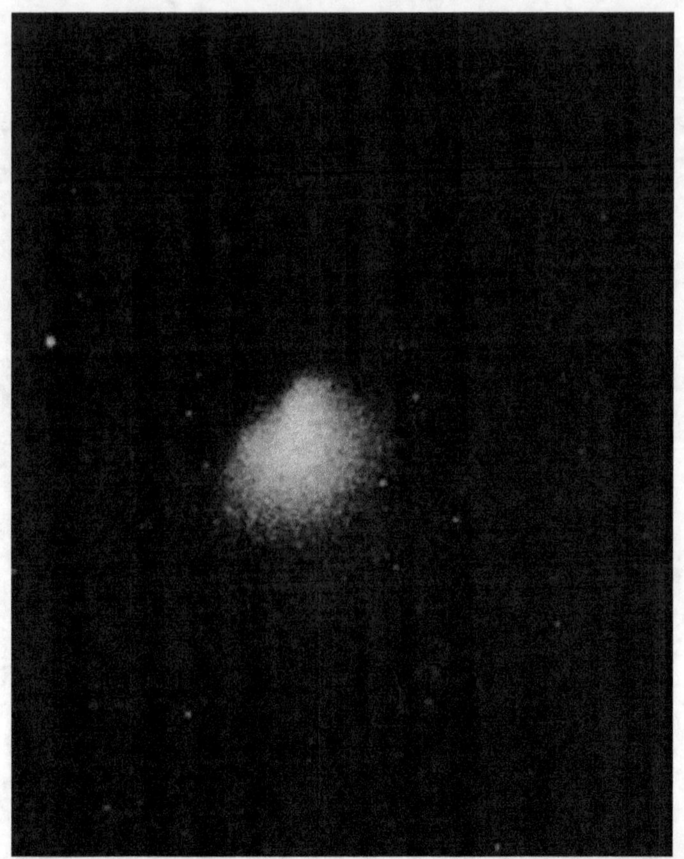

Ovni à 47 km yaroslav nuit du 9 au 10 mars 1991 : Fédération de Russie.

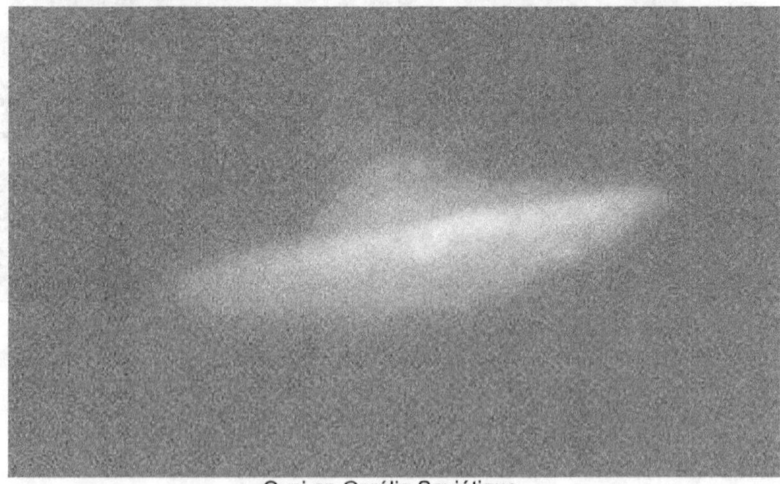

Ovni en Carélie Soviétique.

Que sait-on de l'OVNI du Svalbard ?

Le Svalbard où l'affaire d'un crash d'OVNI en 1952 se situe, est un groupe de plusieurs îles, dont six sont assez grandes et habitables. L'archipel se situe entre 76 ° et 81 ° de latitude nord, à environ 930 km au nord de Tromsø.

Selon les américains et les norvégiens aucun OVNI n'a été identifié en 1952, toutefois, selon les autorités soviétiques nous apprenons que dans ce secteur arctique de Spitsbergen un avion Tupolev en mission d'observation aérienne proche du Groenland croise une soucoupe volante en 1956. C'est un disque sans ailes, antenne, hublot, gaz d'échappement, trainées de condensation, la soucoupe volante évolue relativement à basse vitesse. L'équipage soviétique très surpris pense à un avion discoïdal expérimental espion nord-américain, leur avion Tupolev se hisse dans la couche supérieure des nuages et poursuit sa mission pour environ quarante minutes plus tard redescendre et se retrouver de nouveau nez à nez avec la soucoupe volante à leur gauche : « Elle les a suivis tout le long. »

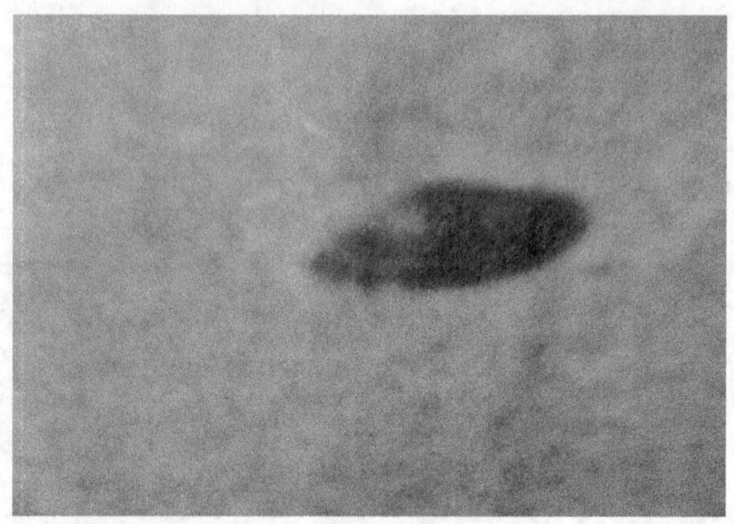

Leur vol perdure durant 15 minutes parallèle l'un à l'autre, puis, le disque volant accélère à une vitesse vertigineuse et se hisse vers le haut et la nappe nuageuse, la vitesse est simplement impossible avec un changement soudain de cap à angle droit.

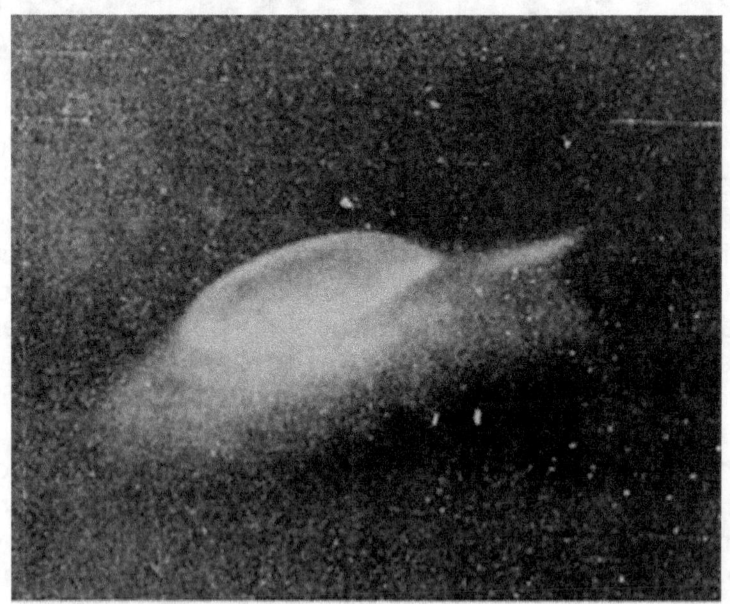

18 mars 1977 montes de Zuera, La Palomera (Zaragoza). 22h50 et 23h00.

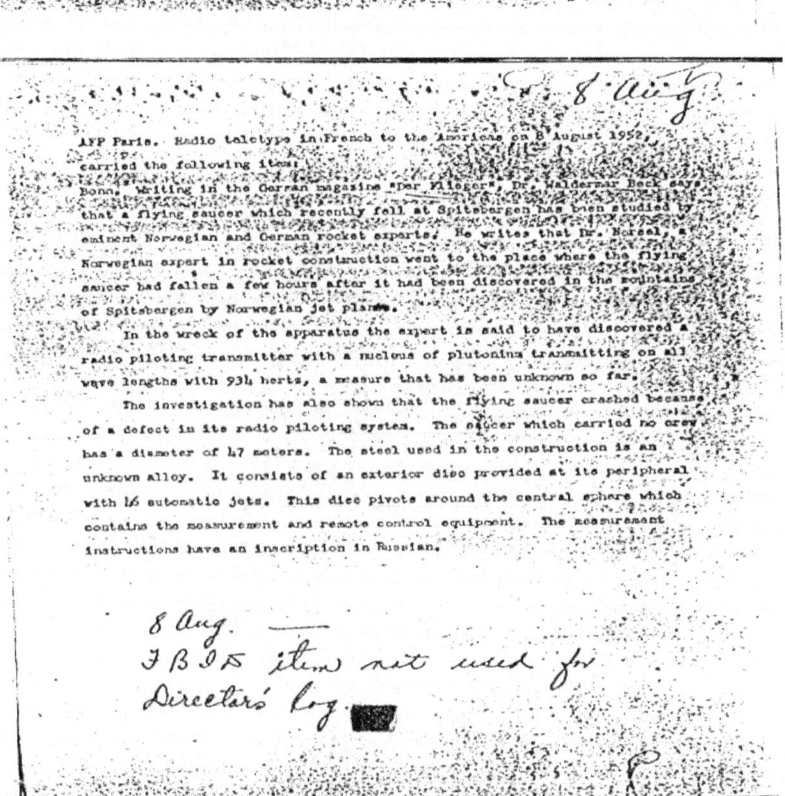

D— (#55)

8 aug

AFP Paris. Radio teletype in French to the Americas on 8 August 1952, carried the following item:

Bonn. Writing in the German magazine "Der Flieger", Dr. Waldermar Beck says that a flying saucer which recently fell at Spitsbergen has been studied by eminent Norwegian and German rocket experts. He writes that Dr. Norsel, Norwegian expert in rocket construction went to the place where the flying saucer had fallen a few hours after it had been discovered in the mountains of Spitsbergen by Norwegian jet planes.

In the wreck of the apparatus the expert is said to have discovered a radio piloting transmitter with a nucleus of plutonium transmitting on all wave lengths with 934 herts, a measure that has been unknown so far.

The investigation has also shown that the flying saucer crashed because of a defect in its radio piloting system. The saucer which carried no crew has a diameter of 47 meters. The steel used in the construction is an unknown alloy. It consists of an exterior disc provided at its peripheral with 46 automatic jets. This disc pivots around the central sphere which contains the measurement and remote control equipment. The measurement instructions have an inscription in Russian.

8 Aug.
J B I S item not used for
Director's log.

Jusqu'à présent les ufologues on classé l'affaire car deux journaux en rapportent les faits, ors en cherchant dans les archives de la CIA, nous dénichons deux autres sources et non des moindres.

Mémo des services secrets déclassifié le 24 novembre 1978 : la CIA décrit une soucoupe qui s'est soi-disant écrasée et récupérée par les autorités norvégiennes. Une description décrite par les experts norvégiens étudiant trouvé un émetteur radio à bord avec un noyau de plutonium dans l'appareil. Ce que j'ai trouvé le plus intéressant dans cette affaire, en particulier, c'est la dernière phrase : « On dit qu'il y avait une inscription écrite en langue russe dans l'appareil. » Origine de l'info agence AFP, télétype diffusé en français à destination des USA, avec pour source originelle le journal Der Flieger de Bonn en Allemagne.

AFP Paris. Radio teletype in French to the Americas on 8 carried the following item:

Bonn. Writing in the German magazine "Der Flieger", Dr. [...] that a flying saucer which recently fell at Spitsbergen ha[...] eminent Norwegian and German rocket experts. He writes th[...]

Norwegian expert in rocket construction went to the place [...] saucer had fallen a few hours after it had been discovered [...] of Spitsbergen by Norwegian jet plane.

In the wreck of the apparatus the expert is said to [...] radio piloting transmitter with a nucleus of plutonium tr[...]

La date de la notice de l'AFP est le août 1952.

AFP Paris. Radio teletype in French to the Americas carried the following item:

Bonn. Writing in the German magazine "Der Flieger",

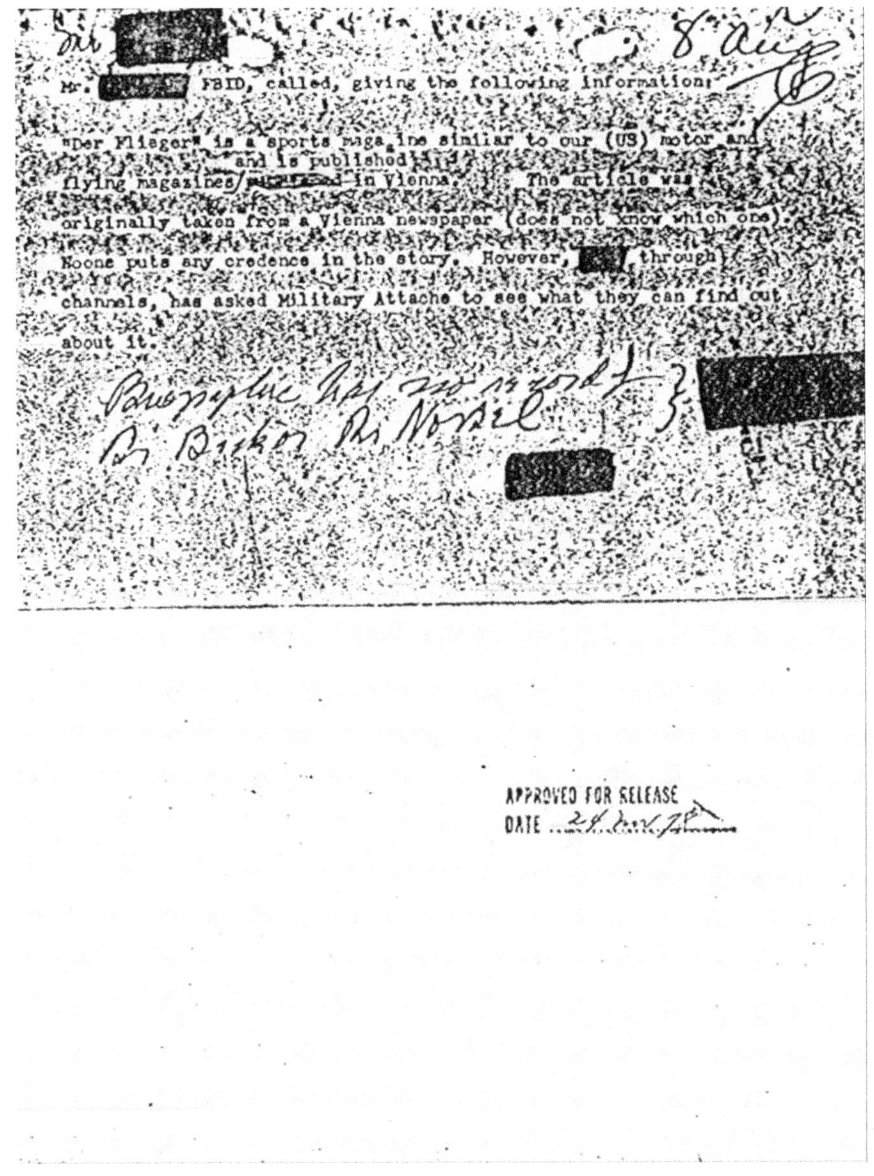

Selon la CIA : Mr.FIBD confirme que le journal Der Flieger à trouvé son information auprès d'un journal viennois mais ne se souvient pas lequel, aussi la CIA propose qu'au travers des canaux des attachés militaires américains on regarde ce que l'on peut trouver à ce sujet.

Le 19 août 2006, l'ufologue Kevin D.Randle, militaire à la retraite reformule son appréciation de ce dossier.

Dans un document classifié disponible dans les dossiers du Projet Blue Book, nous lisons : « Des informations dérivées d'émissions étrangères indiquent que le journal allemand CMA [qui signifie virgule, plutôt que ponctuation] a publié un article indiquant qu'un objet volant ressemblant à une soucoupe volante s'est écrasé au Spitzberg le 9 juillet et que la NAF [Norwegian Air Force] l'a récupéré.

Ggénéralement, lorsqu'ils utilisent CMA pour virgule, ils utilisent PD pour point mais ici ils ne l'ont pas fait :

« D'un diamètre de 47 mètres CMA, construit en acier d'alliage inconnu avec des instructions d'utilisation écrites en russe. L'information a apparemment eu beaucoup de succès dans la presse allemande en continu depuis peu après le 9 juillet. Demandez la validité de cette information... »

La plupart des ufologues considèrent maintenant le cas comme un canular, mais le regretté Frank Edwards, dans son livre : Flying Saucers Serious Business, reproduit ce rapport, l'attribuant au Stuttgarter Tageblatt qui cite un colonel fournissant des détails supplémentaires. Il suggère que le cas est authentique. Ryan Woods, dans son livre : Majic Eyes Only, raconte le cas, mentionne que certains pensent qu'il s'agit d'un canular, mais le considère comme nécessitant une étude plus approfondie. Dans : History of Ufo Crashes, l'auteur Kevin D.Randle, suggère que c'est un canular.

« Ici, cependant, cela n'a pas d'importance. Ce que nous avons, c'est une affirmation d'un témoin du Disclosure Project concernant des documents classifiés qu'il a vus alors qu'il travaillait avec l'Air Force. Son histoire est vraie. Il a bien vu ce qu'il prétendait. La seule question qui reste est de savoir si le rapport concernait un événement réel ou un canular. »
Faites votre choix.... Kevin D.Randle !

Ole Jonny Brænne d'UFO Norge[24], revient sur plusieurs sources ayant consigné l'article du Stuttgarter Tageblatt comme source pour le crash OVNI du Spitzber selon lui le journal est inexistant. En suite, cette histoire réapparaît dans le livre de Frank Edwards Flying Saucers-Serious Business publié en 1966. Edwards affirme avoir été en contact avec un membre de la commission d'enquête norvégienne :

« En 1954, lorsque j'écrivais à un membre de la commission d'enquête norvégienne qui avait enquêté sur laSpitzbergcas. J'ai reçu, au bout de quatre mois, une réponse énigmatique : Je regrette qu'il me soit impossible de répondre à vos questions pour le moment. Pourrait-il alors répondre à mes questions à un autre moment ? A cette demande je n'ai reçu aucune réponse. Je me remets du choc. »

Malheureusement Il ne nomme pas son contact présumé et ne publie pas des copies des lettres, qu'il aurait été naturel d'inclure dans son livre, elles n'ont d'ailleurs jamais fait surface.

/Saarbrücker Zeitung 1952 Spitzbergen/
J. M. M.: Auf Spitzbergen landete Fliegende Untertasse - Das Rätsel endgültig gelöst? Silberner Diskus mit Plexiglaskanzel und 46 Kreisdüsen – Sowjetischer Herkunft? In: Saarbrücker Zeitung vom 28.06.1952.

---

[24]
Références selon UFO Norge :

1. Saarbrücker Zeitung, 28 juin 1952 Une soucoupe volante a atterri sur Svalbard.
2. Berliner Volksblatt, 9 juillet 1952 Disque volant sur le Spitzberg.
3. Der Flieger, août 1952, p. 148 Nouvelles mensuelles de Luftpolitical.
4. Document FOIA CIA, 8 août 1952.
5. Donald E. Keyhoe : Flying Saucers From Outer Space, 1953.
6 Jimmy Guieu : Les Soucupes Volantes Viennent d'Un Autre Monde, 1954.

7. Harold Tom Wilkins: Flying Saucers On The Moon, 1954. 8. Hessische Nachrichten, 26 juillet 1954, 'Flying Saucers' are not a fable.
9. Verdens Gang, 19 décembre 1954 ; Sør-Amerika melder om flygende tallerken i Norge!.
10. El Nacional, publié quelque temps avant le 19 décembre 1954.
11.Sir,septembre1954.

Cependant qu'un chercheur norvégien, Ingvar Haltuf, estime que l'histoire de l'OVNI de Svalbard était un gros mensonge du début à la fin, fabriqué au plus fort de la guerre froide à des fins de désinformation.

Le célèbre ufologue polonais, chercheur sur les phénomènes anormaux, journaliste et écrivain Robert Lesnyakevich est d'accord avec cela. Cependant, il souligne que cela est encore loin d'être totalement clarifié. De nos jours, de plus en plus de nouvelles données sont publiées sous le voile du secret, par conséquent, selon l'ufologue, les recherches sur le mystère du Svalbard doivent être poursuivies.

Nick Redfern journaliste auteur à succès britannique, ufologue, originaire des Midlands, résidant désormais dans l'État du Texas aux États-Unis, publie un blog sur l'affaire Spitsbergen en 2012, son axe d'approche du phénomène explique en quoi cette histoire consistait en plusieurs récits différents, un dossier de 1946, un autre de 1952, on pourrait presque aussi rajouter toute la vague d'observations de 1955, dans l'arctique, qui finissent par se compléter sans pour autant provenir de la même source[25].

Il ajoute qu'en fonction de l'agence de renseignement ou de la publication d'information qu'on choisissait de consulter, cette histoire se majore d'ajouts supplémentaires non vérifiables :

« En substance, l'histoire selon laquelle une soucoupe volante sans occupants aurait été récupérée de l'île en 1952, devient un crash avec des victimes de l'équipage navigant à bord. »

Le sensationnel fait vendre !

---

[25] https://gizadeathstar.com/2012/07/the-alleged-spitzbergen-ufo-crash-and-nick-refern/

En 1985, les chercheurs ufologues tentent de corroborer cette histoire, avec des témoignages de pilotes militaires norvégiens signalant des observations avérées de disques volants, vus par des militaires et civils dans les secteurs proches et dans l'Arctique sur une période longue de quarante ans.

Un rebondissement majeur alimente cette affaire lorsqu'un dossier déclassifié de la NSA divulgue au public un radiotélégramme destiné au département d'état américain devient public, il date de 1968 et envoyé depuis l'ambassade américaine à Moscou au département d'État des États-Unis, dans l'intention d'informer celui-ci d'un article récemment publié sur les OVNIS, qui aurait pour origine l'URSS, mais paru dans une version en langue anglaise, il est rédigé par Villen Lyustiberg, rédacteur scientifique de l'agence de presse Novosti International.

L'aérogramme contient un paragraphe traitant de l'affaire OVNI à Spitsbergen encerclé à la main par l'un des destinataires du mémo, identifié comme un membre haut placé de la NSA, avait stylographié le terme PLANT (Usine ou Plante) sur le document d'origine. Ce détail à son importance, c'est sur lui que repose le classement définitif de cette affaire dans la partie des légendes urbaines. Les argumentaires sont le mot Plant, peut être de l'argot (pour le personnel de la CIA), l'impossibilité de retrouver trace des personnes mentionnées dans le journal allemand, et l'incapacité de se poser pour les pilotes de jets, toutefois, l'inscription n'est pas une preuve irréfutable, les avions pouvaient bien attérrir puis que les allemands le faisaient durant la guerre sur des pistes gelées au même endroit ! Restent les archives des journaux de l'époque en Allemagne et en Norvège n'ont rien donné ainsi qu'une immense littérature déclassifiée de la CIA témoignant d'une activité OVNI très intense et inexpliquée entre 1946 et 1952.

almost crashed before the eyes of witnesses. But "having
spit out" several pieces of metal, it levelled out its course
and flew off. Delivered to the police, the metal proved to
be ordinary tin.

 An abandoned silvery disc was found in the deep rock-
coal seams in Norwegian coal mines on Spitzbergen. It was
pierced and marked by micrometeor impacts and bore all traces
of having performed a long space voyage. It was sent for ana-
lysis to the Pentagon and disappeared there.

Nothing but a saucer put out of commission a high-voltage
power transmission line in 1965 and thus plunged several large
American cities into darkness for six hours.

But the most thrilling masterpiece of this sort was
probably the "Interview with a Man from Venus" published at
the close of 1967 by the West German _Stern_ magazine. This

Annotation mystérieuse rajoutée sur l'aérogramme de l'article russe au sujet des OVNIS, document déclassifié par la NSA : « Un dossier secret de la CIA, contient un message d'aérogramme de 1968 envoyé par l'ambassade américaine à Moscou au département d'État des États-Unis. » Le but du message est de fournir au Département d'Etat une version anglaise d'un article récemment publié sur la lutte contre les OVNIS, rédigé par Villen Lyustiberg, rédacteur scientifique de l'agence de presse Novosti oviétique.

Il renferme également un paragraphe traitant de l'affaire du Spitsbergen, ce dernier a été encerclé et identifié comme Plant, argot désignant probablement une personne employée dans une agence de renseignement américaine à un moment donné. L'annotation ajoutée au stylo sur l'article dans le document, n'est pas vérifiable. David William Clarke, journaliste d'investigation, lecteur et conférencier à l'Université Sheffield Hallam, Angleterre, étudia longuement les dossiers OVNIS et phénomènes inhabituels extraordinaires, pour lesquels il publia des analyses personnelles au travers d'une série de livres en langue anglaise.

Tout naturellement, il s'exprima lui aussi au sujet de la soucoupe du Spitzberg dans son ouvrage de fiction intitulé :

« Comment les OVNISs ont conquis le Monde, l'histoire d'un mythe moderne. »[26]

Selon son hypothèse qui rejoint celle du chercheur Nick Redfern, il argumente que selon son opinion à lui, c'est le signe d'un faux destiné à la désinformation des masses.

En définitive tous ces chercheurs vont se baser sur deux arguments, le premier le mot rédigé au stylo par une main inconnue, et ensuite l'impossibilité des avions de chasse norvégiens de se rendre sur l'ile du Spitzberg et d'en revenir vers la Norvège, car le rayon d'action des jets en 1952 ne le permettait pas, les bases aériennes se trouvaient sur le continent alors qu'en 1941 les allemands le pouvaient bien !

Cette interprétation est une hypothèse intéressante, toutefois, des pistes d'aviation permettaient bien d'atterrir sur place et repartir ou simplement survoler la zone à volonté, son affirmation est donc contradictoire. On ne peut pas être affirmatif sur ce détail relatif aux jets, sans pour autant infirmer l'hypothèse de David William Clarke et d'Ole Jonny Brenne, aujourd'hui, la plus répandue chez les ufologues nordiques.

David Clarke habite à Leeds, il est l'un des principaux écrivains britanniques enquêtant sur le folklore et la mythologie. Au cours des dernières années, il consulta les archives nationales britanniques, lors de la publication des dossiers du ministère de la défense sur les OVNIS en raison de la loi sur l'information. Pour ces motifs, il est régulièrement publié dans les principaux journaux nationaux et à la radio pour des émissions telles que Today de BBC, Radio 4 et Timewatch de BBC 2.

---

26 (How the Ufos conquier the Word) ISBN 9781781313039, éditeur Quarto UK en mai 2015, il interprète le document portant le terme Plant manuscrit.

D'un point de vue éthique, selon lui, l'existence des OVNIS s'apparente à une sorte de légende sociétale urbaine moderne apparue lors des premiers essais d'engins volants inhabituels issus de la technologie allemande par l'US Air Force comme les Bombardiers ailes volantes Northron et d'autres en forme de demi-cercles, de triangles, de soucoupes[27] :

« Ce fut pour moi une révélation. Avons-nous vraiment admis l'idée de soucoupes volantes comme étant des objets en forme de disque apparaissant dans le ciel et supposés provenir de l'espace grâce à une simple erreur d'un confrère journaliste ? », extrait du livre de D.Clarke :

« Comment les Ovnis ont conquis le Monde : histoire d'un mythe moderne[28] ».

Il se veut démystificateur, mais n'apporte pas une vision impartiale et n'est pas capable d'expliquer les cas observés par les militaires d'engins volants à très grande vitesse poursuivis en vol et suivis par les radars modernes entre 3 500 et 9 500 km/h.

Le sujet OVNI est forcément contradictoire, et les chercheurs campent sur leurs positions respectives, Joseph P.Farrell, titulaire d'un doctorat de l'Université d'Oxford poursuivant des recherches en physique, en histoire et science alternatives et dans des sujets relatifs au domaine de l'étrange, auteur du livre The Giza Death Star publié au printemps 2002, argumente l'impossibilité des extraterrestres :

« Ils sont une invention, une légende urbaine de plus ! »

---

[27]http://bistrobarblog.blogspot.com/2015/10/les-soucoupes-volantes-debut-dune.html.

[28] https://ordo-ab-chao.fr/creation-des-ovni/.

« Maintenant, nous allons accepter l'idée qu'il y a vraiment des extra-terrestres, et ils visitent réellement cette planète, sur cette idée, regardons le scénario de guerre psychologique un peu plus près. Formulons une dernière hypothèse : supposons que ce que de nombreux membres de la communauté des ufologues croient est vrai et que de nombreuses espèces nous visitent ! Est-il concevable, compte tenu de toutes ces hypothèses, que les cibles ultimes des opérations psychologiques ne soient pas du tout humaines ? Les affirmations déroutantes de physiologies différentes, les crashs et la récupération de tels engins pourraient-elles viser des cibles tout à fait différentes, comme par exemple dans l'intention d'envoyer le message : Nous avons récupéré la technologie de votre ennemi mortel ?

Nicholas Redfern, à mon avis, obtient exactement cela ici, si les gouvernements ont des engins extra-terrestres, ils vont probablement tenter de brouiller les détails de leur récupération. De même, comme le dit Nicholas Redfern, il est logique aussi que les gouvernements ne récupèrent pas un tel engin, mais tentent de convaincre leurs ennemis car ils mènent une opération de guerre psychologique. Dans chaque cas, celui d'avoir réellement récupéré une technologie extraterrestre avancée et celui de simplement créer une histoire dont le public cible est le même, les êtres humains. »[29] Arild Isegg, responsable de la Division de l'Information du Ministère Royal de la Défense Norvégienne, déclara en 1955 au chercheur britannique Philip Mantle qu'il examina l'affaire de l'ovni du Spitsbergen de 1952 en 1985 :

« Toute cette histoire semble totalement dénuée de fondement. »

---

[29] https://gizadeathstar.com/2012/07/the-alleged-spitzbergen-ufo-crash-and-nick-refern/.

Nous savons dans ce dossier que l'île disposait d'une piste aérienne en dur utilisée par les avions de la Luftwaffe en 1942, ainsi que des pistes de terre et de neige parfois gelée offrant aussi d'autres espaces pour se poser, soit dix ans plus tôt avec une technologie aérienne inférieure.

Alors pourquoi en 1952 l'aviation moderne n'arriverait pas à se poser, ceci est totalement absurde et non fondé. Les pistes pour avions légers font en général de 600 à 1 000 mètres de long pour 25 à 45 mètres de large.

De plus les termes de PLANT au sein des services de renseignement de la NSA et de la CIA peuvent s'interpréter comme David Clarke le formule, c'est une argumentation qui dispose aussi de son contraire.

« On ne sait pas qui avait annoté le document, à quelle date, ni s'il s'agit d'une tentative d'intox bien des années plus tard lors de la déclassification des documents de la CIA en raison du FOA act, ceci est aussi une possibilité que nous ne pouvons pas écarter. »

Dans les termes techniques utilisés de renseignement citons-en trois, Plaintex, signifie, que votre texte en clair est votre message c'est la chose telle que vous voulez la dire, avant qu'elle ne soit cryptée, l'information que vous proposez peut-être avérée ou pas, mais elle est telle que vous l'exposez, (et il est évident que rien n'est clair dans cette affaire), la CIA dispose de son propre vocabulaire :

« Le mot Plant, désigne que personne autour de vous ne le sait, vous avez été secrètement placé dans cette situation pour recueillir des renseignements. Vous êtes une plante, et à partir des graines de votre intelligence ou présence, tout un complot pourrait se développer. »

Ce terme s'adresse à un agent ou informateur inséré dans un contexte où lieu où il est amené à se comporter comme une plante verte dans un pot, tout le monde le voit et personne ne se rend compte de ce qu'il fait là, son utilisation pour désigner en argot un faux est moderne et postérieure à cette période.

Enfin, Plant, signifie aussi une usine ou laboratoire.

Le terme exact plus courant pour un faux serait le suivant, Playback, qui veut dire faux renseignement, vous fournissez de fausses informations pour que votre cible pense que c'est réel et vous donne quelque chose en retour, pour le renseignement la réciprocité parfaite dans la manipulation, c'est la lecture ou playback de ce que l'on veut vous faire croire.

almost crashed before the eyes of witnesses. But "having spit out" several pieces of metal, it levelled out its course and flew off. Delivered to the police, the metal proved to be ordinary tin.

An abandoned silvery disc was found in the deep rock-coal seams in Norwegian coal mines on Spitzbergen. It was pierced and marked by micrometeor impacts and bore all traces of having performed a long space voyage. It was sent for analysis to the Pentagon and disappeared there.

Nothing but a saucer put out of commission a high-voltage power transmission line in 1965 and thus plunged several large American cities into darkness for six hours.

But the most thrilling masterpiece of this sort was probably the "Interview with a Man from Venus" published at the close of 1967 by the West German *Stern* magazine. This

Un mot rédigé par une personne inconnue sur un document de la CIA et Plant dont on veut lui faire dire ce que l'on veut suivant que l'on désire enterrer le sujer dans l'oubli ou pas. En 1949, le nord-américain Cabell mit en place le projet Grudge, chargé d'étudier le phénomène OVNI pour l'Air Force. Entre 1949 et 1952, il fut dirigé par le général Charles Cabell, certains lui imputent une série de désinformations afin de totalement décrédibiliser l'ufologie, à cette même période le chancelier ouest-allemand Konrad Hermann Joseph Adenauer aurait été informé d'un vaste programme de survol de l'URSS à des fins d'espionnage avec des appareils volants U-2, le projet existait depuis le 12 septembre 1951 sous les ordres du capitaine Edward J.Ruppelt.

Qu'il se soit agi d'un objet balistique de la technologie soviétique atomique, ou d'un artefact volant téléguidé ou alors d'un dossier de désinformation, soit le programme Grudge en fut à l'origine soit il participa activement au discrédit de l'OVNI du Spitsbergen en particulier. Ce qui doit nous interpeller en premier, est l'absence de références dans les dossiers déclassifiés de la CIA, en effet ils ont recensé durant soixante-dix ans des résumés insignifiants de coupures de presse sur l'ufologie et dans ce cas particulier rien du tout, alors qu'ils répertoriant la moindre rumeur, même la plus absurde, selon toute vraisemblance ils l'ont occulté. Souvenons-nous la CIA exigea des attachés militaires de faire la lumière sur ce cas, le résultat positif ou négatif n'est pas repertorié.

La soucoupe du Spitsbergen un faux ?

Pourquoi soixante-dix ans plus tard aucun service de renseignement ni journaliste n'a revendiqué sa paternité ?

En quoi était-ce nécessaire voire indispensable de colporter une telle information dénouée de véracité pour impliquer les soviétiques dans un canular planétaire sans un but précis ?

Les principaux détracteurs de la thèse ufologique dans l'arctique et au Spitsberg se basent sur l'impossibilité pour les avions de 1952 de s'y poser ou même de réaliser un aller et retour, mais dans la réalité il en est tout autrement...

Dans les années 1930, une équipe de pilotes menés par le légendaire aviateur Valeri Tchkalov, la première à relier l'Europe et le Nouveau Monde via le pôle Nord, dans une expédition incroyable vers les États-Unis, en passant par le pôle Nord. Pour concrêtiser ce projet, un avion spécial fut développé et le concepteur aéronautique Andreï Tupolev mandaté pour superviser sa construction.

L'avion, Tupolev ANT-25 possédait un design unique avec une envergure d'ailes de 33 mètres. Pour la première fois de l'histoire, les ailes d'un avion étaient également utilisées pour le stockage du carburant, l'appareil, pouvait transporter jusqu'à sept tonnes de carburant, spécialement conçu pour supporter des températures extrêmement basses.

Avant de gagner les États-Unis, l'équipage devait tenter de battre le record du vol le plus long au sein même du territoire de l'URSS.

Cette expédition organisée en 1936 permit à l'ANT-25 de parcourir 9 374 kilomètres, soit 56 heures de vol depuis Moscou jusque l'Extrême-Orient russe.

Suite à cet exploit, chacun des trois pilotes Valeri Tchkalov, le co-pilote Gueorgui Baïdoukov et le navigateur Alexandre Beliakov, reçut la plus haute distinction du pays, le titre de Héros de l'Union soviétique. Après cette réussite, l'ANT-25 a décollé en direction des côtes américaines le 18 juin 1937, San Francisco étant sa destination, l'équipage naviguant était le même, ce vol éreintant dura 63 heures et 25 minutes, soit plus que le précédent trajet et la presse soviétique surnomma ces deux vols : « L'Itinéraire de Staline. »

Durant la majeure partie de ce périple de 8 500 kilomètres, l'avion survola la glace dans des conditions météorologiques terribles, presque sans aucune visibilité à plus de 5 000 mètres, quand le 20 juin, l'équipage s'est finalement rendu compte qu'il n'aurait pas assez de carburant pour atteindre San Francisco, et décide donc d'atterrir dans un aérodrome militaire près de Vancouver (dans l'État de Washington).

Suite à leur arrivée, les trois hommes ont passé quelque temps, invités au domicile du général George Marshall, futur secrétaire d'État et secrétaire de la Défense.

Deux ans plus tard, les Soviétiques Vladimir Kokkinaki et Mikhaïl Gordienko ont effectué un vol non-stop jusqu'au Canada, leur itinéraire comprenait le survol de l'Islande et du Groenland et ils ont ainsi parcouru plus de 8 000 kilomètres en un seul trait de 53 heures.

Ole Jonny Brænne soutient que des vols et attérrissages aller retour sont impossibles dans le cas du Spiztbergen en 1952, j'ai du mal à le croire, si les soviétiques volaient sur plus de 8500 km en 1937 au-dessus de l'arctique.

Selon le livre : The UFO Evidence, le NICAP a écrit à l'ambassade de Norvège en 1958, au sujet de la soucoupe du Svalbard, recevant cette réponse en retour :

« Le matériel OVNI de notre armée de l'air est principalement de nature sécuritaire et ne peut pas être mis à la disposition du NICAP. »

Si l'on croit le rapport Condon : Étude scientifique des objets volants non identifiés : « Il semble bien établi que cette histoire n'a aucun fondement dans les faits. »

Enfin, le chercheur norvégien, Arne Børcke , a visité le ministère de la Défense fin de 1973, passe au crible tous les documents dont ils disposaient sur cette affaire. Depuis que l'histoire a fait surface en 1952, ils avaient reçu de nombreuses lettres de personnes intéressées de toutes catégories. mais le Ministère n'avait pas connaissance qu'un tel incident a eu lieu.

Arne Børcke poussant ses recherches passe au crible l'intégralité de l'édition de 1952 du Svalbardposten le journal local de Svalbard Spitsbergen. Ne trouve aucune mention d'un accident de soucoupe !

Il n'y avait pas non plus une telle histoire dans aucun de principaux journaux norvégiens :

« Aftenposten , Morgenbladet , Morgenposten , ou Ver dens Gang , ou dans aucune édition de Hvem Er Hvem pour la période 1912-1984, l'équivalent norvégien du Who's Who. »

Selon certains ufologues, si l'incident a vraiment eu lieu, alors. très probablement, ce n'était pas un accident d'OVNI, mais un avion inhabituel et, bien sûr, secret d'origine terrestre. Et cet appareil a été construit en URSS (quelque part dans l'Oural ?), et la soucoupe allemande V-7 lui a servi de prototype.

Capture Of 'Soviet Saucer' Claimed

MUNICH (INS)—A German aviation writer claimed Friday that the Norwegian air force has captured an atomic-powered flying saucer "which is undoubtedly of Soviet origin."

Waldemar Beck, writing in the aviation monthly "Der Flieger," cited "a Norwegian report" as his source and said "the theory that flying saucers originate on some other planet can now be dismissed."

He said the purported craft was made of "shiny metal" and "contained an undamaged atomic pile with a plutonium core."

Beck's article alleged that the saucer first was sighted and "secured" by Norwegian jet pilots.

According to the supposed Norwegian reports quoted by the author, the object was 120 to 150 feet in diameter, driven by remote control and made of an unknown steel alloy.

Beck said it was equipped with 46 jets mounted on the rim, which spins around a central gondola "carrying a set of instruments bearing Russian markings."

Un article de journal en langue anglaise publie le cas de l'OVNI du Spitsbergen sans retenue, comment se fait-il que la presse n'ait pas vérifié l'affaire avant de la publier, surtout dans ce cas extraordinaire ?

Aucun appel ne fut fait aux représentants des consulats norvégiens en Allemagne, en Grande Bretagne et aux USA ?

Article Munich INS :

« Une soucoupe volante soviétique capturée par l'armée de l'air norvégienne INS Munich article de Waldemar Beck dans le journal spécialisé pour l'aviation Der Flieger Une soucoupe volante en métal léger avec une pile à combustion au plutonium. »

Qui avait intérêt à l'époque à faire circuler cette information invérifiable et dans quel but ?

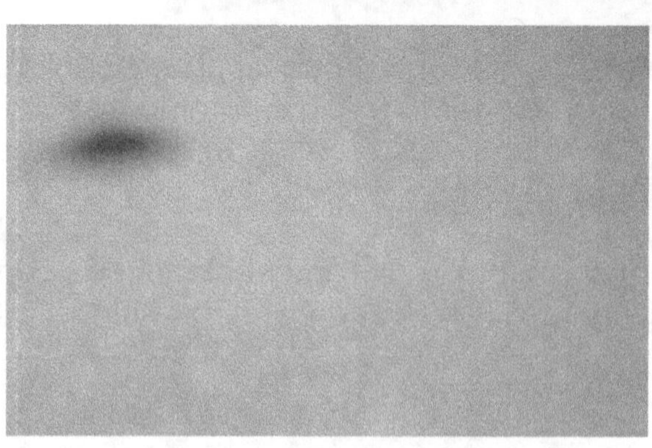

Cet OVNI a été photographié par Erik Reuterswärd à 14h30 le 9 juillet 1946. Comme c'était une journée d'été ensoleillée, il y avait de nombreux témoins. Reuterswärd a pris la photo par hasard depuis une tour de guet aérienne près de Guldsmedshyttan au centre de la Suède. Tout au long de l'année, de nombreuses fusées fantômes ont été signalées survolant la Norvège et la Suède, et même se sont écrasées. C'est l'une des rares photographies connues du phénomène.

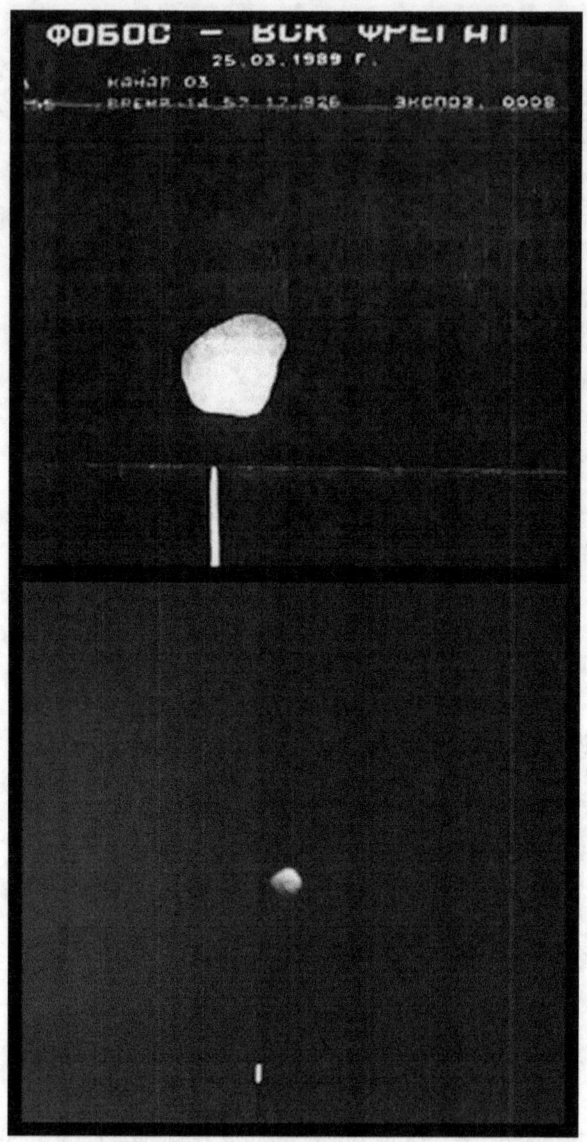

Photo d'un OVNI près de la lune de Mars, prise le 25 mars 1989 par la station spatiale soviétique "Phobos-2".En décembre 1991 : La pilote-cosmonaute soviétique Marina Popovich présenta les clichés, lors d'une conférence de presse à San Francisco, filmée par la société de cinéma russe Goldmedium's..

URSS source indéterminée.

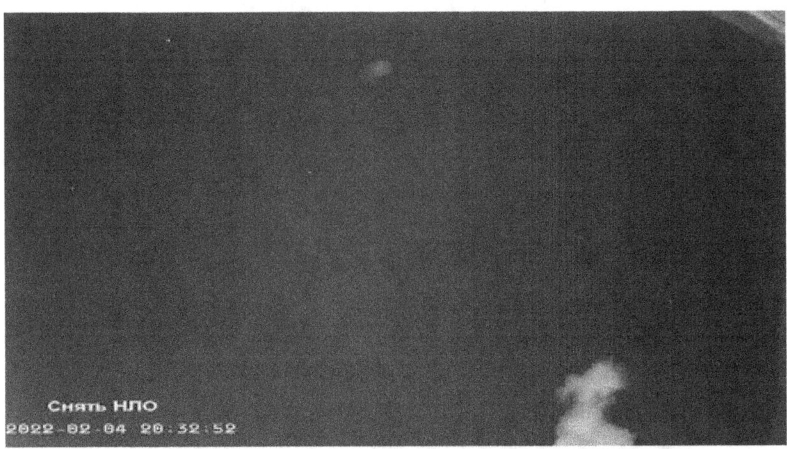

2 avril 2022 OVNI capturé par caméra infrarouge, source russe.

Floride 2021.

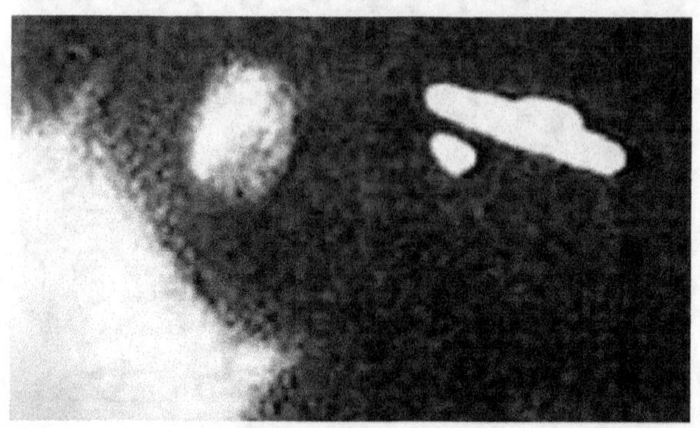

Nasa : Mission Mercury 7, le 24 Mai 1962

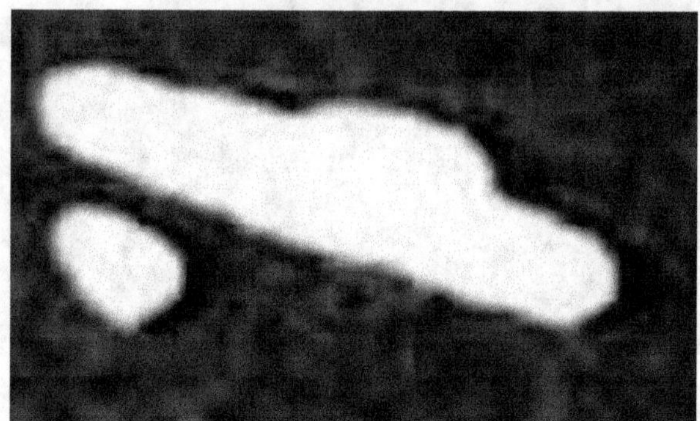

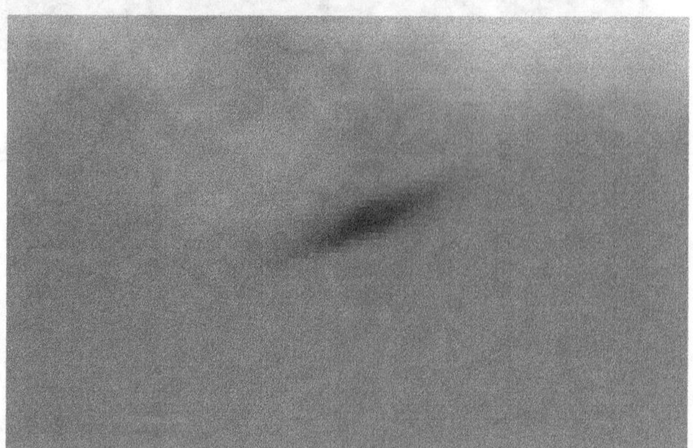

Un objet non identifié dans le ciel au-dessus de la côte de la Volga. La photo a été prise dans la première moitié des années 90 près des îles du district Avtozavodsky de Togliatti) sur un film couleur. L'auteur est un photographe professionnel E. Zavadsky. L'indice de fiabilité est élevé.

Les scandinaves et les OVNIS

Pour les civils, il semblait aux témoins oculaires qu'ils vivaient comme au ralenti avec une légèreté inhabituelle face à l'OVNI qui évoluait à très grande vitesse devant eux, ils subissaient une forte lourdeur dans le corps, un sentiment de peur, dans des distances d'observation approximatives mais courtes, la presse et les autorités parlaient d'altitudes de seulement cent mètres.

Mais comment une personne lambda peut juger de la grosseur d'un objet traversant le ciel en quelques secondes, en évaluer le diamètre, taille, poids, vitesse et ainsi de suite. Nous voyons bien qu'à un moment les témoignages très succincts ont été intentionnellement aidés pour correspondre aux attentes des journaux, réalisez l'expérience, observez dans le ciel un avion de ligne durant dix secondes, puis baissez les yeux et estimez en l'altitude, type de l'avion, couleur, pas simple me direz-vous ?

Pour les militaires, il est absolument impossible qu'une puissance étrangère ou même une civilisation extraterrestre puissent lancer une telle armada de machines volantes occasionnant des incidents, dont chacun révélerait immédiatement l'ensemble de l'opération secrète en cours. Sans oublier le fait que le programme gigantesque de construction de telles machines ne pouvait passer inaperçu sur terre, ainsi que leur emplacement.

Fait intéressant, le service de renseignement de l'armée de l'air n'a jamais mis en doute la fiabilité des témoins. Il ne fait aucun doute à leurs yeux, que des pilotes et des équipages entiers d'avions, y compris des officiers de haut rang, avaient vu des objets volants non identifiés.

D'ailleurs, au cours de la seconde guerre mondiale, un grand nombre d'excellents rapports de renseignement militaire remplissaient leurs tiroirs.

Les militaires émirent timidement l'hypothèse de fusées balistiques militaires en métal, mais certains vols n'apparaissaient pas sur les éléments de mesure du radar, ensuite ils ont affirmé que le matériau n'était absolument pas ferreux (furtif qui se détect electro magnétiquement ?).

Ors Les ondes envoyées par l'émetteur réfléchies par les cibles métalliques, furent capables de confirmer l'existence d'une masse volante réelle et d'en évaluer sa vélocité avec le décalage de fréquence du signal de retour généré, il ne pouvait pas s'agir d'illusions d'optique ni de simples artéfacts balistiques et l'armée le savait, car leurs ballons sondes en plastique n'émettaient pas d'écho radar identique à celui d'un avion ou d'un OVNI volant entre 1000 et 9000 km/h.

Si l'on croit en leur version, quel appareil volant en bois ou en plastique aurait pu voler à plus de 3,5 fois la vitesse du son et s'écraser au sol sans laisser de traces ?

Une autre hypothèse absurde fut celle des fusées fantômes allemandes, en particulier le modèle A 4 de fin de la guerre, dont quatre établissements industriels soviétiques auraient été chargés de la fabrication. À Nordhausen Glouchko pour les moteurs-fusées, à Sommerda pour la structure, les équipements de contrôle en vol à Sondershausen et à Kleinbodungen une chaine d'assemblage.

Selon les alliés, en octobre 1946 plus de 700 spécialistes soviétiques et entre 5 000 et 7 000 allemands travaillent pour l'Institut Nordhausen. Une vingtaine de fusées A4 auraient ainsi été fabriquées sous la supervision des Soviétiques en un an, nous sommes loin des centaines aperçues volant au-dessus de la Norvège en quelques jours seulement. Version intégralement fausse et irréalisable. Les soviétiques n'obtinrent que quatre fusées A4(R4,) la première fut testée en octobre 1947, leurs éssais furent longs et pas toujours couronnés de succès.

Les soviétiques eux-mêmes, au travers de leur ingénieur en chef Korolev reconnaissent avoir abouti à la réussite d'un test de fusée le 18 octobre 1947, soit un an et demi après l'épopée des fusées fantômes dans le ciel de Scandinavie, les ufologues sont sous le choc.

Cette incohérence temporelle supplémentaire démontre que les soviétiques restaient très loin d'avoir atteint l'excellence opérationnelle technique dans la fuséologie, qu'ils étaient totalement incapables début 1946 d'inonder les cieux scandinaves d'une nuée d'artéfacts fusées, boules sphères ardentes, tubes géants et autres objets insolites, dignes de la science-fiction moderne.

Mais l'affaire ne s'achève pas en 1946, cinquante-trois ans plus tard, le 27 juillet 1999, à six heures du soir, un certain nombre de propriétaires de maisons de vacances appréciaient le Backsjön aux abords de Gunnarskog par temps estival. Soudain, un son assourdissant se fit entendre, un objet semblable à un projectile traversa les airs, stoppant à Backsjön, por tomber sous la surface de l'eau, plongeant pour ne plus jamais être vu. C'est le début d'un mystère qui a fasciné non seulement les ufologues suédois mais aussi les militaires. Comme nous le voyons non seulement la théorie expérimentale soviétique ne tient pas l'analyse, mais un demi-siècle plus tard, les ovnis sont toujours présents dans le ciel de la Scandinavie.

Depuis, les tentatives pour découvrir quelques détails sur le disque retrouvé en 1952 se sont heurtées au silence glacial des Norvégiens, qui se sont rendus compte qu'ils en avaient trop dit. L'organisation ufologique américaine NICAP a envoyé une demande à l'ambassade de Norvège concernant les événements de Svalbard et a reçu une réponse énigmatique : « Notre matériel OVNI de l'Air Force est fondamentalement top secret et ne peut pas être mis à votre disposition. ».

Il y a donc quelque chose à cacher. Sinon, la réponse aurait été formulée comme ceci : « Nnous ne savons rien sur une plaque écrasée et regrettons sincèrement que vous croyiez en de telles absurdités. »

Quels sont ces faits sensationnels associés au disque du Svalbard que les Norvégiens n'ont pas osé rendre public ? Y a-t-il vraiment quelque chose de plus sensationnel que d'admettre que la soucoupe est d'origine extraterrestre ?

Peut-être que la journaliste américaine Dorothy Kilgellen nous aidera à répondre à cette question d'après les confidences d'une personne haut placée au gouvernement britannique, qui ne voulait pas être citée dans la presse, bientôt les lignes suivantes parurent dans son journal natal :

« Aujourd'hui, je peux parler d'histoires effrayantes d'un autre monde. Des scientifiques et des pilotes britanniques, après avoir étudié les restes d'un mystérieux vaisseau volant, sont convaincus que ces étranges objets aériens ne sont pas des illusions d'optique ou des inventions soviétiques, mais des soucoupes volantes provenant d'autres planètes.

La source de mes informations est un fonctionnaire du Cabinet britannique qui préfère rester anonyme.

Il y avait de petites personnes dans la soucoupe, probablement moins de 4 pieds de haut ... J'ai appris que le gouvernement britannique s'abstient de publier un rapport officiel sur l'inspection d'une soucoupe volante en ce moment, peut-être parce qu'ils ne veulent pas effrayer le public. »[30]

L'ufologue Clas Svahn vice-président d'Ufo Suède a déclaré au journal Helagotland le 15 septembre 2018 :

---

30 Extrait du livre de Vladimir Azhazhi : Sous le capot d'un autre esprit : Под "колпаком" Иного Разума | Ажажа Владимир Георгиевич .

« Nous recevons 250 rapports par an, dont une poignée d'intéressants. Depuis 1946, nous avons reçu un peu moins de 20 000 rapports, dont peut-être 500 sont intéressants, les fusées fantômes sont le plus grand mystère des OVNIS en Suède. Des observations ont été faites dans tout le pays depuis 1946, y compris à Gotland, bien que la majorité des observations proviennent du nord de la Suède. »[31] Le gouvernement suédois recensera plus de 18 000 dossiers d'observations officielles d'OVNIS sur son territoire national.

Cercles dans l'eau
Observation d'un OANI par des pêcheurs soviétiques années 70-80

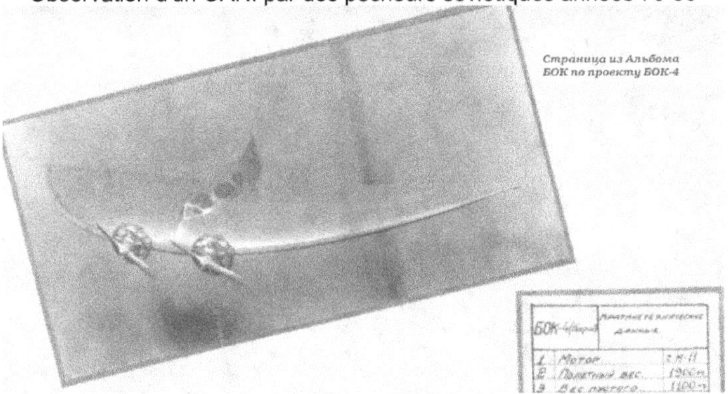

L'unique projet d'avion ellipse : VOK 4 - bimoteur à hélice
années 50, bien loin des caractéristiques de l'Ovni Norvégien en 1972
Une ellipse suivant les soviétiques.

---

[31] https://www.helagotland.se/samhalle/ufo-experten-sagar-marteboljuset-15301151.aspx

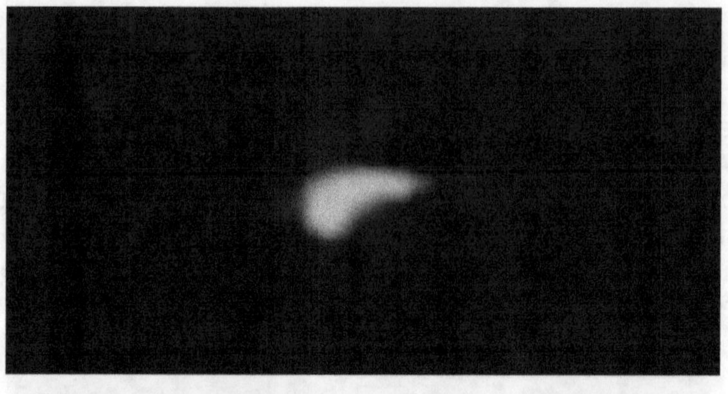

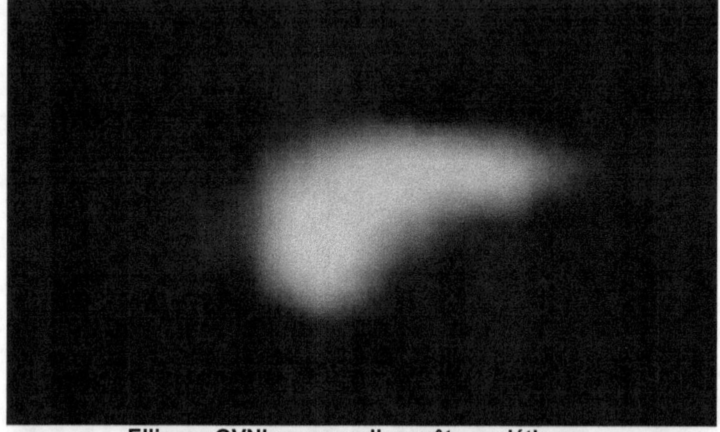

Ellipses OVNI sources d'enquête soviétiques.

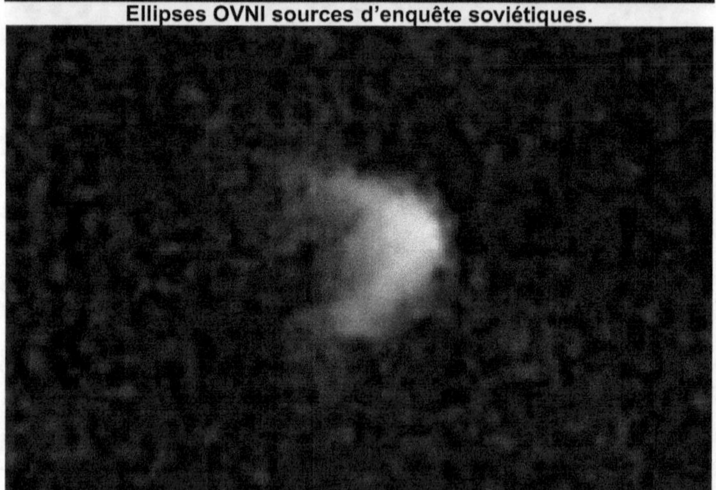

Ellipse inconnue dans le ciel : photo Australie.

Crash d'OVNI en 1946 ?

En 1946, coté soviétique du rideau de fer, l'écrivain de science-fiction soviétique Alexander Petrovitch Kazantsev (Алекса́ндр Петро́вич Каза́нцев), auteur de science-fiction, publie le récit : Explosion, dans la revue Vokruig Sveta (Вокруг света) au sujet de l'intérêt suscité par les OVNIS en URSS, il est l'auteur de : Un visiteur de l'espace extra-atmosphérique 1946, Le martien 1946, Explosion histoire-hypothèse 1946 le Pont Arctique 1946 (Арктический мост).

En 1946, l'histoire de Kazantsev relate l'explosion, bien que romancée, l'hypothèse personnelle sur la nature de l'événement de Tunguska en 1908, issue d'un crash au sol de l'épave d'un navire extraterrestre. Et non la chute d'une météorite, ce qui replacé dans le contexte de l'époque est très avant-gardiste et se positionne plus d'an an dans l'histoire du monde ufologique, avant l'affaire de Roswell.

C'est à cette période que Felix Zigel, célèbre ufologue soviétique situe le véritable début de l'apparition des OVNIS en URSS mai 1946. De nombreux pilotes militaires aguerris au sortir de la seconde guerre mondiale quelques mois plus tôt, signalent de très nombreuses rencontres en vol avec des engins ovoïdes ou sphériques, survolant le pays à de très nombreux endroits, la région de la capitale Moscou, l'Ukraine, l'Europe de l'Est en zone d'occupation soviétique, le Caucase, la Mongolie Soviétique Asiatique, la Basse Sibérie, il s'agissait d'observations d'objets volants métalliques de type soucoupes volantes pour 75 % des cas et pour les 25 % restants d'objets géométriques de formes variées principalement triangulaires ou tubulaires de très grande taille.

Le 28 septembre 1946 le journal la Tribune Socialiste[32] publie un article concernant l'observation d'un objet volant non identifié de forme géométrique conique au-dessus de la ville de Riga en Lettonie à environ 450 km au sud-ouest de Leningrad :

---

[32] (Социалистическая индустрия).

« Vers 15 heures l'objet est stationnaire, tourne sur lui-même comme au ralenti, demeure en suspension sur la ville, arrivé subitement, il fut vu par de très nombreux témoins oculaires, avant qu'il s'éloigne soudainement à très vive allure vers le sud-ouest remontant sur la couche nuageuse où il disparait. » Le journal la Tribune Socialiste était un quotidien paraissant tous les jours, six jours par semaine depuis 1939, et organe très officiel du Comité Central du PCUS.[33]

Revenons à la première affaire d'OVNIS en Scandinavie en 1946, la compagnie pétrolière Shell mandate le général James H.Doolittle membre du comité de direction, en Suède pour enquêter sur le mystère des fusées fantômes, il pourrait s'agir d'engins soviétiques ou d'objets volants non identifiés pouvant être dangereux pour les sites d'extraction pétrolière. A un moment le général Doolittle se serait retrouvé en Suède peut être même à Spitzberg, des sites Internet reproduisent un article publié aux Etats Unis au sujet d'un crash d'OVNI en Norvège ainsi que plusieurs faits indéterminés qui s'apparentent à des objets volants non identifiés qui survolent le secteur à cette époque.

---

[33] L'étude des ovnis en URSS et la couverture de ce sujet dans la presse soviétique

Изучение НЛО в СССР и освещение этой темы в советской печати

http://garpus.narod.ru/Data/Ufo/Articles/Html/res_ussr.html

Les ovnis en Union Soviétique de Jean-Louis Degaudenzi editions Alain Lefeuvre collection Connaissance de L'étrange, ISBN 2.902639.69.4, paru en 1981, p 162.

Dès la fin du mois de mai 1946[34], les journaux suédois et finlandais signalaient l'apparition de mystérieux phénomènes lumineux, cette année-là, plus de 2000 OVNIS survolent la Scandinavie, principalement au coucher du soleil lorsque le ciel s'assombrit, supposés être des fusées soviétiques révolutionnaires, mais cela pose problème car dans certains cas : « Les fusées fantômes ont fait demi-tour pour repartir d'où elles provenaient. »

Cette technologie était totalement impossible à cette époque-là, de plus les fusées soviétiques n'étaient techniquement qu'au stade de développement théorique en URSS, les soviétiques étaient dans l'incapacité de maitriser cette technologie en 1946 et ceci est scientifiquement prouvé et avéré. Un rapport militaire américain, formule l'hypothèse de fusées soviétiques, il stipule que ces engins volants sont évidemment dotés d'un dispositif de téléguidage et un autre d'autodestruction :

« Puisqu'on ne retrouve pas de débris alors qu'il est incontestable qu'il s'agit de projectiles », un des deux signataires du rapport contenant ces propos était le capitaine Roscoe H.Hillenkoetter, qui deviendra directeur de la CIA l'année suivante.

---

34 Mission du general Doolittle en Suède par Donald Schmitt, "The Truth about the UFO Crash at Roswell", Editions M. Evans & Cie New York 1994.

Roscoe Henry Hillenkoetter devint le troisième directeur du Central Intelligence Group aux États-Unis après la Seconde Guerre mondiale, et troisième directeur du Central Intelligence Agency, puis premier directeur de la Central Intelligence Agency fondée par la National Security Act de 1947, siégé au conseil d'administration de NICAP, il en appelé publiquement à une enquête sérieuse sur la présence d'OVNIS sur Terre :

« Il est temps que la vérité soit révélée lors d'audiences publiques du Congrès. Dans les coulisses, les officiers supérieurs de l'armée de l'air sont préoccupés par les ovnis. »

Les citoyens sont amenés à croire que les objets volants inconnus sont un non-sens aussi, pour cacher les faits, l'armée de l'air a réduit au silence son personnel.

« L'US Air Force induit constamment le public en erreur à propos des OVNIS. J'exhorte le Congrès à prendre des mesures pour réduire le danger que représente le secret » selon Roscoe H.Hillenkoetter ancien directeur de la CIA au New York Times le 28 février 1960. Au cours de l'été 1946, la presse norvégienne commença à rapporter des observations de fusées fantômes, et des centaines de personnes dans toute la Scandinavie, en particulier en Suède, assistèrent et photographièrent ces phénomènes inexpliqués qui n'ont pas encore été étudiés en détail par les chercheurs et demeurent sans doute à l'origine de la mission d'enquête mandatée général Doolittle.

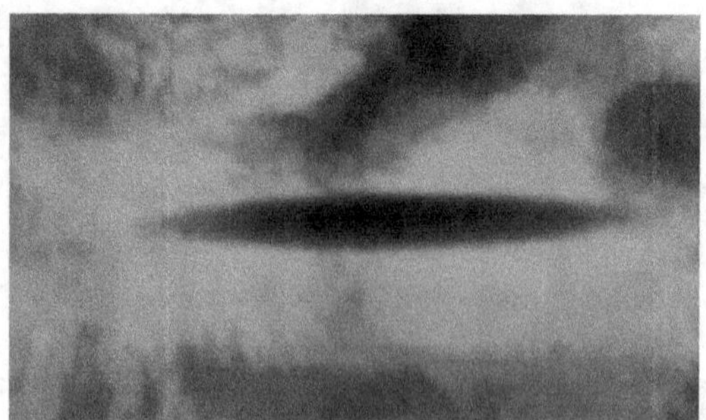

Ombre sur Mars, photo prise par la sonde Phobos 2

Mysterious 'Ghost Rockets' Puzzling to Swedish Army

STOCKHOLM, Aug. 12—(AP)—Swedish military authorities plan to publish within the next few days a communique on an investigation they have been making of the "ghost rockets" that have been streaking daily over Sweden since early July.

Official sources have declined to speculate on the source of the mysterious spool shaped missiles, but it is generally believed that the rocket-propelled objects come from some place along the Baltic coast of Germany.

Between July 9-12 authorities received 300 reports of the missiles and since then reports have poured in daily. Fragments examined by scientists gave little in the way of clues.

In general the rocket is described as a small object with a flaming tail, which speeds at great height, making little sound. The longest flight of any of the missiles, so far as military experts could determine, was about 600 miles.

Swedish newspapers have been cautioned not to publish the names of places where the rockets appear.

Article au sujet des fusées fantômes en Suède paru le 12 juillet 1946 :

« Plus de 300 rapports furent reçus par les autorités militaires suédoises à Stockholm sur des faits déroulés (sur quatre jours, du 9 au 12 juillet 1946 au sujet de fusées fantômes, (l'article daté du 12 juillet 1946) des missiles, dont on a retrouvé des fragments examinés par les scientifiques. » Les sources officielles affirment que les fusées traversent la Mer Baltique en provenance d'Allemagne.

Les fusées évoluent à grande vitesse, ce sont de petits objets volant très haut émettant un bruit. Les experts déterminent que la plus longue distance de n'importe laquelle de ces fusées est au minimum de 1 000 km. Les journalistes n'ont pas été autorisés par les autorités, à publier les noms des experts ou des témoins. » En Scandinavie, la panique ommence au début de 1946. En Finlande, quelque chose traversait le ciel à haute altitude on attribua à ce phénomène le nom de fusée fantôme, bientôt, d'autres récits similaires rapportés de Norvège et un nombre encore plus grand de la Suède.

La date de 1946 se focalise maintenant sur les fusées fantômes suédoises et norvégiennes, des objets lumineux inexpliqués se déplaçant dans le ciel, jour et nuit, effrayant les habitants. Certains disent que des fragments ont été récupérés, d'autres que les objets ont été suivis par le radar de l'armée de l'air suédoise, au moins un ou d'eux d'entre eux se sont écrasés dans un lac peu profond, voire récupérés, mais rien n'a jamais été trouvé.

L'Union Soviétique n'était pas à l'origine de ces survols inquiétants, elle n'arriva à réussir le premier test de missile balistique unique à moyenne portée dans le monde le 29 août 1949, nous sommes loin de la théorie de la saturation du ciel suédois par une invasion massive de fusées soviétiques en 1946, techniquement ils n'en avaient pas les capacités[35].

Ensuite, le premier missile réussi lancé par les soviétiques fut le R-7 Semiorka (R-7 numéro 7, qui parcourut 6 000 km le 21 août 1957.

Au plus fort du phénomène, les États-Unis mandatent à Stockholm deux officiers de haut rang, le général de l'armée de l'air, James H.Doolittle Doolittle et le général de l'armée, David Sarnoff. Tout naturellement l'idée première était qu'il s'agissait de missiles lancés par l'URSS conçus à partir de la technologie V-2 allemande, l'hypothèse par défaut de la presse mondiale au sujet des fusées fantômes, et cette idée s'inscrivait pleinement dans le contexte de l'époque. Sauf que l'ingénieur russe Korolev ne parvint à réaliser le premier lancement de la fusée A-4 au polygone secret de la base de Kapustin Yar qu'en 1947.[36]

---

[35] http://ghostrockets.portaplay.dk/gr/page/intro

[36] В 1947 году осуществлял техническое руководство первым пуском трофейной ракеты А-4 на полигоне Капустин Яр.

Les russes héritèrent de 23 fusées V2 allemandes en état, et 17 autres en pièces détachées, ainsi que 308 experts allemands, répartis entre les ministères concernés, ils commencèrent immédiatement à travailler. Environ 100 d'entre eux dans l'usine 88 (SRI-88). Plus tard, ils ont été déplacés vers l'île Gorodomlya sur le lac Seliger, qui abritait la succursale 1 NII-88.

Au total pour l'organisation du travail de conception, la production et les essais de missiles, 350 spécialistes allemands furent employés dans les centres de recherche soviétiques dédiés à la fusée V2. Parmi ceux-ci seulement 13 personnes ont participé au premier démarrage du site de lancement des V2 A-4 à Kapustin Yar, vers Astrakhan.

Le premier lot de 10 fusées A-4 a été assemblé en Russie avec l'aide d'experts allemands, un autre lot de 13 missiles a été assemblé dans la banlieue de Podlipki dans le Nord-Est de la Pologne vers la frontière Biélorusse dans l'usine n°88, avec du personnel polonais, allemand et soviétique.

Au cours de l'été 1947, l'assemblage terminé de plusieurs fusées A-4 de la série T, en plus d'autres de la série N sont achevés à l'usine NII-88 de Moscou, les deux lots, ainsi que du matériel auxiliaire venant d'Allemagne et de Pologne, ont été expédiés à Kapustin Yar, car le 26 Juillet 1947, le soviet des ministres a officiellement planifié le lancement de tests prévus en Septembre-Octobre 1947 à Kapustin Yar.

Le polygone le secret de la Russie Soviétique et Post Soviétique (секретности за всю постсоветскую историю) !

Les ufologues occidentaux déploient deux versions, la première celle qui dit que la base serait construite sur les lieux du crash d'un OVNI qui eut lieu en 1948, mais il se trouve que la base expérimentale n'existait que sous forme de campement de fortune avant 1948.

Il s'agit de la base qui deviendra le premier cosmodrome aérospatial russe, et aussi de la base expérimentale de tous les programmes de fusées, et missiles soviétiques dans les domaines de l'aviation, des sous-marins, des engins terrestres et des fusées spatiales et orbitales, à seulement à 100 km de la ville de Volgograd, l'ancienne Stalingrad. Les premiers lancements de fusées furent testés en Septembre-Octobre 1947, et cela se passa avec d'énormes problématiques, aucune fusée n'était capable de parcourir de distance, il y eut des ratés spectaculaires, certains avec des pertes humaines sur les pas de tir.

Les Russes ont le grand mérité d'avoir abordé le sujet des OVNIS avec le plus grand sérieux et le souci du détail scientifique. Boris Sokolov, un colonel russe à la retraite,qui mené une étude approfondie en 1980 au sein du programme Setka-Mo. Sokolov est malheureusement connu pour avoir privatisé (pillé) les archives OVNIS de la commission scientifique soviétique, en 1991, revendu environ 400 dossiers à l'américain Georges Knapp. Des piles de dossiers non vendus, furent incinérés dans le poèle de sa datcha car son épouse se disputait avec lui car ils saturaient la pièce.

« Pendant 10 ans », dit Sokolov :

« Toute l'Union Soviétique est devenue un poste à l'écoute des OVNIS gigantesque. Il y avait quarante cas, où les pilotes ont rencontré des OVNIS, ils ont reçu l'ordre de chasser, puis de tirer sur les OVNIS. Mais quand les pilotes s'engageaient, l'OVNI accélérait. À deux reprises, les pilotes ont poursuivi et perdu le contrôle de leur conduite et se sont écrasés, l'équipage étant tué à l'impact. Après ces incidents malheureux, les pilotes ont reçu un autre ordre, lorsqu'ils voyaient un OVNI, ils devraient changer de cap et s'en aller. »

OVNI filmé par l'ISS le 14 juin 2022 en haut à gauche il traverse le ciel
s'éclaire ou s'éteint suivant son accélération ou changement de cap.
Une série de quatre OVNIS sera filmée ce jour là en quelques minutes face à l'ISS.
En raison de la trajectoire et vitèsse tout débris de l'espace est exclu.

**Ovni au-dessus de la Cathédrale de Vladimir années 70
Union Soviétique**

Cathédrale de la Trinité Saint Aleksandrov années 70 Union Soviétique

La CIA et les OVNIS

Un rapport de l'US Air Force du 4 Novembre 1948, classé (Top Secret), déclassifié et rendu public en 1997, dévoile certaines informations citées dans le livre : History of Air Technical Intelligence Center, 1 January - 30 June 1952, le document TT1524, édité par le 14° escadron de l'intelligence de l'Air Force, la base de Wright-Patterson, chargé de missions photo techniques, il avait été déclaré dissous après la guerre en 1945 mais demeurait parfaitement actif quatre ans plus tard en grand secret, comptait deux cents employés. Le département ou service T-2 réalisait des enquêtes de renseignement au sein de la base Wright-Patterson (en abrégé WPAFB) au sujet des objets volants non identifiés.

REPRODUCED AT THE NATIONAL ARCHIVES

DECLASSIFIED
Authority: NND 813055
By K.C. NARA Date 2/24/97

2-5317.

TOP SECRET

USAFE 14   TT 1524   TOP SECRET   4 Nov 1948

From OI OB

For some time we have been concerned by the recurring reports on flying saucers. They periodically continue to cop up; during the last week, one was observed hovering over Neubiberg Air Base for about thirty minutes. They have been reported by so many sources and from such a variety of places that we are convinced that they cannot be disregarded and must be explained on some basis which is perhaps slightly beyond the scope of our present intelligence thinking.

When officers of this Directorate recently visited the Swedish Air Intelligence Service. This question was put to the Swedes. Their answer was that some reliable and fully technically qualified people have reached the conclusion that "these phenomena are obviously the result of a high technical skill which cannot be credited to any presently known culture on earth." They are therefore assuming that these objects originate from some previously unknown or unidentified technology, possibly outside the earth.

One of these objects was observed by a Swedish technical expert near his home on the edge of a lake. The object crashed or landed in the lake and he carefully noted its azimuth from his point of observation. Swedish intelligence was sufficiently confident in his observation that a naval salvage team was sent to the lake. Operations were underway during the visit of USAF officers. Divers had discovered a previously uncharted crater on the floor of the lake. No further information is available, but we have been promised knowledge of the results. In their opinion, the observation was reliable, and they believe that the depression on the floor of the lake, which did not appear on current Hydrographic charts, was in fact caused by a flying saucer.

Although accepting this theory of the origin of these objects poses a whole new group of questions and puts much of our thinking in a changed light, we are inclined not to discredit entirely this somewhat spectacular theory, meantime keeping an open mind on the subject. What are your reactions?

TOP   SECRET

(END OF USAFE ITEM 14)

Document TT 1524.

A cette époque le chef du département de l'Air Force Technical Intelligence, le Colonel Howard M.McCoy lmodifia e groupe T-2 Intelligence qu'il commandait en l'Air Materiel Command Intelligence Department en octobre 1947. Il fut remplacé en juillet 1949, par le Colonel Watson.

ATIC Bâtiment n°263.
Le Colonel Howard M.McCoy était chargé d'évaluer les capacités techniques scientifiques aériennes soviétiques présentes et futures, son groupe de scientifiques et d'experts de l'air force, travaillait dans le bâtiment 263.

L'ATIC : Technical Intelligence Center occupait les bâtiments 263, 219, 275, 259, 867, et 278.

Ordinateur Readix traitant les données OVNI.

Le brigadier General Watson fera construire de nouvelles structures inaugurées le 18 juillet 1956, dont le bâtiment 828 spécialement désigné pour contenir l'ordinateur Readix qui initialement installé dans le bâtiment 263.

Le dernier bâtiment construit date de 1976 et englobe l'ensemble des structures des années 50 (263, 219, 275, 259, 867, et 278).

Le document TT 1524 émane d'un Officier de renseignement OI à destination de l'officier commandant la base OB au sein du service de renseignement du bâtiment 263 qui est supposé ne pas exister, il affirme qu'une soucoupe s'est écrasée,sa source est fiable :

« Des rapports récurrents d'observations de soucoupes volantes notamment la semaine dernière au-dessus de la base de Meubiberg (En Allemagne de l'ouest occupée par les alliés, zone de Bavière proche de la ville de Munich) où un engin a survolé le site durant plus de trente minutes, ceci est rapporté par de nombreuses sources variées depuis des endroits distincts, nous ayant été rapportés. Nos officiers de renseignement de l'US Air Force ont rendu visite aux services de l'intelligence de l'armée de l'air suédoise, la question leur a été posée, leur réponse ne fut pas fiable, au travers de l'analyse faite par leur personnel technique hautement qualifié, ils en sont venus à la conclusion que ces phénomènes observés sont le résultat d'une haute technologie qui ne peut pas être inventée sur Terre. Les suédois sont pleinement convaincus que l'origine de ces objets volants indéterminés provient d'une technologie inconnue provenant probablement de l'extérieur de la Terre…Un de ces objets fut observé par un expert technique qui l'observa pénétrer dans un lac, des recherches sont en cours sur le site du crash en la présence de nos agents de renseignement de l'U.S. Air Force…L'acceptation de la théorie sur l'origine de cet objet pose un nombre infini de nouvelles questions et nous oblige à changer notre vision des choses, à la lumière d'éléments nouveaux, nous sommes enclins à ne pas discréditer entièrement cette spectaculaire théorie et conservons une ouverture d'esprit à ce sujet. Qu'en pensez-vous ? »[37]

---

37 https://www.cia.gov/library/readingroom/collection/ufos-fact-or-fiction.

Dès février 1946, le magazine scientifique français Science et Vie publiait une couverture illustrant les impressions d'un artiste sur le R-1 (le nom des Soviétiques pour leur copie des V 2) volant dans le ciel au-dessus du nord de l'Europe.

Tandis qu'aux États-Unis, le magazine journalistique d'investigation : Colliers's présentait très sérieusement ceci :

« Les pays scandinaves ont signalé de mystérieuses fusées et lumières traversent leur ciel. Ce sont les beaux-enfants russes du V-1, qui a dévasté Londres. Mais au lieu d'une portée de 160 milles, ils ont une portée qui les transporte à travers le pôle, depuis l'Europe vers une zone cible en Sibérie. »

German Magazine Reports Seeing Soviet Jet Saucer

OSLO, Norway — (UP) — An obscure German monthly magazine said Saturday that a 46-jet Soviet flying saucer crash-landed recently on Spitzbergen Island, but the Norwegian air force scoffed at the report.

The magazine, known as De Flieger and published in Munich, said "Doctor Norsel," a Norwegian, examined the saucer and described it as more than 150 feet in diameter, made of steel alloys and with an outer ring equipped with 46 jet engines.

The instruments bore Russian inscriptions, the magazine said. It said Norwegian jet fighters watched the aircraft crash in the snow on the Norwegian island of Spitzbergen, far above the Arctic Circle.

Norwegian air force headquarters denied all knowledge of the report and said it never had heard of "Doctor Norsel."

Article reprenant la source de l'article du journal Der Flieger.

En 1956 un officier pilote offrait un témoignage sur cette période de 1946 à 1956 :

« Parmi ces rapports d'OVNIS, les rapports radar et visuels sont les plus convaincants. Lorsqu'un radar au sol détecte une cible et qu'un observateur au sol voit une lumière là où se positionne la cible radar, et qu'un intercepteur à réaction est brouillé lorsqu'il tente d'intercepter l'ovni et que le pilote voit également les lumières et obtient un verrouillage radar puis que l'ovni le distancie de manière presque impudente, il n'y a pas de réponse simple », citation du capitaine Edward J Ruppelt USAF[38].

Cette même année 1956, Jacques Vallée l'Ufologue français enregistrait deux cents cas d'OVNIS en France

Le journal français Le Monde imprime en 1946 :

« Une autre de ces bombes volantes a été vue par le lieutenant Lennart Nackman, de l'état-major de l'armée de terre suédoise. Selon les experts, l'hypothèse de météores est absolument exclue. »

De nombreux quotidiens, sortent des articles variés et sensationnels tout au long de 1946, relatant de nombreux vols de fusées soviétiques sur la Scandinavie.

Le 11 juillet 1946, l'ambassade des États-Unis à Stockholm, en Suède, prépare une note de service secrète libellée comme suit :

« Depuis plusieurs semaines, de nombreux missiles ressemblant à des fusées ont été vus dans les cieux suédois et finlandais »

[38] Catalogue of Military, Airliner and Private Pilots Sightings from 1916 -2000 (pdf): www.ufoevidence.org

Official FAA cockpit recordings of pilot UFO sightings: www.youtube.com

Black Box UFO Secrets: www.youtube.com

« Au cours des derniers jours, le nombre de signalements de tels objets a considérablement augmenté. Un attaché militaire enquête par le biais de canaux suédois et les résultats de l'enquête, ont été promis. Les Suédois professent l'ignorance quant au caractère ou au but des missiles, mais affirment qu'ils ne sont pas lancés par des Suédois. »

Au moment où le phénomène culmine en août 1946, l'hystérie atteint son paroxysme. Les deux généraux américains James H.Doolittle et David Sarnoff, rapportent au président Truman que les V-2 seraient probablement lancées depuis Peenemünde, une ancienne base allemande désormais aux mains des soviétiques, située directement sur la Mer Baltique. Cependant, il y a un détail qui mérite d'être mentionné à ce stade de notre histoire, les Soviétiques n'ont jamais pu lancer une seule fusée V-2 en 1946, leur premiezr test ne réussit qu'en octobre 1947, permettant à peine à la fusée de se hisser un peu dans le ciel, incapable de parcourir des centaines de kilomètres et encore moins de revenir téléguidée sur son point de départ comme les Norvégiens l'affirmaient. Cette partie volontairement laissée de côté, nous devons donc restaurer cette vérité historique incontestable.

Le 12 juin 1946, l'état-major de la défense suédois, demande aux militaires de signaler leurs observations par les voies officielles, reconnaissant qu'ils étaient au courant du phénomène depuis mai 1946. Ainsi uniquement pour le 9 juillet 1946, plus de 200 observations de fusées fantômes sont rapportées par la voie hiérarchique. Beaucoup d'entre elles décrites comme des objets tubulaires ou en forme de fusée volant bas et lentement, accompagnées ou pas de son. Bientôt, le gouvernement suédois constitue un comité spécial fusées fantômes, chargé d'examiner la question.

Une semaine plus tard, le secrétaire américain à la marine, James Forrestal, parvient à Stockholm pour rencontrer le secrétaire suédois de la guerre.

Le 11 août 1946, plus de 300 rapports d'observations étranges sont enregistrés dans la seule région de Stockholm, bientôt, les journaux suédois censurent la plupart des informations faisant état de fusées fantômes, sous la pression du gouvernement.

Cependant, des rapports provenant d'autres pays scandinaves, tels que la Norvège, ont continué à arriver, concrètement, ils ont fourni certains des meilleurs rapports de cette période.

Pourquoi les autorités suédoises ont-elles souhaité cacher ces phénomènes aériens ?

Quarante ans plus tard en 1984, Eric Malmberg, ingénieur aéronautique suédois, secrétaire du comité d'état-major de la défense chargé de cette question en 1946, déclare que tous les membres du comité, y compris le président, savaient que ces Fusées Fantômes n'étaient pas originaires de l'Union Soviétique. C'est un Choc !

Aucune preuve ne tend vers cela, sur la base des informations recueillies, il est apparu qu'une sorte de missile de croisière pouvait avoir été tiré sur la Suède. Le problème demeure, aucun pays n'avait une technologie sophistiquée de missiles de croisière en 1946. Puis la réalité rejoint la science fiction, à la fin de 1946, alors que les rumeurs concernant des fusées fantômes en Scandinavie commençaient à diminuer, des rapports faisant état d'observations similaires en provenance de Hongrie, de Grèce, du Maroc et du Portugal firent leur apparition dans un phénomène international global.

Les OVNIS atteignent le niveau de réalité sociétale !

Le numéro 15 du magazine UFO Historical Revue de Barry Greenwood, contient un article sur la publication de documents anciennement « Top Secret Ghost Rocket », notamment un rapport de 1946 au président du Central Intelligence Group (CIG, précurseur de la CIA) signé par le lieutenant général (plus tard Général) Hoyt Sanford Vandenberg, deuxième chef d'état-major de l'armée de l'air alors directeur du renseignement central, il fut le second directeur de la Central Intelligence Agency du 10 juin 1946 au 1 er mai 1947 :

« À ce jour, environ 100 archives déclassifiées[39] par le gouvernement américain concernant Ghost Rockets sont connus ».

Parmi ceux-ci et d'autres datant de l'ère 1946-1949, on extrait des références à plus de 100 autres documents du gouvernement des États-Unis non encore disponibles au public car encore classés secrets, que renferment-ils ?[40]

Les premiers petits groupes d'ufologues norvégiens ont commencé à se former au début des années cinquante, suite à ces phénomènes, sans doute consécutivement à ces observations multiples dans plusieurs grandes villes de Norvège.

En 1972, certains de ces petits groupes associatifs de citoyens ont formé une organisation nationale plus grande, appelée Norsk UFO Center (NUFOC). En 1980, NUFOC a changé de nom pour devenir UFO-NORGE.

C'est aujourd'hui une des organisations les plus reconnues au monde, recherchant tous les aspects du problème sous une approche technique et scientifique sérieuse.

---

[39] Lisez le numéro 15 de UHR ici aux archives de Barry Greenwood : http://greenwoodufoarchive.com/uhr/uhr15.pdf.

[40] http://www.project1947.com/fig/1946a.htm.

Autre le volet OVNI qui nous focalise dans cette histoire sur la partie Arctique de la Norvège, nous devons nous remémorer que toute la région est hautement stratégique depuis la découverte des vastes gisements pétroliers de la mer du Nord, le Spitzberg, et l'île principale du Svalbard, les grandes compagnies pétrolières s'y sont installées dans les années soixante, tout comme la compagnie pétrolière nationale Statoil, puis de nombreux grands groupes privés. La Norvège occupait en 2009 le 7e rang des pays exportateurs de pétrole avec environ 2,1 millions de barils par jour, les recettes issues de sa vente sont en réserve dans le fonds souverain norvégien destiné à maintenir le niveau de vie très élevé de la population lorsqu'il n'y aura plus de pétrole, ce fonds commun atteint 1000 milliards de dollars, ce qui en fait le plus gros investisseur au monde, détenant 1,5 % des actions mondiales.

La guerre géostratégique pour les ressources fossiles dans l'Arctique a déjà commencé !

Toutes les nations du pourtour du cercle polaire, y compris le Canada, les USA, la Russie, revendiquent les droits de pleine propriété du sous-sol, et les OVNIS que l'on observe depuis 1946 sur ces territoires ne doit pas faire sourire, demain nous assisterons sans aucun doute à un conflit de très grande envergure.

Rapport de la CIA du 9 juillet 1952 :

« Le journal grec « I Kathimerini » du 9 juillet 1952, publie : « Des soucoupes volantes en Allemagne de l'Est, rapport de la CIA, un atterrissage de soucoupe volante d'un diamètre de 15 mètres dans une clairière de la forêt ».

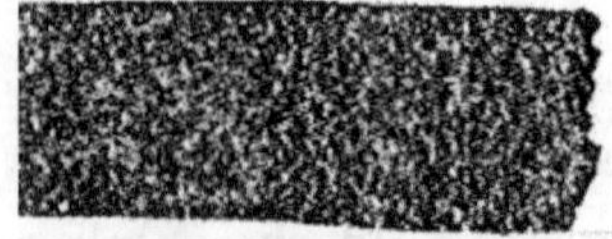

Le 20 septembre 1952 un autre rapport au sujet d'une observation de soucoupe volante parait dans un journal norvégien nommé Harstad Tidende, il est imprimé deux fois par semaine à Harstad la deuxième municipalité la plus peuplée du comté de Troms, en Norvège, située sur la grande île de Hinnøya, observation faite le 20 septembre 1952, par trois ouvriers forestiers. Ce rapport de la CIA fut distribué aux services de l'agence le 13 novembre 1952, l'objet volant non identifié volait à 50 mètres d'altitude, il avait un diamètre d'environ 15 à 20 mètres, évoluant à très grande vitesse vers le nord-ouest, il apparait que seuls les trois travailleurs ont vu l'OVNI et ils relatent que leur témoignage est vrai. Information non vérifiée par les services de la CIA[41].

---

[41] UFO'S A HISTCRY: 1946: 11-IE GHa:iT ROCKETS (Previous title: The ~1ystery of the Ghost Rockets) by Loren E. Gross Privately Published Fremont, Califomia First Fdition 1972

Enlarged Second Edition 1982 Enlarged Third edition 1988
http://sohp.us/collections/ufos-a-history/pdf/GROSS-1946-The-Ghost-Rockets.pdf

UNIDENTIFIED OBJECT OVER NORWEGIAN TOWN

On 18 September, at 1400 hours, three forestry workers who were working right outside Kirkenes noticed a flat, round object hovering motionless at about 500 meters altitude. The object appeared to have a diameter of 15-20 meters. After the workers had observed the object for a while, it suddenly flew away at great speed in a northwesterly direction.

It appears that only these three workers saw the object; they swear, however, that their report is true.

- E N D -

Le journal Harstad tidende, du 20 septembre 1952 : « Le 18 septembre 1952 à 14h00, trois travailleurs forestiers travaillant en extérieur à Kirkenes signalent une soucoupe volante plate à 500 mètres d'altitude, l'objet volant inconnu circulaire d'un diamètre probable de 15 à 20 mètres s'est subitement envolé à très grande vitesse en direction du nord-ouest ».

UNIDENTIFIED OBJECT OVER NORWEGIAN TOWN

On 18 September, at 1400 hours, three forestry workers who were working right outside Kirkenes noticed a flat, round object hovering motionless at about 500 meters altitude. The object appeared to have a diameter of 15-20 meters. After the workers had observed the object for a while, it suddenly flew away at great speed in a northwesterly direction.

It appears that only these three workers saw the object; they swear, however, that their report is true.

- E N D -

ARCHIVAL RECORD
PLEASE RETURN TO
AGENCY ARCHIVES.

APPROVED FOR RELEASE
DATE 6 nov 78

- 1 -

CLASSIFICATION				DISTRIBUTION						
STATE	X	NAVY	X	NSRB						
ARMY	X	AIR	X	FBI						

221611

Document n°221611, la classification Top Secret a été noircie ainsi que le dossier de référence dans les archives. Le phénomène initié en 1946 reprend en 1952 en Europe et aux USA, la CIA lui accorde de l'importance au point d'enregistrer le moindre article de presse qu'il soit avéré ou affabulatoire :

« Norvège 20 septembre 1952, le 18 septembre trois forestiers voient un objet à 500 m d'altitude d'un diamètre de 15 à 20 m. »

Objets volants en scandinavie 1946

Les fusées fantômes de 1946 (ракета-призрак 1946г) :

21 août 1944

La ville de Dijon en France est survolée par des objets à très grande vitesse sans confirmation des autorités officielles, au même moment ce phénomène se produisit au Danemark, deux ans plus tard c'est au tour de toute la Scandinavie.

Le général Doolittle rencontre le roi Haakon de Norvège à Oslo, selon le journal the Times il offrit son expérience d'expertise personnelle en vue de connaître la vérité et aider les autorités Suédoises dans le cas où elles lui demanderaient sa participation.

Il fut expert en avions et fusées allemandes en Grande Bretagne durant la seconde guerre et se dit très surpris que les suédois n'aient pas trouvé aucune trace d'obus, de fusée ou débris au sol pour argumenter irréfutablement la théorie des lancements de fusées par les soviétiques.

Un second général l'accompagne, il s'agit de David Sarnoff, spécialiste en matériel radio, sceptique à l'ufologie, ce dernier dit qu'il est définitivement possible aujourd'hui de détecter l'altitude et déterminer selon la course de l'objet, le lieu d'où il a été lancé.

La visite de Doolittle est prévue depuis plus de six mois pour inspecter les dépendances de la compagnie pétrolière Shell et n'a rien à voir en théorie, avec les projectiles volant sur la Suède.

Dean Acheson, secrétaire d'Etat à Washington précise qu'aucun expert américain n'a été envoyé en Suède en connexion avec l'affaire des vols mystérieux en Suède.

Le général Doolittle sera interviewé des décennies plus tard au sujet de sa visite, âgé de 85 ans il sera incapable de se souvenir de quoi que ce soit, pas même d'être allé en Suède, devant les questions du chercheur ufologue William Moore, son voyage ne Suède en 1946 était effacé de sa mémoire.

Le 26 février 1946

Le 26 février 1946 la Finlande annonce à la radio d'Helsinki qu'un très grand nombre de météorites ont survolé la région nord est du pays autour du cercle arctique.

Le 3 mai 1946 une lumière blanche inconnue passe à l'horizon au nord-ouest de Stockholm, les autorités de Saltsjobad virent un objet inconnu à l'aurore, le journal Morgon Tidnigen déclare que le 24 mai 1946 à 2h20 du matin un étrange objet volant passa au-dessus Landskrona-Pasten, sorte de boule de feu volant à très grande vitesse vers 300 pieds d'altitude en direction du sud-ouest.

Le 28 mai le même journal signale de nombreuses boules lumineuses volantes à Karlskrona, Halsingborg, Stokholm Hagalund, ensuite vers le 29 mai, d'autres apparaissent volant à environ cent mètres d'altitude le long de la frontière avec le Danemark, vers Rudbol, Tonder.

Le 1° juin un long cigare métallique géant passe à l'horizon vers Katrineholm, très rapide, sans aucune aile ou stabilisateur peut être à 300 mètres d'altitude il pourrait s'agir d'un engin identique à ceux rencontrés à Kapustin Yar en 1947-48-49.

Le 9 Juin 1946

Le 9 Juin 1946 au-dessus d'Helsinki, en Finlande. Une étrange lumière projetée dans le ciel, fut accompagnée d'un son de tonnerre, l'objet fut visible et audible pendant une dizaine de minutes.

Le lendemain soir, l'objet réapparut, mais cette fois-ci, tourna complètement dans les airs pour ensuite s'en retourner dans la direction d'où il était venu. Ceci est imparablement impossible avec toute la technologie dont disposait l'humanité toute entière en 1946.

Le 9 juin 1946 une sphère lumineuse apparait au-dessus de Sala en Suède, une sorte d'explosion se fait entendre dans le ciel, ce même jour à 22h17 un objet tubulaire traverse la Finlande survolant Helsinki durant dix minutes en direction du sud-est à environ 1 000 pieds d'altitude, très vite le commandement militaire suédois demande à tout le personnel de faire remonter les signalements de survols suspectes au haut commandement, ainsi ils vont collecter les informations en direct depuis chaque position.

Au Danemark, Finlande, Norvège et Suède seront repérées plus de 2 000 fois, des fusées fantômes ou sphères ou soucoupes, durant l'été 1946, de tels objets ont ensuite été observés dans d'autres pays, notamment en Europe, France, Grèce, Tunisie, Turquie, Algérie, Italie, Angleterre, Espagne, Moldavie, Etats Unis d'Amérique, Allemagne, Pologne...

Malgré des enquêtes intensives de la part de plusieurs pays, le phénomène Fusée Fantôme n'a jamais été résolu et prit fin avant la fin de 1946.

En 1984, quatre ans après les observations survenues notamment dans le secteur de Bergs Slussar, la Suède a officiellement déclassifié ses fichiers ovnis Après examen par les enquêteurs sur les ovnis intéressés, ce n'étaient plu 1500 rapports disponibles, mais 18 000 cas sur plusieurs dizaines d'années de durée.

Tous ces dossiers depuis le début des observations, débutèrent juste après la Seconde Guerre mondiale. Nous devons préciser que 1 500 lancements de fusées balistiques en 1946 par l'URSS est totalement impossible, pas plus que n'industrie moderne de 2018 ne le permettrait pas non plus.

Le 10 juin 1946

Le 10 juin 1946, un objet en forme de tube est passé au-dessus de la Finlande à plus de 1 500 km/h, on supposa que ce pouvait être une bombe V 2 qui atteignait 5 760 km/h, puis redescendait à l'impact 2 880 km/h, cette version demeura longtemps à la une des journaux (malgré le fait qu'aucun infime débris ne fut jamais retrouvé).

6 Juillet 1946

Le 6 juillet 1946 le général H.H. Arnold, le seul général de l'US Air Force à détenir un grade cinq étoiles et le seul officier supérieur à détenir un grade à cinq étoiles, dans deux services militaires américains différents retraité vétéran de l'armée et de la guerre au commandement de l'air force répète à San Francisco dans une réunion publique les propos du général Doolittle qui dit devoir se rendre courant décembre en inspection le long des frontières des USA du Pacific et de l'Atlantique ainsi que des régions polaires du nord, confirmant sa mission d'inspection. Oliver Reed de Radio News reprend la tournée le long des limites des Etats Unis du général Doolittle qui revient aux USA suite aux essais atomiques à l'Atoll de Bikini le 30 juin 1946. Dans les documents de feu le General H.H. Arnold, Boîte 166, (AFHRC, Maxwell AFB), une discussion sur de petits disques lumineux, objets volants non identifiés observée le 6 septembre 1943 a été trouvée.

8 Juillet 1946

Approximativement trente rapports d'observations sont répertoriés en Suède entre le 8 et le 19 juillet, notamment à Stockholm la capitale avec des pluies de fragments analysés par les militaires et de nature inconnue, mais aussi à Kristinehamstrakten et Bjorkeland dont un objet en forme de long tube allait du sud est pour disparaître au nord-est à 2h30 du matin, à cette même heure des résidents de Vaxholm, au nord de la ville observent un objet blanc avec trainée bleue sans bruit disparaître derrière l'ile vers le sud-est.

Le phénomène réapparait vers la station de Jarna, un résident de Bjorknass dit observer un tube en forme de thermos qui descend d'une altitude très élevée en direction de l'est, encore une fois à Okelbo un témoin du nom de Efrain Johnson de Gumgarden suit du regard un long cigare volant, masse argentée et métallique immense descendant vers le sol.

Deux météorites sont signalées par le journal Svenska Dagbladet à Dalarna Soderbarke et Moskjard.

Des ovnis évoluent à très grande vitesse, les altitudes sont d'environ 100 à 150 mètres au-dessus du sol, ce même 9 juillet, des phénomènes identiques se produisent vers Medelpad, Mockjard, Nedansjo, Norhassel, au district de Medelpad à 2h35, environ 250 observations sont faites, le phénomène se poursuit à Edslyn et Turku en Finlande un peu plus tard vers 15h35, le 10 juillet à 2h30 du matin un cigare énorme du diamètre d'une demi-lune par comparaison à l'horizon à 2h35 ce même objet ou un autre similaire serait rentré dans le lac Ulle, puis dans le district de Dalarna à la même heure avec une trainée bleue par-dessus les villes de Rommehed, Norrby et Falun, finissant sa course dans le lac Barken à Mockfjard, Une explosion se fit entendre au-dessus de Finspang, un objet bleu et blanc passa dans le ciel à une vitesse supérieure à celle du son, peut-être le même ovni qui survola les villes de Satterbo, Borrum et Pampusbadet à 2h30 du matin.

Un journaliste observa un cylindre volant le 10 juillet 1946 dans l'après-midi suivi d'une sphère plus petite qui semblait le suivre.

Ce même 10 juillet le pilote d'avion Torvald Linden pensa voire une météorite à trois kilomètres de Bjorkovagen, le pilote buvait un café en dehors de la cabine de pilotage, quand Mr Soderberg attira son attention de MR Linden la vitesse de l'objet brillant observait était de 50 m / seconde.

Il descendait à un angle de 40 degrés avec une trainée de couleurs allant du jaune au noir en direction du nord-est, laissant une queue lumineuse à l'arrière d'approximativement 40 ou 50 mètres plusieurs kilos d'une gangue colorée furent récoltés après son passage et collectés, ces résidus comportaient des particules métalliques colorées, elles aboutirent entre les mains des militaires selon le correspondant à Norvikssand du journal Svenska.

Le Dr Backlund examina le vendredi les particules au Laboratoire Cellulsalialagets à Kurikenborg, il passa au microscope un ou des fragments, d'un quart de millimètres de surface, d'un débris d'origine stellaire plus gris que les autres morceaux colorés composés de carbone.

Selon lui il a été exposé à de très hautes températures, d'aspect poreux mais la masse et la composition d'alliage n'a pas été analysée.

Des militaires se rendirent sur une plage le 11 juillet à la recherche d'un objet volant tombé au sol, le colonel Rudberg, accompagné des capitaines R Westlin et C. Ljungdal affirmaient que quelque chose s'était crashé dans l'eau non loin des berges vers Vastervik peut être vers 2h30 le 10 juillet, un objet est observé par les habitants d'une ferme à Gladhammar ce vendredi à basse altitude.

Un capitaine du nom d'Aston de l'infanterie suédoise réalisa un exercice de recherche intensif avec ses soldats autour du secteur, il se serait agi d'une sphère ou soucoupe lumineuse.

L'armée de l'air suédoise dépêcha deux avions Mustangs J26 pour aider aux recherches afin de trouver l'objet s'étant crashé ou immergé autour de plusieurs sites, notamment vers Njurunda, une sphère ou soucoupe volante tombée vers la plage.

Le 9 juillet 1946

Le 9 juillet 1946 en Suède, Eric Reutersvord remarqua un tube volant de couleur argentée qui changea de couleur en bleu-vert au cours de l'observation, il prit une photo exploitable de l'objet.

Le 11 juillet 1946

Un comité spécial composé d'Eric Maimberg du département du matériel, Henry Kjellson du même service sous les ordres du général Nils Sodebergdu département de technologie et du matériel de l'armée de l'air suédoise commandé par le colonel Bengt Jacobson, travaille sur une autre sphère similaire, qui serait également entrée dans les eaux du lac de Ramsjotrakten le 11 juillet,

Le Département d'Etat des Etats Unis d'Amérique, expédie le 11 juillet 1946 18h10, un télégramme de la CIA :

« De nombreux rapports d'observations d'étranges fusées fantômes en provenance de Suède et au-dessus des cieux Finois ».

« Un membre de la Légation nord-américaine a été informé jeudi après-midi d'un objet ayant atterri sur une plage aux environs de Stockholm, des fragments sont étudiés par les autorités, les scientifiques locaux font état dans les résultats de leurs premiers examens de substances organiques ressemblant carbone, le département de la défense a fait un communiqué la nuit dernière au sujet d'un grand nombre de missiles et d'avions observés par le public, tous très mystérieux avec des phénomènes lumineux. La presse de l'après-midi annonce vers 14h30 que le missile observé par le membre de la légation n'émettait pas de bruit et tombait à très grande vitesse en direction de la terre quand il fut observé, il n'y a aucune explication à son sujet.

L'attaché militaire (de l'Ambassade américaine à Stockholm). Au travers des canaux suédois a promis des résultats au sujet des observations suédoises déclarant son ignorance au sujet de leur origine, ils sont supposés être des missiles. Six unités de la flotte navale de l'Atlantique commandée par l'amiral Hewitt arrivent à Stockholm ce matin, si les missiles sont d'origine soviétique ce qui est généralement espéré (certains rapports disent qu'ils ont été lancés depuis l'Estonie), ce serait afin d'intimider politiquement la Suède en connexion avec la pression soviétique derrière la construction des négociations en cours afin de nuire au prestige militaire américain auprès de la Suède résultant de la récente visite navale durant les essais de Bikini.

La pression politique soviétique sur la Suède en connexion avec les réfugiés de la Baltique a récemment été rapportée au département et a considérablement augmenté. Signé Ravendal classé secret à parafer avant de communiquer à quiconque. » Le même jour, plusieurs témoins sur une plage de Njurunda, en Suède, ont observé une sphère verdâtre d'environ trois mètres de diamètre, tomber au sol, provoquant un cratère de près de deux mètres. Tous ont prétendu que cela faisait à peine du bruit et était plus lumineux que le soleil, évoluant à très basse vitesse, descendant à un angle de 40 degrés créant un impact sur le sable au sol. Autour, il y avait une écume poreuse de différentes couleurs, brûlée du jaune au noir, accompagnée de quelques petites particules qui devenaient de la poussière au moindre contact avec les mains, provoquant des démangeaisons comme si elles étaient acides.

Le 12 juillet 46

Le journal suédois Dagens Nychter publie qu'un objet inconnu tombé du ciel était composé de fer, selon les militaires il s'apparente à une météorite qui serait tombée vers la municipalité de Njurunda, les débris récoltés, furent envoyés vers des laboratoires civils.

Le 12 juillet 1946 le même journal révèle qu'à 7h00 au-dessus de la ville de Rasunda, un objet volant inconnu fend les cieux en direction du nord-ouest, très vite les militaires se rendent sur place.

Ce 12 juillet le Morgon Tidnigen fait état de la présence sur site de trois enquêteurs, Rudberg, Ljungdahl et Westlin, ils en sont venus à la conclusion que l'objet n'a jamais été un projectile, mais plutôt comme une sorte de comète passant à grande altitude pour venir s'écraser sur terre.

Malgré tous leurs efforts pour ratisser le terrain au bord de la plage sous un attroupement d'observateurs et de curieux, ils ne trouvent rien du tout, deux jeunes filles sont même à près de vingt mètres du lieu supposé du crash elles disent ne rien savoir à ce sujet, il n'y a pas de cratère ni de débris, les militaires excluent toute poursuite d'investigations sur les lieux qui n'ont pu être sécurités et préservés des pilleurs.

Le lundi 15 juillet 1946 selon Aftenposten, le plus grand journal imprimé de Norvège (Oslo) publie :

Avion fantôme sur la région d'Oslo ?

« Beaucoup de personnes observent un objet brillant, éclairé évoluant dans le ciel à grande vitesse en direction du nord.

Les journalistes de la gazette Aftenposten ont reçu ce matin des demandes de nombreuses personnes qui pensaient avoir vu un avion fantôme au-dessus de la région d'Oslo.

Hier soir à 23 heures. Un homme qui, avec trois amis, était vers Bjerkebukta il relate qu'entre cinq heures et 23 minutes, une grande étoile lumineuse a été remarquée.

L'étoile avait une couleur éblouissante jaune-blanche et est devenue visible à l'horizon dans la direction du sud. Cependant, il était clairement hors de question que tout phénomène astronomique soit en cause, car l'objet lumineux suivait une trajectoire parfaitement droite rectiligne à une très grande hauteur et avait une vitesse si grande qu'il n'a pas fallu plus d'une minute depuis son apparition à l'horizon dans le ciel au sud, jusqu'à sa disparition dans le nord-nord-ouest en direction d'Oslo.

Selon une autre communication d'un homme qui a observé le phénomène lumineux à 22 h 50, il faut en conclure que la même chose était en cause, cette personne pensait que la taille de l'objet pouvait atteindre près de 1000 mètres.

Nous nous sommes renseignés auprès de l'Institut de météorologie, qui n'a aucune connaissance du phénomène. Le service météorologique de la Défense aérienne n'a pas non plus reçu d'informations concernant l'avion fantôme ou des phénomènes lumineux.

Les personnes qui ont remarqué une telle chose ou qui ont trouvé des restes d'un objet susceptible d'être écrasé devraient le signaler sans délai à la station météorologique du haut commandement de la défense aérienne, téléphone 34870. »

La quantité, la fréquence, la disparition des traces ainsi que l'extrême disproportion entre les vols d'avions espions américains déclarés par la CIA en 2014 expérimentés à 15000 mètres d'altitude et les engins boules, tubes ou disques volants à raz la cime des arbres jusqu'à 1 000 mètres d'altitude nous porte à nous interroger.

Il y a un paradoxe temporel pour deux raisons, la première est que les bases de Nouvelle Zemlia abritaient le complexe de construction sous-marin soviétique à destination de constituer une flottille de sous-marins dans l'arctique pouvant défendre la Russie ou attaquer les alliées jusqu'aux Etats Unis en passant sous le pôle, mais cela ne sera possible que lors de la création des moteurs à propulsion nucléaire début des années 60 soit quinze ans plus tard, le second est que la technologie des fusées allemandes ne sera opérationnelle qu'en 1947-1948 dans le désert d'Astrakhan.

Il n'y a pas d'expérimentations soviétiques en Scandinavie en 1946, de plus les fusées allemandes V1 et les suivantes ne sont que des engins balistiques à propulsion fixe, ne pouvant pas dévier de leur trajectoire et qui cessent de voler lorsque la quantité de carburant embarquée est consommée, à ce moment elles retombent sur terre.

Lors de leur chute, plus la vitesse de l'objet volant mobile est grande, plus sa masse augmente à l'impact, l'objet métallique explose, crée un cratère immense et disperse des milliers de débris à des centaines de mètres à la ronde, ors ni cratère ni débris ne furent jamais retrouvés.

Le mardi 16 juillet 1946

Le mardi 16 juillet 1946 au matin, selon Aftenposten, le plus grand journal imprimé de Norvège, (Oslo) :

« La fusée fantôme au-dessus d'Oslofjorden était un avion de ligne norvégien testant ses phares d'atterrissage ».

Le journal fait passer les Norvégiens et les habitants de la capitale en particulier, pour un peuple qui ne sait même pas reconnaitre un avion dans le ciel.

Afin de permettre de comprendre pourquoi on ne peut pas confondre un avion de ligne et en particulier la nuit avec tout autre chose, nous préciserons l'existence des feux de navigation ou feux de position, des lumières, rouge à gauche et verte à droite, une dernière qui est blanche est placée en queue d'appareil, cela permet aux pilotes d'apprécier leurs trajectoires respectives. Elles sont fixées généralement situés aux extrémités des ailes et à la queue de l'avion, elles sont éclairées en permanence nuit et jour et obligatoires en toutes conditions de vol.

Le feu anti collision est une lumière blanche stroboscopique généralement située au sommet de la dérive destinée à attirer l'attention des autres pilotes, le phare d'atterrissage est éclairé au moment de l'atterrissage pour éclairer la piste lors des atterrissages et décollages puis est éteint au décollage. Le phare de roulage ou phare de taxi est une lumière blanche utilisée pendant les phases de circulation sur roues au sol. Il y a aussi une balise de sécurité est un feu clignotant rouge située sous le fuselage, destinée à attirer l'attention et informer des observateurs au sol sur la présence d'un appareil dont les moteurs sont en marche. Les lumières clignotent en alternance afin de ne pas se confondre en une seule couleur unique et permettent d'évaluer la présence et la direction d'un avion en vol.

La nuit vous identifiez l'avion et sa direction sans le voir car l'obligation de disposer de feux de navigation est sujet à des standards et une réglementation internationale incontournable, c'est la première chose qui s'allume dès que les équipements électriques de bord sont mis en route, si vous voyez un feu blanc vous saurez que l'appareil est juste devant vous, si vous voyez un feu blanc à gauche et un feu vert à droite l'avion va vers la droite, depuis le sol vous voyez les différents feux clignoter à tour de rôle, et entendez distinctement le bruit des moteurs de l'appareil.

Tout objet volant sans bruit et sans lumières dans le ciel ne peut donc pas être un avion et en particulier un appareil de l'aviation civile, car d'une part il ne dispose pas techniquement de la possibilité d'éteindre ses feux de position en vol et deuxièmement car si malgré tout cela avait été possible par une modification technique le pilote perdrait sa licence et l'appareil interdit de vol avec une amende conséquente pour la compagnie pouvant aller aussi jusqu'à l'interdiction temporaire ou définitive de vol, ors le journal publie ceci :

« Comme mentionné dans le numéro du journal local du soir de la veille, de nombreuses personnes ont appelé le journal Aftenposten vendredi matin pour leur dire que dimanche soir, ils avaient vu un objet fantôme survoler le fjord d'Oslofjorden.

De 23 heures à 23 heures, Son et Jeloya ont toutes deux aperçu une grande étoile brillante venue du sud qui a disparu vers le nord et qui a changé de couleur pour devenir une lumière bleuâtre avant de disparaître, la vitesse était très grande et la hauteur était d'environ 1000 mètres, le mystère a maintenant reçu une explication raisonnée, un correspondant de l'une des compagnies aériennes à Oslo, a téléphoné hier aux journalistes d'Aftenposten et a déclaré qu'il était celui qui avait piloté l'avion fantôme.

Dimanche soir, il se rendait de Copenhague à Oslo avec un avion Beechcraft dans un avion-taxi, à 23 heures, il atterrit à Fornebu et 22h50, le moment où le mystérieux avion a été observé, il était au-dessus de Jeloya. Lorsqu'il passa le fjord à Jeloya, il aurait testé les phares d'atterrissage, la mystérieuse lumière brillante observée. En même temps, il est descendu de manière à atteindre une hauteur basse suffisamment longtemps avant d'atterrir à Fornebu, de sorte qu'il a rapidement rencontré le champ de vision des spectateurs. C'est une explication suffisante pour la disparition de la lumière de manière si abrupte et inexplicable. »

La source de l'appel téléphonique n'est pas identifiée, ce témoignage anonyme et non corroboré par la direction de l'aviation civile ni la tour de contrôle d'Oslo ne peut être pris tel quel comme fiable et avéré.

Contrairement aux allégations des journaux du jour, l'Etat Major de l'armée suédoise étudie 300 à 400 cas d'incidents relatifs à des engins volants non identifiés nommés fusées fantômes survenues le 12 juillet 1946, dont 6 phénomènes ont explosé dans le ciel avec cinquante points d'impact observés.

Aucun écho radar ne fut enregistré, aucun fragment important n'a été trouvé, seuls des petits qui furent étudiés, mais il s'agissait de particules non ferreuses (d'origine organique saura-t-on), l'hypothèse émise est qu'il s'agit de scientifiques allemands sur l'Île Estonienne de Dago qui continuent à travailler sur des projets pour les soviétiques, l'hypothèse demande à être validée par l'Etat Major (des fusées balistiques non métalliques est une conception technologique tellement avant-gardiste que même en 2018 cela n'existe pas, tout ce qui n'est pas ferreux est un alliage composite qui lui-même est analysable).

Les autorités militaires trouvèrent et prélevèrent selon leurs propres termes dans l'écho système suite à des crashs supposés d'ovnis en Suède, de la matière organique (la matière organique est celle fabriquée par les êtres vivants et compose leurs organes où une matière fossilisée, minéralisée).

De quelle matière s'agit-il ?

Les rapports d'analyse ne sont pas rendus publics et demeurent classés secrets. L'armée de l'air examine deux parcours circulaires de fusées dont le rayon est d'environ 300 kilomètres et dont les centres sont respectivement situés dans le quadrilatère de latitude 56-57 N et dans le quadrilatère de longitude 19-20 E et le quadrilatère de latitude 61-62 N et entre 21 et 22 E de longitude. Des fusées hypothétiquement lancées depuis Dago dans le sens des aiguilles d'une montre, dont les deux parcours relevés.

Cette théorie ne représente qu'une partie des incidents. Le personnel n'a pas encore traité tous les rapports. Certains responsables haut placés pensent que ce phénomène est lié à des expériences de fusées russes, soit purement à des fins de recherche, soit pour maintenir une guerre des nerfs psychologique sur la population.

Le personnel est très nerveux au sujet de la publication d'informations aux États-Unis et au Royaume-Uni de peur que les russes ne crient au Blocus de l'Est. Ce bureau demande la plus grande protection de ces informations. Rapport détaillé de la prochaine poche, suivi ultérieur des conclusions finales[42].

Le 17 juillet 1946

Le mercredi 17 juillet 1946 au matin, journal Aftenposten :

Encore un fantôme volant sur le territoire norvégien.

« Stavanger, le 16 juillet (NTB), d'après les informations que les habitants de Stavanger ont données, il semblerait que des fusées fantômes aient également atteint Rogaland. Samedi dernier.

---

[42] Fin. action : Gen Chamberlin, info : Gen Spaatz, Gen Norstad, Gen Aurand, classé Top Secret, Département de la Guerre Nord-Américain.

Le soir vers 23 heures, des habitants de Stavanger qui prenaient des vacances à Usken ont soudainement remarqué un objet lumineux qui arrivait au-dessus de la rivière Usken, en direction du sud-est. Il ressemblait à un projectile (fusée), avait une grande vitesse et se déplaçait à une assez grande hauteur. Le projectile a envoyé une lumière très brillante de couleur jaune-rouge (orange), et sa trajectoire pouvait être suivie jusqu'à ce qu'il disparaisse enfin vers le sud-ouest. Il a gardé la même hauteur tout le temps, et selon les témoins, quatre personnes, tous disent qu'il est impossible que ce soit un météore, le parcours était horizontal à tout moment. »

Le 19 juillet 1946

Le vendredi 19 juillet 1946 au soir (Oslo, journal d'Aftenposten en première page :

Est-ce que deux bombes sont tombées à Mjosa ?

« Ce phénomène fut vu par beaucoup de personnes quand, deux objets ont passé Feiring à basse altitude la nuit dernière.

Nous avons reçu ce matin d'un rapport sensationnel d'un homme de Feiring, selon lequel deux bombes fusées se seraient écrasées contre Mjosa la nuit dernière.

Elles avaient la forme d'avions ordinaires, mais elles étaient assez petites avec seulement 2,50 m d'ailes. Elles sont arrivées entre minuit et minuit trente ce matin venant de l'ouest à basse altitude dans la partie sud de Feiring, où elles ont été vues par de nombreuses personnes, notamment à Inn Hasselbaken et à Arnes. Celle de l'avant n'était pas allumée. Les personnes les ont remarquées parce qu'ils ont entendu un sifflement fort et immédiatement après (les objets) sont apparus à une vitesse incroyable. Ils allaient si bas que les arbres se sont balancés après leur passage.

Presque à mi-chemin à Mjosa, plus près du côté Feiring, l'eau a fait l'objet d'une grande éclaboussure et les embruns se sont dressés à plusieurs mètres de haut dans l'air où les objets ont disparu.

Juste après avoir reçu ce rapport, nous avons discuté avec la police de Feiring et de Hurda, qui n'avaient encore rien entendu. Elle a immédiatement pris contact par téléphone avec des personnes situées entre Hurdal et Feiring, et a pu nous informer un peu plus tard qu'elle avait reçu des informations de confirmation provenant de nombreux milieux fiables.

L'endroit où les avions sont descendus se trouve à 1 km au nord d'Hinnesund et Mjosa est ici assez profond, il peut donc être difficile de les trouver. Mais la police informera immédiatement le haut commandement de la défense afin qu'une enquête puisse être ouverte.

L'agence de presse Reuter's tablera vers le 18 juillet que l'armée de l'air Norvégienne à fait remonter d'innombrables rapports au staff d'Oslo au sujet d'objets observés en vol au-dessus de la Scandinavie qu'il ne s'agit pas de projectiles et qu'ils les ont vu atterrir.
Le 22 juillet 1946 les militaires draguent le lac vers Norbotten à Norrland, les eaux sont seulement profondes de 75 cm ils y trouvèrent un trou très profond au fond, d'une largeur d'environ un mètre et rien au fond ou autour, c'était une sorte de forage vertical.

Dans un rapport établi par le ministère de la Défense aérienne le 11 juillet 1946, le témoin Erik Reuterswald a déclaré qu'il avait observé un puissant rayon vert et blanc, se déplaçant avec un diamètre cinq fois supérieur à celui de la lune.

Il a réussi à le photographier et a donné le film aux chercheurs, qui ne sont malheureusement pas parvenus à une conclusion. »

Ce 19 juillet 1946, une fusée fantôme est entrée dans le lac Kolmjärv en Suède. Quelques jours auparavant, le 10 juillet également, quelque chose de similaire est tombé près de la plage dans la ville suédoise de Bjorkon. Un cratère de 0,9 m de large est resté, à l'intérieur duquel se trouvaient des masses brûlantes de poussière, mais aucune trace de débris d'aucune sorte.

L'accident le plus signalé a eu lieu ce 19 juillet un objet volant inconnu aurait percuté Kolmajarv en Suède et des témoins ont déclaré avoir entendu un bruit fort. Les militaires ont exploré la zone dans le plus grand secret mais rien n'aurait été trouvé.

L'officier en chef, Karl-Gosta Bartoll, a fait un rapport dans lequel il était indiqué que rien n'avait été trouvé. Pour vérifier la cause des perturbations dans le lac où aurait pénétré l'ovni, les militaires ont déployé des recherches sur place, on dit que peut-être l'objet s'était désintégré s'il avait été créé avec un matériau léger (tellement léger qu'il se serait intégralement désintégré, et cela en 1946, totalement affabulatoire).

Le 20 juillet 1946

Le samedi 20 juillet 1946 au matin, journal Aftenposten (Oslo) première page :

Des expériences avec des objets volants inconnus sont-elles en cours en Norvège ?

« Deux objets de type V-1 sont tombés à Mjosa en Norvège, à environ 100 km au nord d'Oslo, venus de l'ouest à basse altitude au milieu de la journée.

Jusqu'à présent, il n'a pas été possible de corroborer de manière certaine tous les rapports qui nous sont parvenus indiquant que des avions ou des projectiles ont été observés dans ce pays et en Suède. Entre-temps, les rapports ont été si nombreux et précis qu'ils ne peuvent plus être rejetés en tant que produits de l'imagination vivante des gens.

Il est loin d'être impossible qu'une ou plusieurs puissances étrangères mènent des expériences secrètes avec de nouvelles armes de type V.

Comme indiqué dans une partie de l'édition de notre numéro de soirée, hier, il y avait deux objets volants inconnus, comme on peut bien les appeler, on les vit descendre à Mjosa. Cela s'est passé jeudi midi entre 12h et 12h30 et beaucoup de personnes les ont vues à Feiring. Le shérif suppléant de Feiring et Hurdal a reçu un rapport pour la première fois hier matin et s'est immédiatement mis à la recherche de preuves par des témoins oculaires. Il a reçu de nombreux témoins la confirmation que les deux objets volants inconnus avaient été vus alors qu'ils arrivaient à basse altitude au-dessus du bois de Feiring depuis l'ouest et sont tombés à Mjosa deux kilomètres de la côte ouest et à sept kilomètres du Minnesund, après quoi il a informé le commandement militaire de l'armée. »

Hier après-midi, l'un de nos collègues était à Feiring et a parlé à quelques-uns de ceux qui ont vécu une expérience remarquable.

L'objet volant inconnu est passé directement sur la ferme de Balsrud où il a été vu par le fermier Sigvart Skaug, son épouse, son fils et sa fille adultes.

Balsrud se trouve à l'extrémité sud de Feiring. Ce sont Mme Skaug et sa fille qui les ont vues en premier. Ils se trouvaient tout en haut de la crête à un endroit appelé Badstuakeren et haut. Ils (les personnes) ont soudainement entendu un grand bruit dans l'air et ont cru au début qu'un avion allait arriver. Mais le son ne ressemblait pas au bruit de l'avion. C'était plutôt comme un sifflement puissant. Juste après, elles ont aperçu deux objets en ligne droite de plan de vol, qui venaient du bois à une vitesse incroyable et si bas que les deux femmes se sont jetées involontairement sur le sol. Le courant d'air était si fort que la cime des arbres se balançait.

À la ferme, Sigvart Skaug et son fils se levèrent et virent les objets volants inconnus de côté, mais à une hauteur un peu plus grande, probablement environ cinquante mètres. Skaug a dit qu'ils ressemblaient à des images de V-1 qu'il avait vues dans les journaux.

En tout cas, il ne pouvait s'agir d'avions ordinaires. Ils étaient en forme de cigare, de deux mètres et demi de long, avec environ un mètre de long avec des ailes (des drones en 1946 ?).

À un mètre environ du nez, les parties antérieure et postérieure avaient une lueur métallique, mais la section médiane avec les ailes était noire.

On aurait dit qu'il y avait un appareil à l'arrière, peut-être un dispositif de direction. Les ailes battirent un peu comme si elles étaient en tissu. Aucun feu ou lumière n'a été vu.

Les projectiles se sont éloignés l'un de l'autre, l'un légèrement en avant de l'autre. Ils ont décrit un léger arc, et ont coulé ensemble comme des pierres dans Mjosa, de sorte que les panaches d'eau ont surgit à plusieurs mètres de haut dans les airs.

Aucune explosion n'a été entendue. Le ciel était complètement dégagé et Mjosa resta immobile un instant.

J'ai pris les repères de l'endroit où ils sont tombés, a déclaré M. Skaug, et je crois bien pouvoir le signaler. Mais la profondeur ici est de 3 à 400 mètres. Il est donc pratiquement impossible de ramener les deux objets mystérieux à la lumière du jour. À la ferme de Tosterud, qui se trouve plus près de Mjosa juste en bas de Balsrud, Nils et Gustav Tosterud ont vu les objets volants inconnus, et peuvent en donner la description. La fille de la ferme était dans sa chambre, mais elle se dépêcha de sortir quand elle entendit le bruit et demanda :

« Mais de quoi s'agit-il ? Elle ne put pas voir les objets volants inconnus qui avait déjà disparu dans Mjosa quand elle est sortie.

Hier après-midi, la police s'est lancée à la recherche d'autres personnes qui auraient peut-être vu l'objet volant inconnu.

C'est une zone très peuplée au sud et au nord de Balsrud, mais à cause des bois la vue n'est pas très claire, et comme les projectiles sont tombés si bas, il est compréhensible que personne n'a rien remarqué, par exemple, l'auberge Hasselbakke, qui se trouve à peine à un kilomètre au nord de Balsrud, et où il y avait beaucoup de monde à cette heure-là.

Malheureusement, il y a eu une rupture de ligne dans le téléphone au-dessus de Hamar hier ; il n'a donc pas été possible de savoir si quelqu'un du côté vers l'est de Mjosa avait vu quoi que ce soit.

Hier soir, nous avons communiqué ces informations au capitaine Jorstad du haut commandement de la défense aérienne, qui était très intéressé par la question. Les descriptions s'accordent très bien avec le V-1, a-t-il déclaré. Si un tel projectile est impliqué et provient de l'ouest, on peut penser qu'il a été tiré depuis un avion ou un navire en mer. Aujourd'hui, des enquêtes plus approfondies seront effectuées et, si d'autres personnes ont fait des observations, elles devraient être immédiatement signalées au bureau du haut commandement de la défense aérienne, téléphone 34870. »

Aucun débris ne fut jamais retrouvé, ce qui est étrange au plus haut point.

Le 21 juillet 1946

Stokholm le 21 juillet 1946, message du correspondant de presse de l'Aftenposten :

« Une division militaire (dont l'identité n'a pas été divulguée) est actuellement à la recherche du projectile volant qui, selon des déclarations de témoins oculaires, s'est écrasé dans un lac à Norrbotten samedi.

Sur le site de l'accident, le lac n'est profond que de 75 cm, et le projectile a fait un grand trou dans le fond. Tout d'abord, une sonde a été coincée dans le trou sans atteindre le fond et des outils supplémentaires ont été demandés. Le projectile avait vraiment une vitesse énorme. Tout autour a été vu la grande quantité de boue et de vase qui a été jetée sur les bords du site de l'accident. »

D'après les informations reçues hier soir, aucun résultat n'a été révélé au cours de l'enquête et il est précisé que la recherche après le projectile risque de prendre beaucoup de temps, car il y a beaucoup de boue dans le fond du lac l'armée suédoise sonde le fond dont ils ne trouvent pas la fin et furent obligés de rallonger la ligne de câble dans un orifice de moins d'un mètre de diamètre.

Un gouffre abyssal parfaitement rectiligne et tubulaire à la verticale, cela ne peut pas être causé par aucun projectile ou obus quel qu'il soit, une ogive de V 1 creuserait un cratère de plus de 4 à 6 mètres de profondeur sur trente à cinquante mètres de large en forme de cuvette avec des restes métalliques de la bombe, éparpillés sur des centaines de mètres, là on est en présence d'un « puits de forage » à la verticale de plusieurs mètres de profondeur ?

D'une profondeur si grande dans un lac de moins de 90 cm d'eau qu'ils n'avaient pas assez de longueur de corde pour atteindre le fond ? C'est simplement irréel et pourtant ce que racontent les autorités. Selon l'Associated Press, de nouveaux projectiles fantômes ont été observés samedi soir dans le nord-ouest de la Suède. À un endroit de Sorsele, dans le Norrland, est tombé entre autres un morceau de papier qui tombait de l'air d'un ciel absolument clair et où aucun avion n'était ni vu ni entendu, ainsi, l'affaire du papier volant était liée aux mystérieux projectiles observés. La nature et la composition du papier sont inhabituelles selon les journalistes.

Le 22 juillet 1946

Le lundi 22 juillet 1946 au matin, journal Aftenposten (Oslo), première page à la une, Les inspecteurs de la surveillance aérienne se chargent de l'enquête sur les objets volants inconnus :

« D'après ce que nous avons appris, comment les inspecteurs du service de surveillance aérienne du haut commandement de la défense sont chargés d'entreprendre des enquêtes concernant des informations faisant état d'observations d'objets volants inconnus ici, dans ce pays. Samedi, le haut commandement de la défense a tenu une conférence mais aucune information supplémentaire n'a encore été fournie. La police militaire de Gardermoen a également ouvert une enquête sur les deux objets volants inconnus qui ont été vus jeudi en train de passer au-dessus de Freiring et de sombrer dans Mjosa. »

L'enquête n'aboutit à rien, aucune trace d'objet métallique ne fut retrouvée au fond du lac ni autour.

Le 23 juillet 1946

Mardi 23 juillet 1946 Oslo, journal Aftenposten, page 2 :

Les noms des lieux où des observations suédoises d'objets volants inconnues se produisent ne seront plus rendus publics ultérieurement.

« Le 23 juillet, du correspondant Aftenposten à Stockholm, les enquêtes sur le lac de Norrbotten, où le projectile (à longue portée) s'est écrasé vendredi, n'ont donné aucun résultat.

L'un des officiers impliqués dans l'enquête a déclaré qu'à l'endroit où l'accident s'est produit, il y a une pente de montagne. On peut donc penser que le projectile s'est brisé en deux. Deux techniciens de l'institut de recherche sur la défense poursuivent toutefois l'enquête.

En même temps que cet accident, une boule de feu est tombée dans un autre lac à Borrbotten. Il y a beaucoup (sic) de difficultés d'une telle enquête, en raison de la profondeur du lac, entre autres raisons.

L'état-major de la défense demandera désormais que les noms des lieux où tombent de tels objets ne soient pas publiés. Des expressions comme un lieu en Suède, seront utilisées ci-après.

Dans les lignes du journal Aftenposten, (les autorités suédoises accusent à demi-mot la population d'avoir pris les débris alors qu'ils s'étaient rendus les premiers sur le site et que c'est pour cela que les militaires n'y avaient rien trouvé).

Le 24 juillet 1946

Stockholm, le 24 juillet du correspondant journal Aftenposten première page, de nouvelles informations selon lesquelles des bombes volantes ont été vues sont revenues sans cesse.

Dans de nombreux cas, il a été affirmé que les observations pourraient être dues à des phénomènes astronomiques, mais cela semble peu probable. En tout état de cause, personne dans l'état-major de la défense ne croit cette théorie :

« Le fait que la Suède ait récemment servi de champ de tir ou de terrain d'essai pour les projectiles radiocommandés est maintenant indubitable.

Au cours des deux derniers jours, le nombre de rapports a soudainement changé de caractère. Auparavant, les boules de feu avec ou sans queue brûlée étaient décrites. Selon des reportages mardi et mercredi, sans exception, ce sont des bombes volantes ayant à peu près le même caractère que les célèbres bombes allemandes.

Rien n'a été trouvé mardi et rien non plus mercredi, les informations sont des suppositions, les lacs sont peu profonds et n'ont pas permis de faire des trouvailles.

Le 26 juillet 1946

Le vendredi 26 juillet 1946 journal Aftenposten, Oslo, en première page.

Une Explosion mystérieuse à Oslo la nuit dernière, deux lumières puissantes et des lueurs blanches, brillantes, mais aucun accident n'est déclaré ni aucun endroit en ville ne rapporte de dégâts.

Une explosion qui, jusqu'à présent, semble être un mystère, s'est produite dans une grande partie d'Oslo la nuit dernière. Il était 0 h 53, lorsque deux puissantes détonations ont été entendues, ce qui semblait tellement fort que ceux qui étaient couchés se levaient de la même manière qu'en temps de guerre, tandis que ceux qui se trouvaient à l'extérieur se rassemblaient effrayés et se demandaient ce que cela pouvait être. Certains n'avaient entendu qu'une seule explosion, d'autres deux. La seconde est venue moins d'une seconde après la première et était moins grave, il est donc possible que cela ait pu être un écho. Au même moment, on a vu un flash d'un blanc éclatant qui éclairait le ciel et partait des maisons et des arbres en une silhouette très nette. Le service d'incendie n'a réceptionné aucun rapport, mais la police, qui a reçu une avalanche d'appels téléphoniques, s'est manifestée et a balayé la ville dans toutes les directions sans trouver la moindre trace d'une explosion.

L'Aftenposten a également été assiégé d'appels téléphoniques et a fait sortir les gens jusque tard dans la nuit, mais avec les mêmes résultats négatifs. Et jusqu'à ce matin, ni la police ni les pompiers n'ont reçu de rapport de dommage pouvant être relié au rapport d'explosion. Personne ne peut localiser le phénomène.

« Un de nos collègues revenait du journal et rentrait chez lui à l'angle de Drammensveien et de Huitfeldtagate lorsqu'il a entendu l'explosion. Il pensait que ce n'était qu'un incident banal. La nuit d'été était légère et douce et il y avait beaucoup de monde au Drammensveien et au Slottsparken.

Notre collègue décrit son expérience de la manière suivante, l'explosion a été suivie d'un éclair blanc brillant qui a illuminé tout le ciel au-dessus de Slottet et des parties nord de Slottsparken. C'était beaucoup plus lumineux qu'un éclair, et quand j'ai vu comment les arbres se dessinaient comme une silhouette sur le ciel, j'ai conclu qu'il devait y avoir une explosion derrière.

Mais cela pourrait-il être aussi dû, au fait que cela se passait dans le lointain Ce n'était pas comme si la bombe tombait tel que nous l'avons vu et entendu avec tant de fois pendant la guerre.

Les marcheurs dans la rue se sont immédiatement rassemblés en groupes et ont commencé à discuter de ce qu'ils avaient observé. Certains pensaient avoir vu une lueur dans le voisinage de la rue Harbitz, d'autres pensaient, comme moi, que c'était au-dessus de Slottsparken.

Il y en avait aussi qui pensaient que c'était dans une direction au sud sur la mer. Pendant ce temps, une des voitures de patrouille de police est arrivée le long du Drammensveien, Je l'ai arrêtée et je suis entrée dedans. Nous avons ensuite fait le tour de la ville jusqu'à 2 heures.

Nous avons rencontré des gens qui avaient entendu la détonation et vu la lueur, mais il était impossible de localiser l'explosion et nous avons commencé pencher vers l'idée qu'elle devait avoir eu lieu sur la ville.

Au poste de garde de Slottet, on nous a dit que l'homme présent avait entendu deux explosions et vu la lueur, mais il avait l'impression que cela venait du sud et les croyaient lointaines vers la mer.

Lorsque des gens sont venus dire qu'ils avaient vu la lueur sur Slottet, le garde est sorti et a examiné l'ensemble du Slottsparken sans trouver la moindre indication d'un événement inhabituel.

Nous nous sommes renseignés à différents endroits de la ville et des environs, mais on ne savait pas non plus ce que cela aurait pu être. À Frognerseteren, rien n'a été noté, ni dans la plupart des postes de police d'Oslo et d'Aker.

Le poste de garde de veille des feux de forêt à Hankasen a entendu les explosions, mais il était déjà au lit et il lui a semblé que tout allait bien en ville, il n'a pas enquêté de plus près.

Les aiguilleurs du ciel chargés de la surveillance aérienne, n'avaient toujours pas reçu d'autres rapports ce matin.

L'incident a réveillé un certain sentiment de peur et il faut espérer que ce qui s'est passé peut-être expliqué.

Le 27 juillet 1946

Le journal l'Aurore présente à la une le 27 juillet 1946 que :

Plus de 500 fusées projectiles ont été vues en Suède début juillet, certaines sources s'accordent à dire qu'il s'agit de projectiles survolant le ciel suédois et semblables à des avions à réaction mais faisant un bruit d'aéronef de type non conventionnel, d'autres les décrivent comme de grandes mouettes sans tête, ces projectiles n'ont pas de trajectoires uniformes, parfois vers l'est ou d'autres vers le sud, avec des signes qu'elles sont guidées par radiocommande.

Il est impossible qu'il s'agisse de V 1 allemandes, tous ces engins volants ont chuté dans les lacs.

Ces observations oculaires de l'époque sont très intéressantes, en août 1946, un météorologue observe un objet en forme de torpille ou tube, long peut être de 27 mètres sur Stockholm avec un télescope pendant 10 secondes, à l'arrière de l'objet se trouvait une forme en sorte de cône, dans laquelle de la fumée bleu-vert se formait divisée en deux avec des boules de feu qui en sortaient par l'arrière.

Nous apprenons ici que ces objets ressemblent à des avions avec des ailes et ont pénétré les eaux de lacs sans laisser aucune trace au sol, les autorités suédoises diront, des lacs avec moins d'un mètre d'eau dedans.

Le 30 juillet 1946

L'agence de presse Reuters à Copenhague publie l'observation des objets volants mystérieux vus au-dessus du Danemark.

Le 31 juillet 1946

Une enquête gouvernementale officielle est ouverte par les autorités suédoises mais elle n'est ni la première ni l'unique depuis le début de ces phénomènes, il s'agit ce jour-là des conséquences d'une observation au-dessus de la ville de Sundsvall.

Un crash d'ovni a embrasé un million de mètres cubes de forêts, le gouvernement pense qu'il est consécutif à la chute au sol d'une boule de feu volante ou d'une fusée fantôme ou tout autre artéfact inconnu mais qui ne s'apparente pas à un autre crash survenu dans la ville d'Harjedalen avec un autre embrasement inexpliqué.

Le docteur R.V. Jones, un enquêteur spécialisé de l'intelligence service britannique fut interrogé par le gouvernement au sujet des fusées fantômes mystérieuses, il répondit qu'aucune arme ennemie ne répondait aux caractéristiques d'une telle technologie, capable de changer de cap en plein vol à angle net et poursuivre sa route sans ralentir puis revenir en arrière, il étudia cinq cents cas et selon lui, il s'agit de la preuve réelle d'un artéfact artificiel intelligent, piloté ou radiocommandé à distance.

Newsman Leonard Lyons, reporter au Washington Post écrit que tout le monde, civils et militaires recherchent des traces de bombes ou de projectiles balistiques au sol, les employés de la légation américaine (Ambassade, Consulat, et attachés militaires) en Suède, inclus, tournent, autour d'un lac en particulier, où un objet aurait mystérieusement sombré.

Le professeur R.V. Jones, le brillant responsable de l'intelligence technique britannique, a rejeté tous les témoignages et a remis en doute l'ensemble des milliers de témoins oculaires.

Dans ses mémoires, il écrit :

« Nous avions une objection de la part des services de renseignements, qui reflétait sans aucun doute l'ambiance générale concernant les motivations des actions soviétiques de 1945...

...Elle est apparue avant l'apparition des récits de soucoupes volantes, les équipages de nos bombardiers ont signalé des chasseurs de nuit monomoteur avec des feux jaunes dans la section du nez au-dessus de l'Allemagne, alors que nous savions qu'il n'y avait aucun chasseur de nuit monomoteur dans les airs. Nous n'avons donc pas été très surpris lorsque de tels cas ont commencé à être signalés en Suède, qui se considérait comme un État en première ligne. Qu'en serait-il si les Russes essayaient de s'installer dans l'ouest. »

Jones n'était pas d'accord avec l'opinion générale selon laquelle les objets observés étaient des bombes volantes à longue portée, qui avaient été lancées par l'Union Soviétique pour effrayer les Suédois selon ce qui fut dit à l'époque une sorte de guerre psychologique.

Il ne voyait aucun sens à ce que l'Union Soviétique prévienne l'Occident de la présence de bombes volantes guidées ayant une portée plus longue et plus fiables que les V-1 et V-2 germaniques. Malgré les nombreuses informations faisant état d'objets volants, il n'y avait rien de concrêt à propos d'un objet tombé au sol, bien que, comme signalé, des morceaux de fusées fantômes leur soient tombés et aient été retrouvés au sol, toutes les analyses donnèrent des restes de la vie agricole ordinaire n'ayant rien avoir avec de la technologie militaire.

Comme Jones en témoigne, certains restes étaient de forme irrégulière, semblables à des grumeaux, et il était difficile de les associer à des éléments d'un dispositif mécanique. La Suède a fourni à Jones plusieurs mottes similaires, qu'il a ensuite envoyées au département d'analyse chimique de Farnborough. Le commodore de la British Air Force, Vintras, qui était le chef des services de renseignement de la Royal Air Force Britannique, a été choqué par l'analyse. Dans un état d'excitation extrême, il a appelé Jones :

« Le laboratoire de Farnborough a analysé les échantillons que vous avez envoyés et a constaté que plus de quatre-vingt-dix-huit pour cent des mottes étaient constituées d'un élément chimique inconnu. »

Jones a été surpris, par les résultats du laboratoire de Farnborough au nord-est du Hampshire, en Angleterre.

Les Russes ne possèdent pas seulement une bombe volante avec des caractéristiques de vol fantastiques, ils ont également de l'essence pour cette bombe, constituée d'un élément chimique qui est une nouveauté dans le monde scientifique sur terre.

Et cela est à la fois inconcevable et impossible. Le scepticisme de Jones ne pouvait pas accepter d'affirmer que les missiles étaient soviétiques.

Il considérait également les mottes comme de simples morceaux résidus de météorites stellaires venant de l'espace, si brillants qu'elles pouvaient être vus de jour, mais non composées d'éléments métalliques et ferreux en particulier.

Le 3 août 1946

Le samedi 3 août 1946 au matin journal Aftenposten, Oslo, poste en première page :

« New York, le 2 août, du correspondant Aftenposten, projectile de fusée sur le pôle nord, jusqu'à l'hiver, le pôle Nord et les zones polaires adjacentes seront animés. Les autorités militaires américaines ont en effet fait savoir qu'il existe des plans pour des essais de tir avec des projectiles radiocommandés dans cette région. Il s'agit d'une bombe volante une fusée du type de l'arme allemande. » Les bombes fantômes continuent de glisser à travers les frontières du pays. Chaque jour, des informations sont transmises à l'armée de l'air, mais toute cette affaire reste totalement mystérieuse.

Les autorités ont enquêté sur un grand nombre d'accidents, mais jusqu'à présent, ils se sont tous avérés inutiles. Il n'y a rien de précis à retenir, et jusqu'à présent, la situation est telle qu'on pense qu'il ne serait pas utile d'envoyer des communiqués.

Dans les cercles de l'armée de l'air, il est à espérer que des résultats seront atteints dans peu de temps, ce qui devrait au moins permettre de donner une idée de la solution de l'énigme.

Selon le New York Herald Tribune, un expert en fusées allemand a déclaré que les rapports suédois doivent indiquer que les Russes ont commencé de nouvelles expériences avec des bombes V-2 à Peenemünde, dans le Poméranie du Nord, et que ces informations ont été reçues avec intérêt.

Les étranges projectiles semblent toujours voler par paires, et le dernier rapport parle également de deux objets qui sont passés au-dessus du centre de la Norrland en direction de la mer hier soir. L'un d'eux explosé au-dessus de l'eau et, selon les rapports, les deux étaient en forme de cigare avec de grandes queues jaune-blanc très lumineuses.

Le 4 août 1946

Le Chicago Tribune, très sérieux organe de médias signale le 4 août 1946 que les services secrets de l'intelligence service britannique et des Etats Unis pensent que les russes ont réouvert Peenemünde et ils spéculent qu'ils ont probablement travaillé sur les V 2 allemandes à partir d'une base de tests dans la Mer Baltique. Cette affirmation infondée perdurera des années, on se demande pourquoi la plus grande nation en surface de territoire au monde réaliserait des essais à quelques kilomètres de la zone occupée par les forces armées alliées au lieu d'implanter une base secrète à des milliers de kilomètres comme cela fut le cas en Astrakhan.

Le 5 août 1946

A Skasse en Suède le 5 août vers 23h00, un étrange objet circulaire et métallique est observé, il évolue à très grande vitesse sans émettre aucun son, sa position était quelque part au milieu de l'horizon et sa direction de vol allait vers le sud-ouest.

Une personne habitant le sud de la Suède, témoin oculaire, dit avoir vu un ovni dans la nuit du 5 août, une sorte de sphère, une boule de feu volant du sud vers le nord à une altitude probable estimée de quatre cents mètres, le long d'un parcours parfaitement horizontal et rectiligne, l'observateur précise que l'objet qu'il a observé n'est pas une météorite.

Le lendemain 6 août à 9h30, un objet identique à celui de la veille traverse le pays à très grande vitesse.

Le journal Svenska Dagbladet publie des rapports d'observations démontrant que les russes expérimentent des V 2 depuis Peenemunde à l'aide d'experts allemands.

Selon le correspondant du New York Herald Tribune à Frankfurt sur le Main, des usines laboratoires se trouvent dans la zone d'occupation soviétique à Bleicherode Sonderachausen, Peenemunde, Nordhausen et Saalfeld et retrouvent du service, toutefois le Dagbladet dit aussi que le lieutenant Lennart Neckman de l'Etat Major de la Défense, à lui-même observé des phénomènes volants à une altitude de cinquante à mille mètres, le long d'une course parfaitement horizontale rectiligne durant dix minutes autour de minuit, une sorte de boule de feu avec une flamme brillante.

Il dit qu'il pense qu'il ne s'agit pas d'un projectile et pour cause, c'est une sphère, un boule géante volante.

Le major Miles Ahlgren, chef de la division, pense que la majorité de ce qu'ils pensent être des projectiles, passant par de-là le pays vers le sud pour descendre vers la mer à l'est et la baie de Bottnisk, étaient programmes pour revenir à leur point de départ, comme ce fut le cas de nombreux objets capable de faire demi-tour et de repartir par où ils étaient venus.

Le major général Ahlgren déclara qu'il s'agit de météorites, mais qu'aucun fragment n'a pu être trouvé, ni attribué à une fusée ou à une météorite quelconque.

Il montre une photo de presse du phénomène supposé être une météorite, mais elle ne ressemble à rien de reconnu comme tel à ce jour.

Les ufologues Farish et Jérome Clark étudièrent une copie de la photo prise par Erik Reuterswaerd qui finit par être publiée dans le London Daily Telegraph.

Le Manchester Guardian commente le rapport du Lieutenant Neckmans :

« Les premières observations faites par les experts suédois remettent en doute l'hypothèse que ce phénomène soit réellement une sorte de bombe ou de météorite.

Le 6 août 1946

Sur le site d'Overkalix, les militaires draguent un lac en vain à la recherche des restes d'un crash.

Le 7 août 1946

Trois objets volants non identifiés traversent le ciel au centre de la Suède à seulement dix mètres au-dessus de la cime des arbres, un témoin oculaire les aperçoit très nettement depuis son véhicule, ils se déplacent à très grande vélocité.

Le 8 août 1946

Un objet inconnu survole l'île de Gottland, un professeur du nom de John Petterson estime à environ mille cinq cents pieds de hauteur et de peut-être plus, ainsi qu'une vélocité de huit cents kilomètres heure le déplacement de ce qu'il a vu. Le journal ne dit pas comment il en est venu à ces mesures. Tandis qu'au nord de la Suède, de nombreuses observations font état de boules de feu avec du brouillard peut être à deux cents mètres de haut elles volent semblent faire du sur place puis s'en vont abruptement à très grande vitesse.

Ce même jour le quotidien Morgon Tidnigen publie qu'un étrange phénomène est survenu ce 8 août vers 22h00, un cycliste vit devant lui, à huit mètres de distance une espèce de boule de feu à basse altitude de couleur jaune brillant, cette dernière continue à évoluer et léviter quelque temps entre quinze et vingt mètres, l'ampoule électrique du vélo s'est éteinte.

Le 8 août 1946

Le 8 août, la Suède est un champ de tir pour les projectiles de fusée, Stockholm, communiqué de presse du 7 août au soir publié par la presse le lendemain, l'État-major suédois de la Défense est désormais fermement convaincu que la Suède est utilisée comme un champ de tir pour projectiles à fusées étrangères, similaire au type des V1 et V2 allemands, a déclaré aujourd'hui le journal Aftenbladet. Les rapports précédents étaient plus ou moins fiables et hier soir, un officier de la division de la défense antiaérienne de l'état-major de la défense a lui-même vu quelque chose qui ne pouvait être qualifié de météore. L'officier était situé dans le centre de la Suède et avait vu une boule de feu avec une queue lumineuse déchirée à une hauteur de 500 à 1 000 mètres. Le chef de la division de défense antiaérienne a déclaré que de nombreuses trajectoires de projectiles avaient été tracées sur une carte et que leur trajectoire au-dessus de la Suède présentait un grand arc de cercle qui aboutissait sur le golfe de Botnie ou la mer de l'Est.

Le 11 août 1946

Les reporters de l'Associated Press résument la situation au sujet du pic entre le 9 juillet et le 12 juillet, dont le nombre des observations volants fut de plus de cent par jour avant d'entamer une baisse dès le 13, l'Etat Major Suédois envoya un mémo aux britanniques. Selon ce document, le Docteur Jones disait avoir examiné une collection d'infimes débris de 3 inches maximum ayant une densité égale à celle de l'eau, ils étaient constitués de 98 % de carbone avec 2 % de traces résiduelles de fer et de manganèse.

Les militaires pensent qu'à partir du 12 août 1946 l'accalmie est due à l'une diminution des objets volants en raison de ce qui pourrait être des crashs ou atterrissages en série.

La capitale Stockholm est survolée créant une panique totale dans la population, le New York Times dit que l'Etat Major suédois enregistra des centaines de déclarations d'observations confirmées :

« Pourquoi l'Union Soviétique avec la plus grande surface terrestre au monde choisit de tester ses fusées au travers de la Suède et les eaux de la Mer Baltique, continuant sur Stockholm ? »

Le journal Tidmingen de Stockholm imprime que des unités militaires raclent les fonds d'un lac au nord de la Suède à la recherche d'objets ou fusées tombés dans l'eau, apparemment des suites d'un crash accompagné d'un bruit détonnant identique au passage du mur du son supersonique des avions à réaction.

Le New York Herald Tribune commente :

« Le journal suédois communiste Ny Dag et le Libéral Démocrate Expressen, disent que les photographies publiées par le magazine Time représentant une soie disant fusée photographiée par l'armée suédoise ne représente pas un engin militaire, loin s'en faut.
Ce 11 août est un dimanche jour de repos, c'est la panique totale, des objets volants inconnus traversent les cieux dans le centre et l'est de la Suède, la ligne de téléphone de l'Etat Major de la Défense est assaillie entre 20h46 et 21h40 avec une forte intensité d'appels ventre 21h00 et 23h00.

Les artéfacts qui volent dans le ciel émettent une lumière blanche magnésium, ce sont des sphères lumineuses très près du sol à seulement deux cents mètres d'altitude, une des sphères aurait explosé sur ou derrière le pic d'une montagne vers 21h00, des lumières bleu, blanc, rouge et jaune accompagnent d'autres boules volantes non loin de Stockholm.

Le journal Morgon Tidningen publie le 11 août 1946, le 7° rapport météorologique annuel au sujet de pluies de météorites les 28 juin 1946 (sept météorites), 28 juillet 1946 (27 météorites), le 11 août 1946 (11 météorites).

Le 12 août 1946

Le New York Times décrit très bien la tension nerveuse dans la capitale de Stockholm, le haut commandement de l'Etat Major Suédois a réclamé du matériel de détection radar militaire à la Grande Bretagne, le journal annonce aussi la visite prochaine du général James Doolittle qui se rendra en Suède pour enquêter au sujet des fusées fantômes.

Les suédois rendent publique l'information selon laquelle des fusées volent entre 600 et 1 000 pieds de haut et à plus de 600 miles/heure, leurs troupes militaires sont déployées et mobilisées sur tout le territoire du pays à la recherche de la moindre trace de débris après le 12 août 1946, c'est une sorte d'immense chasse au trésor introuvable.

Le général GE Stangenberg, chef du département de la défense aérienne commente au Washington Post :

« Je ne peux pas exclure que ces objets sont d'origine russe ».

Mais dans les faits à ce stade les militaires savent bien que tout bombardement laisse des traces au sol, des projections de terre, des cratères, des débris de métal éventré rependus à la ronde, des éclats enfichés dans les bois et la végétation, une odeur caractéristique d'explosifs, des restes de calcination, des rochers brisés, ors de tout cela rien n'a été rapporté, pas la moindre miette.

Stockholm le 12 août (NBT de TT), plus de projectiles volants ont été observés hier soir dans le centre de la Suède. Il est maintenant hors de question qu'il y ait confusion avec les avions, les étoiles filantes ou des objets similaires.

Les objets volants se déplaçant avec une grande rapidité, illuminant le ciel avec un éclat blanc et brillant. Un témoin a raconté qu'il avait vu l'un des projectiles heurter le sol et exploser.

A cause de l'obscurité, il n'a pas pu déterminer correctement le site de l'accident et n'a donc trouvé aucun reste de la chose. Les gens commencent maintenant à craindre que le phénomène céleste ne s'effondre et provoque la mort et la destruction.

Le 13 août 1946

Un avion de reconnaissance militaire du groupe de recherche est victime d'un accident, il s'écrase au sol tuant net trois militaires, toutes les commandes électriques à bord ayant cessé de fonctionner à l'approche d'un objet volant non-identifié, l'explosion de l'avion fut entendue vers Vaggeryd au sud-est de la suède, la fusée ou objet fantôme poursuivit sa route dans le ciel.

Le mardi 13 août 1946, le journal Aftenposten, Oslo, poste en première page.

« Stockholm le 12, selon l'Associated Press, de nombreuses personnes ont déclaré aujourd'hui qu'au moins une bombe avait explosé au-dessus de Stockholm la nuit dernière. En même temps, le même phénomène lumineux qu'une heure avant. Ce qui s'est passé avait un caractère tel qu'il ne pouvait être ignoré, dit-on. »

Le 14 août 1946

Les nord-américains envoyèrent des avions expérimentaux de type X S 1 au nord de la Suède, au moins l'un d'entre eux se serait écrasé au sol vers le 14 août au nord-est de la Suède dans un lac vers le centre de Norrland, il est descendu selon une pente de 65 degrés suite à la perte de contrôle quand tous les éléments électroniques à bord ont cessé de fonctionner, il est entré dans les eaux du lac à très grande vitesse, incapable d'infléchir sa descente.

Le 16 août 1946

Le vitres des fenêtres des habitants de Malmo volent en éclats lors d'un passage d'un objet volant inconnu franchissant le ciel à très grande vitesse au cours de la nuit, des habitants résidant Copenhague au Danemark observent à leur tour un objet très rapide dans la nuit.

Le vendredi soir 16 août journal Aftenposten p.2 :

« L'armée suédoise a-t-elle obtenu un fragment de bombe atomique ? L'état-major suédois est maintenant en possession d'un morceau du projectile-missile qui, selon les estimations, aurait été abattu au cours des trois derniers mois en Scandinavie. Cela prouve de manière tangible que les fusées sont clairement impliquées et non les météores ou autres phénomènes naturels du ciel », le résultat des analyses n'est pas rendu public.

Stockholm le 16 août par (NTB de Reuters, les vitres se sont cassées à Malmo hier quand un projectile de fusée a explosé au-dessus de la ville. Les autorités ont ouvert une enquête pour trouver des fragments qui pourraient en être tombés au sol.

Des fragments de métal de la fusée ont été retrouvés à deux endroits, mais l'état-major de la défense ne veut rien dire sur la valeur de cette découverte, qui permettra de juger des caractéristiques de la fusée. Ils disent seulement que lors de l'une des découvertes, des fragments de métal ont été sécurisés, sur lesquels était imprimé un nom illisible. A ce jour, c'est le seul cas déclaré de la présence d'une pièce de métal, mais elle pourrait être là depuis la fin de la seconde guerre mondiale. Les deux découvertes ont été faites dans le centre de la Suède, mais il est interdit de donner des noms de lieux en rapport avec des observations de fusées.

Du 14 au 21 août 1946

Des douzaines d'observations sont enregistrées sur le territoire danois, obligeant le ministre de la guerre à se prononcer à ce sujet, les objets inconnus volent du sud au nord par-dessus Oeresund, éjectant des nuages de fumée colorée, pendant qu'à la même période, des boules de feu volantes planaient à Nassjo vers 1h40 du matin en Suède.

Le 17 août 1946

Samedi soir 17 août 1946, Aftenposten, Oslo, p.3.

Avion de chasse contre les bombes fusées ?

« Stockholm, le 13 août de PT et Associated Press, la nuit dernière encore, de nombreux endroits dans l'ouest et le sud de la Suède ont observé des projectiles lumineux se déplaçant très rapidement du sud au nord. Il est maintenant considéré comme certain qu'une nouvelle arme V est impliquée. On pense aussi qu'il est dirigé par radio.

Des pisteurs danois en visite à Göteborg ont vu lundi un objet volant qui est soudainement monté avec un bon angle de 30 degrés, puis peu de temps après, il reprit son vol horizontal.

Les autorités suédoises envisagent d'envoyer un avion de chasse contre les fusées, a déclaré l'Aftenbladet. De nouveaux projectiles-fusées sur la Suède et le Danemark, à Kovenhavn le 17 août, hier un nouveau cas de soi-disant fusée fantôme au-dessus de Sjaeland a été observé.

Dans la matinée, deux personnes les ont vues au sud de Koge. L'une venait du sud et ressemblait à un cigare rougeoyant. Par intervalles, elle émit des flammes de 20 mètres de long (suivies) par de la fumée blanche.

L'autre fusée a atteint une altitude d'environ 1 000 mètres et a été parfaitement suivie vers le nord.

Hier à Copenhague le 19 août 1946, une fusée fantôme a été aperçue ; elle a atteint une très grande hauteur et à une grande vitesse, venant du sud-ouest et se dirigeait vers le nord-est.

Le 20 août 1946

Le général David Sarnoff, président de la Radio Corporation des Etats Unis d'Amérique, et le général James Doolittle, spécialiste de la guerre aérienne, vice-président de la compagnie pétrolière Shell sont en Suède. Sarnoff travailla lui aussi à Londres au sein de l'Etat Major du général D Eisenhower et devait faire une étude de marché pour envisager l'extension du marché commercial des équipements radio en Scandinavie. Le chef d'Etat Major de la défense suédoise, le colonel Kempt déclara qu'il est très intéressant de pouvoir questionner les deux généraux et d'en obtenir des informations.

Le 22 août 1946

Le 22 août, le journal londonien Daily Telegraph édite :

« Afin d'empêcher toute fuite d'informations techniques sur les fusées fantômes survolant le Danemark, le gouvernement danois a demandé aux journalistes de ne pas indiquer les zones du pays où ces missiles avaient été remarqués. » Le 31 août 1946, un correspondant de Daily Telegraph à Oslo a déclaré :

« À partir de mercredi, les journaux norvégiens ont mis fin à toute discussion sur les survols de missiles au-dessus du territoire de la Scandinavie, tous les rapports d'observations sur ce sujet sont à expédier à la direction du renseignement de l'état-major général de l'armée de l'air ».

À ce jour, environ 100 documents du gouvernement américain concernant Fusées Fantômes sont connus, et parmi ceux-ci et d'autres documents datant de l'époque couvrant les années 1946-1949, on trouve des références à plus de 100 autres documents du gouvernement des États-Unis encore tenus secrets défense soixante-dix ans plus tard. Le Christian Science Monitor relate le 22 août 1946, qu'aucun emplacement de crash de fusées fantômes ou autres n'ont été trouvé au sol et que les lieux des observations et la publication des rapports eux-mêmes ont été censurés.

Le Foreign Office de Grande Bretagne admet que la veille, le 21 août 1946 des experts radar militaires britanniques se sont rendus en Suède pour enquêter puis ont soumis des rapports circonstanciés classés Top Secret au sujet des étranges objets volants à leur hiérarchie de Londres.

En quoi des météorites ou des bombes balistiques soviétiques classiques nécessitaient cette haute classification, une large question demeure sur quel point précis de cette histoire a intrigué les experts britanniques au point que les plus hautes instances gouvernementales décident de conserver confidentielles toutes les informations rapportées.

Quelle source non soviétique peut développer ou engendrer cette technologie dans le monde ?

A Saltdjobaden, ce qui pourrait être un disque volant non identifié en forme d'étoile métallique brillante observée franchit le ciel à une altitude de peut-être plus de 18 000 à 20 000 mètres vers 18h57, la vitesse est immense, mais les services météorologiques nationaux disent qu'il s'agit d'un ballon sonde météo à 20 000 mètres réfléchi par le ciel dans la brume lointaine.

Le commandement de la force aérienne suédoise communique :

« Le rapport sur les faits est empreint de confusion et fait l'objet d'une négociation en cours entre la Grande Bretagne et les Etats Unis d'Amérique au sujet de la poursuite de l'objet par l'enregistrement de l'écho radar et le matériel en service actuellement avec lequel travaillent les équipes des forces aériennes suédoises (qui serait inadapté et obsolète).

Les négations s'installent sur le long terme, le Docteur Woxen tient une conférence de presse dans laquelle le nom du général Doolittle revient, le l'Etat Major des forces aériennes suédoises lui ont approuvé, attribué son statut de consultant civil accrédité, afin d'apporter de l'aide à la résolution de ce mystère.

L'état-major publia un très officiel rapport sur le fait que tous ces objets volants ont été détectés par les radars avec les caractéristiques d'altitude et de vitesse mais qu'aucune méthode connue n'a permis d'identifier le type et l'origine des appareils volants qui en définitive venaient d'un peu partout et pas uniquement es positions que l'on pouvait attribuer dans des zones soviétiques.

Simultanément le New York Times reformule le 22 août 1946, qu'un certain nombre de nouvelles mesures en association avec la visite de Doolittle, peut-être la vente d'appareillages de détection d'une nouvelle technologie plus perfectionnée pourraient être vendue aux pays scandinaves par l'Armée Américaine, mais officiellement aucune vente ne fut faite dans ce domaine à cette période-là.

Le 24 août 1946

Le samedi soir 24 août 1946 journal Aftenposten, Oslo, table en première page :

Une étudiante norvégienne a vu une fusée fantôme en Suède : « Lors d'une visite à pied en Suède au cours de la première moitié du mois d'août, j'ai rencontré des connaissances qui m'ont emmené avec eux lors d'une excursion nocturne en bateau à moteur sur l'une des belles rivières suédoises. Soudain nous soustrayant hors de la tranquillité du soir, j'ai vu une lumière brillante qui nous approchait du sud-est avec une vitesse colossale. Au fur et à mesure qu'elle se rapprochait, elle prit la forme d'une pleine lune, peut-être un peu plus elliptique, mais de taille comparable à celle observée à l'horizon.

La lumière était très vive et m'a rappelé les résultats quand une bombe explose. Sur les bords, la lumière était plus bleue verte et la trainée brillait. À mesure qu'elle s'approchait, on pouvait voir une queue de fumée épaisse, presque rougeoyante. Comme le phénomène était juste au-dessus de nous, il a tout éclairé et nous pouvions voir comme au jour le plus lumineux.

La boule de feu ou masse enflammée, comme l'appellent les Suédois, décrit jusque-là un léger arc vers le bas. Maintenant, quatre étoiles s'en détachent avec une bande lumineuse derrière elles qui s'effondrent vers le sol pour s'éteindre. La sphère de feu s'est éteinte momentanément lorsque ces étoiles se sont échappées, et puis peut-être pendant une seconde, ayant habitué mes yeux à l'obscurité, j'ai vu un projectile allongé noir avancer dans les airs dans un cap apparemment horizontal d'environ 300 mètres plus haut. Il était pointu sur l'avant, mais à l'arrière, il avait l'air plat. La longueur était quelque chose que je juge seulement à environ 3 mètres. Au troisième tiers, toute la queue brillait, et cette faible lueur était la dernière que nous avons vue du projectile qui a disparu dans la direction d'un petit village voisin. Il ne semblait pas y avoir d'ailes ni d'ailerons de guidage. Le parcours était directement au nord-ouest durant tout le temps. »

Le propriétaire du bateau à moteur, un ingénieur suédois, a regardé sa montre quand il a vu le phénomène pour la première fois, il apparut à 20h45 et toute sa durée, pense-t-il, n'était que de 6-8 secondes. De plus, comme il est expérimenté dans le pistage, il pense pouvoir estimer la vitesse du projectile entre 1500 et 200 km / h. Pas un bruit n'a été entendu de l'objet lui-même, ni des étoiles qui s'en sont séparés.

Le lendemain matin, la presse suédoise publia un rapport de l'état-major de la défense selon lequel un vaisseau spatial aurait été observé au-dessus de la Suède centrale. Nous avons ensuite envoyé nos déclarations concernant ce que nous avions vu.

Le lendemain soir, quand nous sommes restés dans les villages de Suède centrale, les journaux locaux ont annoncé qu'un vaisseau spatial avait survolé le ciel la veille, selon l'article de William Solberg »

Le Manchester Guardian relate l'explosion à minuit le vendredi dernier, d'un objet sous l'eau le long de la côte mais des témoins oculaires déclarent avoir observé l'explosion d'un aéronef ou d'une sphère dans le ciel, aucun débris n'a été trouvé.

Le correspondant du Daily Express londonien à Stockholm interviewe le chef d'état-major des forces aériennes Nils Ahlgreen qui confirme que les objets volants ont commencé à être détectés par les radars des forces aériennes volant en direction du nord, ils sont de deux types et leur course est rectiligne, parfaitement horizontale à près de 800 à 1 000 km/h, émettant une lumière chaude et claire, un second type d'objet est apparu subitement, puis changé sa course horizontale pour se hisser abruptement en ascension verticale à très grande vitesse avec ce qui pouvait être des ailes.

Le général commandant les forces armées aériennes suédoises, se refuse à accepter les allégations d'explosions entendues par des témoins oculaires et avoue qu'aucun fragment n'ayant jamais été trouvé, il n'y eut aucun crash au sol de quelque origine que ce soit. Les observations scandinaves englobaient un nombre très hétéroclite d'objets brillants volants lumineux, des sphères, des cylindres tubes ou torpilles, des boules, œufs ou soucoupes, des tubes métalliques de deux mètres de large et de 200 à 300 mètres de long accompagnés de lumière orange, des phénomènes suivis de lumière magnésium sur l'arrière et d'une lumière jaune sur les côtés avec émission de particules et de nuages brumeux, des objets noirs avec une flamme très brillante.

Des sortes de missiles peut être de 5 à 30 ou même cent mètres volant à plus de 1 000 mètres d'altitude et plus de 1 000 km/h, des sphères ou boules, des tubes de deux à trois mètres sans bruit ni traces de propulsion juste avec une très faible trace ou flamme claire sur le corps métallique lors de leur déplacement (aujourd'hui cela ressemble étrangement à des drones).

Le 26 août 1946

Le lundi 26 août 1946 journal Aftenposten, Oslo, publie première page :

Samedi soir la rédaction d'Aftenposten a été appelée au téléphone par deux personnes différentes, qui ont toutes deux parlé d'un fusée fantôme sur Oslo.

« Totalement indépendantes l'une de l'autre, elles ont décrit le phénomène de la même manière. À 20 h 55, un objet lumineux a traversé la ville. La lumière est venue du nord-est et a disparu en direction du sud à peu près à la même vitesse qu'un avion de chasse. Nos deux informateurs nient la possibilité qu'il s'agisse d'une étoile filante. La lumière était plus grosse et plus brillante qu'une étoile ordinaire et laissait derrière elle une petite queue de fumée. La hauteur ne pouvait pas être jugée avec une certitude absolue, mais elle semblait conserver une altitude de vol normale, l'objet a gardé un cours absolument horizontal tout le temps. »

Édition du soir page deux :

« Selon les nombreux appels reçus par Aftenposten aujourd'hui, les fusées fantômes, dont nous avons parlé dans notre édition du matin, ont été vues par un grand nombre de personnes à Oslo et dans les environs. Leurs rapports concordent bien avec les déclarations sur les fusées fantômes qui ont été imprimées ce matin. »

Deux ans plus tard, en novembre 1948, la division du renseignement aérien de l'USAF (OI / OB, le département chargé de rassembler des données sur l'ordre de bataille aérien soviétique) informe l'US Air Force Europe de la nouvelle théorie suédoise selon laquelle les Ghost Rockets pourraient être des véhicules extraterrestres et demande :

« Quelles sont vos réactions ? »

Le document cité ci-dessus démontre que la théorie interplanétaire suédoise renforçait une pensée similaire au sein des services de renseignement de l'US Air Force, juste au moment où le dossier Ovni Top SIGN, projet très secret, circulait dans la division du renseignement américain.

L'estimation du rapport SIGN a apparemment tenté de présenter le même argument que les Suédois, à savoir que les informations en cours faisant état de phénomènes anormaux ressemblant à des fusées étaient des véhicules volants bien réels qui ne pouvaient pas être les produits à partir de technologies connues sur la planète terre.

Le 27 août 1946

Le jeudi à 21h30, une lumière jaune blanc passe au-dessus des maisons d'un village du Danemark au nord du Jutland, les observateurs voient une sphère volante, sorte de boule lumineuse en lévitation.

Ces sphères volantes seront vues en août et septembre 1946 en Australie, Suède, Hollande, France (Lorraine), Kashmire (Srinagar), dans la partie soviétique du Pamir, aussi au Tharadambach à la frontière du Kashmir à Kashmir-Sinkiang vers l'Asie chinoise, en Afghanistan, en Grèce (Patras), à Tanger, à Fez, Casablanca, Espagne (Oviedo et baie de Biscaye).

En raison de la tension latente en Europe le 17 septembre 1946, le major général William Donovan chef de la CIA à l'époque de la seconde guerre mondiale lorsqu'elle se nommait Office Of Stratégic Services, attaché à la nouvelle autorité de la National Intelligence Agency, déclara que selon lui, les services secrets américains n'avaient jamais localisé aucune position susceptible de lancer de tels engins depuis aucun emplacement qu'ils ne puissent connaître.

Le célèbre Chicago Tribune, sous la plume de son reporter Lloyd Normann qui écrit depuis Stokholm, près de quatre-vingt fusées fantômes se sont crashées dans le nord de la Suède durant le mois d'août 1946, les russes doivent avoir une arme secrète avancée.

Le 12 septembre 1946

Le 12 septembre 1946, Nedrevann au Porsanger Fjord, vers 21 heures, un témoin a vu dans le nord-ouest une lumière qui devenait plus grande et volait dans le ciel, origine de l'information : l'Attaché de la Défense suédoise à Oslo, Intelligence Report transmis à la CIA.

Le 13 septembre 1946

Le 13 septembre 1946 ; Nredrevann / Porsanger Fjord ; À 21 h 10, 7 témoins ont vu un objet volant inconnu se dirigeant vers le nord-ouest. Il a d'abord été vu en direction de Kalkkavare. L'objet avait une trajectoire légèrement descendante. Cela se voyait clairement, il émettait des flammes d'un blanc éclatant avec des rayures rouges. Le temps était clair, avec quelques nuages. Il a volé au moins à plus de 2000 m d'altitude. L'attaché de la Défense suédoise, Oslo rédige un rapport confidentiel destiné aux services de l'intelligence de l'armée de l'air à ce sujet.

Septembre 1946

Le sud de l'Europe voit à son tour des phénomènes inexpliqués au-dessus des cieux. Depuis le début de ces apparitions volantes inexpliquées en Scandinavie, le service des relations extérieures du ministère des relations étrangères soviétique dénonce catégoriquement, les articles de la presse occidentale et celle du Times, dans sa version suédoise en particulier, qu'il qualifie de colporter une campagne antisoviétique diffamatoire afin d'empoisonner les relations internationales.

Le New York Times relate une déclaration du ministre des affaires grec Stephanopoulos, les 1 et 2 septembre 1946, des objets volants non identifiés ont survolé le nord de la Grèce, évoluant à l'ouest de Salonique, allant du nord au sud à une altitude estimée supérieure de 15 000 à 30 000 pieds et une vélocité de près de 130 miles/h au nord-est de Salonique à Drama. Le consul britannique fut personnellement témoin de l'observation de l'ovni du 1° septembre, selon le Manchester Guardian, environ quatre objets volants non identifiés dont deux vers la Méditerranée et deux autres vers la Montagne Paliken survolèrent la Grèce, la Macédoine, la frontière grecque avec la Bulgarie, la Yougoslavie et passèrent au-dessus de la ville de Katharini.

La branche de recherche technologique au sein de l'Intelligence Service du Ministère de l'Air Britannique transmit un document daté du 3 septembre 1946 dans lequel elle reconnait implicitement ne pas comprendre ce phénomène.

Le rapport final de l'Etat Major de la Défense suédois du 10 octobre 1946 sera reproduit par le London Times et l'agence de presse Reuters. Du premier au trente septembre 1946, mille objets volants inconnus ont été vus et non identifiés, pour la très grande majorité d'entre-deux ils ne correspondent en rien avec des missiles ou bombes allemandes ou aucun autre type de projectile connu qu'il soit occidental ou soviétique :

« Beaucoup d'observations furent faites par véritables vagues, certains cas sont très ambigus et ne peuvent pas être expliqués par des phénomènes naturels, un appareil avion Suédois ou étranger, ou un quelconque effet issu de l'imagination collective de la part des observateurs. »

Aucun fragment n'a pu être trouvé bien que quelques débris au sol et substances furent analysées, elles ne purent être rapprochées à la problématique observée et trouvèrent une origine naturelle,

Aucune excuse officielle ne fut faite aux autorités russes pour les milliers d'accusations publiques émanant des autorités ou de la presse à leur encontre, leur imputant la paternité de pseudo tests militaires de tubes volants ou de sphères lumineuses à télécommande. L'étendue des vols d'objets inconnus ayant envahi la Scandinavie, l'Europe du Nord, le pourtour méditerranéen, l'Inde, l'Asie et les Etats Unis d'Amérique et on le saura plus tard l'URSS lorsque le rapport du KGB fut publié fin 1991, dépasse de loin ce que l'on peut imaginer.

Un télégramme Top Secret n° 1338 du 4 septembre 1946 Département d'Etat, Office des Affaires Européennes, bureau de distribution le 6 septembre 1946, à destination de Mr Morgan du Département d'Etat du Gouvernement Américain en provenance de l'Ambassade Américaine à Stockholm, reformule au sujet de la date du 27 août 1946, qu'environ plus de 800 rapports journaliers furent reçus, et chaque jour de nouvelles observations étaient déclarées en Suède, le détails de ces affaires et les pièces jointes reçus devant être transmises à Washington au travers des attachés militaires de l'armée et de la Navy en service à l'Ambassade des USA. Une source non citée mais digne de confiance est convaincue qu'une puissance étrangère fait des expérimentations en Suède et qu'il s'agit de la Russie. Il a promis de notifier toutes informations tangibles en ce sens dès que cela sera découvert.»

Le télégramme fut de nouveau estampillé contrôlé par le département d'Etat le 23 septembre 1949 suite à une consultation des dossiers de la période des Fusées Fantômes en Scandinavie et fut reconduit Top Secret le 20 mars 1950, quelques pages sans intérêt furent déclassifiées fin des années 2 000 mais les dossiers, photos, rapports d'observations, relevés radar et compte rendus des experts militaires Suédois, Norvégiens, Danois, Britanniques et Nord-Américains sont toujours classés Secret Défense quatre-vingt ans plus tard, ce sont les pluies de météorites et les fusées soviétiques les plus mystérieuses au monde.

Le 24 septembre 1946

C'est le tour de l'Italie (Bologne, Rome, Vercelli, Modène, Imola, Naples, Bari, Florence, et de la Belgique (Ostende) à subir des survols d'ovnis, tandis que les généraux David Sarnoff et James Doolittle de retour aux Etats-Unis sont hébergés à l'Hôtel Waldorf Astoria où le 30 septembre 1946 ils donnent une conférence de presse au New York Times. Sandorf, plus sceptique que jamais dit que malgré l'absence de preuves physiques et matérielles sa conviction personnelle est faite, et qu'il s'agit de missiles bien réels et non d'un mythe. Il ne s'attarde pas à expliquer des boules de feu ni comment des fusées pouvaient passer d'un vol horizontal à la verticale à un angle de 45 degrés ni comment elles pouvaient changer leur course à angle droit et revenir à leur lieu de départ, où quelle technologie permet de forer un trou d'un diamètre de 90 cm à la verticale en chutant au sol après une course aérienne à trois fois la vitesse du son, sur plusieurs dizaines ou centaines de mètres dans la terre et la roche et disparaître sans laisser de traces.

En octobre 1946, l'armée suédoise admit qu'elle était incapable de déterminer l'origine et la nature des fusées fantômes :

« Environ 200 objets qui ne peuvent être ni des phénomènes naturels ni des produits de l'imagination peuvent être détectés par des stations radar, ils ne peuvent pas non plus être attribués à des avions de la Suède, ni à des armes soviétiques ».

Peter A. Huchthausen, qui était capitaine dans la marine américaine, est pleinement convaincu que l'espionnage naval et terrestre de l'armée Nord-Américaine n'a pas été dupe un seul instant, d'une pseudo implication soviétique dans ces évènements, il décède le 11 juillet 2008 en Normandie, où il avait ouvert une chambre d'hôtes à Amfreville.

Le livre : Cache-cache, l'histoire inédite de l'espionnage en mer de la guerre froide, de Peter A. Huchthausen et Alexandre Sheldon-Duplaix, édité par Hoboken, NJ : J. Wiley & Sons en 2008, avec un passage spécifique sur les fusées fantômes en Scandinavie en 1946.

Il est connu comme l'auteur du livre K-19, The Widowmaker : l'histoire secrète du sous-marin nucléaire soviétique publié par Washington, DC : National Geographic Books en 2002, qui devint un film du même nom avec les acteurs Harrison Ford et Liam Neeson.

Le 1er octobre 1946, le gardien de nuit de Bjørnebekk Kursted a aperçu un objet lumineux venant du nord-ouest à 00h10. C'était un cylindre dont la forme atteignait environ 1000 m. Des flammes étaient visibles à l'arrière. Son nez était conique et légèrement lumineux. Il était visible pendant environ 1 minute, puis il est tombé. Aucune explosion n'a été entendue, l'objet était silencieux et énorme au moins plus d'un kilomètre de longueur.

Le 20 novembre 1946

La radio d'Etat de Moscou émit une émission spéciale le vendredi au sujet de l'observation d'un météore en vol horizontal suivi par une lumière blanche chaude, que la Station de l'Institut Arctique de Léningrad avait déjà enregistré le 12 novembre 1946 le passage d'un météore durant vingt-deux secondes depuis leur base au nord-est de la Sibérie vers le détroit de Béring en provenance d'Alaska.

Il évoluait à 25 degrés sur l'horizon, donnant l'impression d'un boulet de canon sur fond chaud blanc évoluant à une vitesse relativement lente avec une trainée lumineuse rouge violet et bleue, la description était similaire à celle des très nombreuses sphères ayant traversé la Scandinavie.

Le comité spécial d'enquête suédois sous la voix du colonel Bengt Jacobson lit une lettre du commandement en chef de l'état-major de la défense suédoise le 23 décembre 1946, le développement des enquêtes fut résumé.

Les observations du 9 au 11 juillet 1946 pourraient être des phénomènes célestes naturels selon 50 % des cas, le reste concerne des observations d'objets volants non identifiés bien réels dont 8% avec des ailes, des tubes ou sphères 42 % ayant occasionné 100 impacts de crash au sol supposés dont 30 ont été minutieusement fouillés par les services de l'intelligence militaire aucune corrélation avec des projectiles militaires n'est possible, aucun débris ne fut jamais trouvé.

Il s'agit d'autres sources inconnues, malgré tous les efforts déployés aucune preuve n'a été apportée pouvant prouver le survol de la Suédé par des objets militaires fusées ou autres, la commission d'enquête ne peut pas non pu exclure ou invalider que les phénomènes observés correspondent à l'imaginaire public, dans ses conclusions envoyées aux britanniques quelque chose d'inconnu s'est produit et il n'y a pas de réponse à ce jour.

Des extraits d'enregistrements radar et de relevés topographiques des vols furent partiellement déclassifiés en 1982 par l'armée suédoise qui est incapable d'expliquer pourquoi elle ne rend pas toutes les informations publiques s'il s'agit de météorites ou de ballons sondes en plastique, comme ils l'ont affirmé en 1946.

En décembre 1946 un officier des services de l'intelligence nord-américains donne son opinion personnelle sur l'interprétation des survols inconnus au-dessus de la Scandinavie et de la Suédé, le colonel Donald L. Hardy :

« Selon les autorités suédoises il s'agit d'une pluie de météorites le premier avis fut des fusées soviétiques souvenons-nous, l'officier de la CIA lut les rapports encore classés secrets et selon lui l'Etat Major de la défense suédoise n'apporte aucune preuve de survols d'ovnis, trois bases radars au sol et deux destroyers militaires en mer ont enregistré vingt-quatre heures sur vingt-quatre tous les vols inexpliqués, l'équipement électronique radar fut modifié et amélioré par les forces armées britanniques.»

Les survols inexpliqués de la Suède se firent dans toutes sortes de directions distinctes et démontrent l'existence d'objets réels, les rapports furent transférés dans une section spéciale de l'Etat Major de la Défense qui malgré son haut degré de scepticisme ne put considérer plus de mille rapports, dont 80 % étaient accompagnés d'effets lumineux, qu'ils pouvaient difficilement les positionner parmi les phénomènes naturels ou des essais militaires soviétiques, les caractéristiques linéaires de vol les classaient plutôt dans la catégorie des avions, bien que des crashes au sol furent signalés, jamais aucune particule de météorite ou reste d'obus ne fut retrouvé nulle part, ce qui est totalement impensable.

Le 19 juillet 1947

Les observations spectaculaires furent très intenses en 1946 et très peu en 1947, toutefois, le 19 juillet 1947, le journal Aftenposten, basé à Oslo, publiait un article intitulé :

Deux bombes-fusées ont-elles coulé à Mjosa ?

L'article était le suivant :

« Nous avons reçu ce matin d'un rapport sensationnel de la part d'un homme de Feiring, selon lequel deux bombes fusées se seraient écrasées contre Mjosa la nuit dernière. Elles avaient la forme d'avions ordinaires, mais plutôt petites, avec seulement 2½ mètres d'aile, arrivant entre minuit et minuit trente ce matin, depuis l'ouest à basse altitude, dans la partie sud de Feiring, où elles ont été vues par de nombreuses personnes.

Parmi elles, des observateurs de l'auberge Hasselbaken ainsi qu'à Arnes. La première qui volait en premier, n'était pas éclairée. Les gens les ont remarquées parce qu'ils ont entendu un sifflement fort et juste après elles sont arrivées à portée de vue à une vitesse incroyable.

Elles volaient si bas que les arbres se sont balancés après leur passage. Presque à mi-chemin à Mjosa, plus près du côté Feiring, l'eau a fait l'objet d'une grande éclaboussure et les embruns se sont dressés à plusieurs mètres de hauteur, là où les objets ont disparu. »

Moins de vingt-quatre heures plus tard, le journal Aftenposten publiait un article interrogateur :

« Des expériences avec des X Volants sont-elles en cours en Norvège ? ».

Il raconte une histoire fascinante :

« Jusqu'à présent, aucune corroboration de tous les rapports qui sont arrivés sur des avions fusées ou des projectiles de fusées, ont été observés à la fois dans ce pays et en Suède, entre-temps, les rapports ont été si nombreux et précis qu'ils ne peuvent plus être rejetés en tant que produits de l'imagination vivante des gens.

Il est loin d'être impossible qu'une ou plusieurs puissances étrangères mènent des expériences secrètes avec de nouvelles armes de type V. »

Année 1959

Plus de douze ans plus tard, l'épilogue des cigares volants et des sphères scandinaves ne trouve toujours pas d'issue, il s'étend même en Europe, en Union Soviétique ainsi qu'aux Etats-Unis d'Amérique dans une sorte de globalisation incontrôlée du phénomène.

Le 18 février 1959

Le 18 février 1959, le journal Travailleur Tagilsky publiait une courte note, une lettre d'un témoin oculaire sans aucun commentaire, à cette époque, le mot ovni était encore inconnu des citoyens soviétiques et il s'intitulait simplement phénomène inhabituel céleste :

« Hier, à 6 heures et 55 minutes, heure locale, une boule lumineuse de la taille du diamètre apparent de la lune est apparue dans l'est-sud-est à une hauteur de 20 degrés de l'horizon », a écrit A. Kissel, responsable adjoint des communications de la mine Vysokogorsky, la sphère lumineuse se dirigeait vers le nord-est.

Vers 7 heures, il y avait un éclair à l'intérieur, puis un noyau très lumineux de la boule est devenu visible, lui-même commença à briller plus intensément, un nuage lumineux apparut autour de lui.

Le nuage s'est étendu sur toute la partie orientale du firmament, penché en direction du sud, quand peu de temps après, un second éclair s'est produit, il ressemblait à un croissant de la lune. Peu à peu, le nuage a augmenté en taille, un point lumineux est resté au centre (la lueur était de magnitude variable).

La sphère s'est déplacée est-nord-est.

La plus grande hauteur au-dessus de l'horizon fut d'environ 30 degrés, elle fut atteinte vers 7h05. Poursuivant le mouvement, ce phénomène inhabituel s'est ensuite affaibli et dissipé :

« Pensant qu'il était en quelque sorte connecté en relation avec un satellite, j'ai allumé le récepteur, mais il n'y a pas eu de réception de signal. »

Pour ces propos parus dans le journal, le rédacteur en chef du journal a été sanctionné. Cet article figurait parmi les articles d'une des affaires pénales les plus inhabituelles jamais engagées en Russie. D'autres rapports sur le phénomène y ont été soigneusement archivés :

« Le 17 février, à 6 h 50, heure locale, un phénomène extraordinaire est apparu dans le ciel, tel le mouvement d'une étoile avec une queue ressemblant à un épais nuage », a déclaré Tokarev, technicien en météorologie, au chef du poste de police d'Ivdel.

Ensuite, cette étoile s'est libérée et séparée de la queue, est devenue plus brillante que les autres étoiles et s'est envolée, elle a progressivement commencé à gonfler, pour ainsi dire, a formé une grosse boule, enveloppée de brume.

Puis, à l'intérieur de cette boule, une étoile a pris feu, à partir de laquelle un croissant s'est formé, puis une petite boule, moins brillante.

La grosse boule a progressivement commencé à s'estomper, est devenue comme un flou. À 7h05, elle a complètement disparu, cette étoile se déplaçait du sud au nord-est.

Les soldats d'Ivdellag, en faction de service de garde, ont vu la même chose :

« Du côté sud, une boule blanc brillant est apparue, parfois enveloppée de brume, à l'intérieur, d'elle sortit une étoile à pois brillante », a déclaré le technicien A. Savkin, « Je suis allé au nord, elle y était visible pendant 8-10 minutes. »

Un autre soldat, Anatoly Leontievich Anisimov de l'unité militaire 6602 « B », a été interrogé deux mois plus tard par le procureur de la ville d'Ivdel :

« Le 17 février, j'étais au poste, à ce moment-là, sur le côté sud, une grosse boule est apparue, enveloppée dans la brume blanche d'un grand cercle.

En se déplaçant à travers le ciel, le ballon augmentait puis diminuait sa luminosité. Au fur et à mesure que la sphère diminuait, elle se cachait dans un brouillard blanc et, à travers seul un point lumineux était visible.

Périodiquement, le point lumineux augmentait en luminosité, et également en taille, prenant la forme d'une sphère en croissance constante. Elle sépara en quelque sorte comme de la brume blanche tout en augmentant sa densité sur les bords, puis se cacha de nouveau dans le brouillard. Il semblait que la sphère elle-même émettait ce brouillard blanc qui avait la forme d'un cercle.

La boule se déplaçait très lentement et à haute altitude, elle fut visible pendant environ 10 minutes, puis a disparu dans le nord, comme si elle avait fondu », le mercredi 28 août quelque chose explosa le soir dans un village du Jutland du Nord, au Danemark.

Les villageois disent avoir vu un corps en forme de sphère suivi d'une longue colonne d'étoiles, derrière elle, suivie du bruit d'une explosion.

La journaliste qui en savait un peu trop

Certains enquêteurs affirment qu'aucune mention du nom Spitzbergen n'a été trouvée dans les rapports du gouvernement norvégien, toutefois, une journaliste américaine du nom de Dorothy Kilgallen, connue pour sa participation au jeu télévisé What's My Life, affirma qu'une personne se trouvant à un niveau supérieur du gouvernement britannique l'avait informée qu'un ovni s'était écrasé près du Spitzberg et faisait l'objet d'une enquête par les forces armées britanniques et américaines.

Avant de minimiser quoi que ce soit, nous devons absolument replacer tout le contexte autour des survols d'ovnis depuis 1946 à 1952, précisément dans la région Arctique et dans une globalité plus large, toutes les observations ayant impliqué les forces armées américaines et leurs services de renseignement, car les références sont suffisamment nombreuses pour que l'on puisse exclure une vaste machination de désinformation massive de la part de l'agence de renseignement nord-américaine, sans toutefois pouvoir exclure pour autant, leur implication dans la diffusion de faux à des fins de désorienter et dévier l'opinion et bien entendu la presse.

Dorothy évoluait dans son époque et ne rechignait pas à porter à la connaissance publique les évènements du moment, allant de grands potins mondains à des affaires judiciaires très sérieuses, l'année 1952 croulait sous les apparitions d'ovnis, tout comme 1946 en son temps, entre temps le monde avait basculé suite à la soucoupe de Roswell cinq ans plus tôt, la journaliste était profondément sincère lorsqu'elle parlait des ovnis et qu'une source lui communiqua une formation, qu'elle fut vraie ou fausse.

Dorothy Kilgallen était une journaliste célèbre, qui fit la une des journaux en relatant l'histoire de l'enlèvement de la fille Lindberg en mars 1932.

Elle suivit le procès pour meurtre Sam Sheppard reconnu coupable du meurtre de sa femme Marilyn Reese Sheppard, début novembre 1954, dont l'histoire aboutit à de nombreux films, ou l'interview de Jack Ruby le célèbre tueur de Lee Harvey Oswald l'assassin présumé du président américain JFK, articles publiés au Los Angeles Examiner.

Plusieurs autres écrivains qui avaient travaillé sur l'affaire Oswald-Ruby étaient morts dit-on dans des circonstances inhabituelles suspectes et curieusement, le 8 novembre 1965, la journaliste Dorothy Kilgallen est retrouvée morte dans son appartement de New York, complètement habillée et assise dans son lit, à la suite selon la police de l'absorption d'un cocktail mortel d'alcool et de barbituriques létal.

L'affaire est complexe, certains disent que sa recherche de vérité dans ce meurtre lui coûta la vie. Aujourd'hui on la citerait comme lanceur d'alerte, alors était-elle proche de la vérité ?

Que savait-elle sur Ruby et la mafia ou du coup de fil anonyme passé en Grande Bretagne ?

Était-elle l'auteur du coup de fil anonyme ?

Un journal britannique a été prévenu de l'assassinat imminent de JFK en 1963, un mémo de la CIA daté de quatre jours après le drame rapporte qu'un reporter du journal local britannique Cambridge News a reçu un appel anonyme 25 minutes avant l'assassinat du président Kennedy :

« La personne a seulement conseillé au reporter d'appeler l'ambassade américaine à Londres à propos d'une information importante, avant de raccrocher », précise le vice-président de la Central Intelligence Agency (CIA) de l'époque, James Angleton, dans son mémo.

Aussitôt la nouvelle de l'assassinat annoncée, le journaliste a prévenu le MI-5 - les services secrets britanniques de ce mystérieux appel. L'informateur de la CIA au pseudo de Jaguar précise que cet inconnu n'avait jamais contacté auparavant les journalistes du Cambridge News.

OFFICIAL INVESTIGATION OF FLYING SAUCERS

REMAINS OF A SHIP HAVE BEEN EXAMINED

LONDON, May 23, 1955 (INS)

The Mindstry of Flying Saucers is expecting world-wide response to the information they have released, that the scientific and aeronautic authorities of Great Britain, -after having examined the remains of a mysterious airship of conventional form- have come to the conclusion that these strange flying objects do not represent optical illusions, nor are they Soviet inventions, but that we have to deal with objects that really fly and that originate from some other planet.

This sensational information was submitted by a British official to Dorothy Kilgallen, correspondent of International News Service in London. He asked that his name be not revealed.

The official told the representative of INS that: "Judging from the investigations made up to the moment,we believe that the saucers carry diminutive navigators, about 1.20 metres tall. It is embarrassing to admit it, but these flying saucers come from some other planet." He added that an airship of this type could not in any way have been constructed on Earth.

It is known that the British Government is preparing some information regarding the examination made of the remains of what is assumed to be a flying saucer but they are not making it public in order not to alarm the public.

ooOoo

Quoi que l'on dise de Dorothy Kilgallen, n'aurait jamais lâché le sujet de l'ovni, qu'il soit vrai ou faux, si elle était convaincue de sa source, elle continuait jusqu'au bout pour ses articles à sensation.

Alors pourquoi revint-elle sur le sujet des ovnis en 1955 et puis plus rien, elle ne donna aucune suite ?

Les instances gouvernementales lui ont-elles offert une autre monnaie en échange de son silence, quelques affaires plus médiatiques qui la propulseraient à un haut niveau journalistique avec des renseignements confidentiels exclusifs ? Document de la CIA : « Enquête officielle sur les soucoupes volantes, des débris d'un vaisseau ont été examinés. Cette information sensationnelle a été confiée par une source officielle britannique à Dorothy Kilgallen, correspondant d'International News Services à Londres. »

Les scientifiques et les autorités aéronautiques de Grande Bretagne, après avoir examiné les restes d'un aéronef mystérieux de forme non conventionnelle, en arrivent à la conclusion que ces étranges objets volants ne sont pas des illusions d'optique, ce ne sont pas des inventions soviétiques, mais des objets volants réels originaires d'une autre planète ». Ormis qu'elle soit liée à ces affaires d'ovnis, la journaliste Kilgallen est connue pour son enquête sur l'assassinat de JFK, elle traitait des sujets très sérieux ainsi que d'autres relevant de potins mondains très bien renseignés sur la jet-set britannique ou américaine.

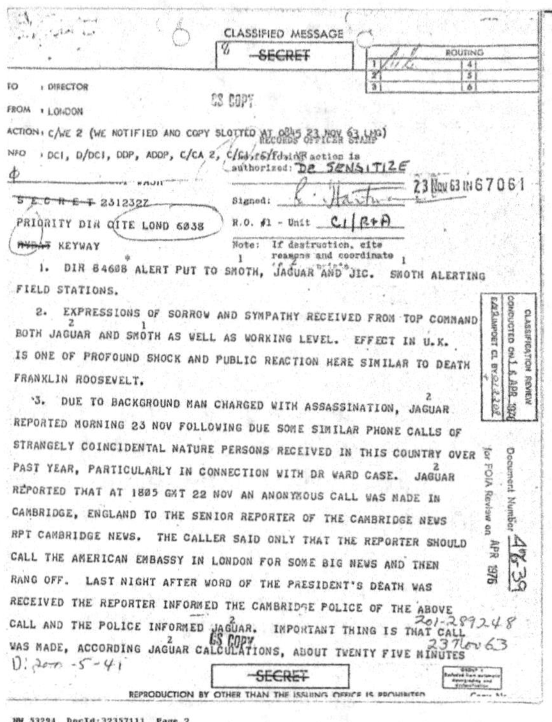

Le 23 novembre 1963 un message secret classé « priorité assez longue » 6038, transmis de Londres à destination du directeur de la CIA, au sujet de la mise en alerte de toutes les stations de terrain de la CIA par le Jaguar et JIC, un informateur inconnu à appelle un journaliste de Cambridge en Grande Bretagne.

Ce qui est important, c'est que cet appel ait été lancé, selon les calculs de Jaguar, environ 25 minutes avant que le président ne soit abattu. Keyway est défini comme Division CIA Europe, et DIR - 84608 aux mesures spécifiques prises par la CIA le même jour que l'assassinat du 22 novembre 1963. Le Jaguar tout comme JIC travaillaient très probablement au sein des renseignements britanniques. Une note dans les communications HSCA-CIA fait référence à Keyxay en tant qu'indicateur de la CIA en Europe, sans doute un agent du MI5. Jaguar, Smoth et Smyopia sont décrits comme des cryptonymes du service de renseignement britannique[43].

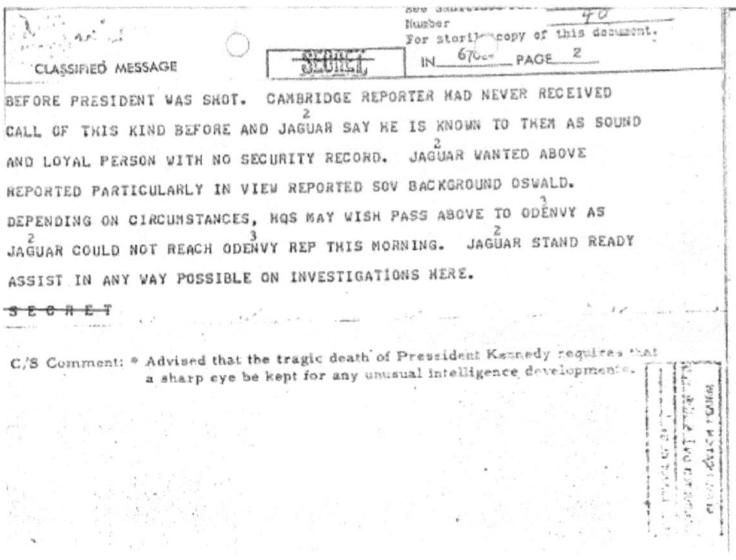

CLASSIFIED MESSAGE   SECRET   IN 670.. PAGE 2

BEFORE PRESIDENT WAS SHOT. CAMBRIDGE REPORTER HAD NEVER RECEIVED CALL OF THIS KIND BEFORE AND JAGUAR SAY HE IS KNOWN TO THEM AS SOUND AND LOYAL PERSON WITH NO SECURITY RECORD. JAGUAR WANTED ABOVE REPORTED PARTICULARLY IN VIEW REPORTED SOV BACKGROUND OSWALD. DEPENDING ON CIRCUMSTANCES, HQS MAY WISH PASS ABOVE TO ODENVY AS JAGUAR COULD NOT REACH ODENVY REP THIS MORNING. JAGUAR STAND READY ASSIST IN ANY WAY POSSIBLE ON INVESTIGATIONS HERE.

SECRET

C/S Comment: * Advised that the tragic death of President Kennedy requires that a sharp eye be kept for any unusual intelligence developments.

Le reporter de Cambridge n'avait jamais reçu ce type d'appel auparavant et le Jaguar dit qu'il le connait (le journaliste) et que c'est une personne loyale sans antécédent de sécurité (qui n'a pas posé problème de fiabilité).

« Le Jaguar demeure à disposition à Londres pour enquêter à ce sujet sur quelque voie d'investigation possible ici (Grande Bretagne), signé l'agent de liaison de la CIA à Londres JIC ».

---

[43] https://www.archives.gov/files/iwg/declassified-records/rg-263-cia-records/second-release-lexicon.pdf

Le sigle JIC désigne le comité conjoint du renseignement, un organe délibérant inter institutions chargé d'évaluer les informations fournies par les agences de sécurité et par d'autres organes gouvernementaux alliés. Un ancien officier des services de renseignement américains a décrit le travail conjoint avec cette commission JIC, comme le point fort du travail du chef de la CIA à Londres au contact des forces de renseignement alliées. Les présidents des comités mixtes des renseignements pour 1963 furent Hugh S. Stephenson puis Sir Bernard Burrows.

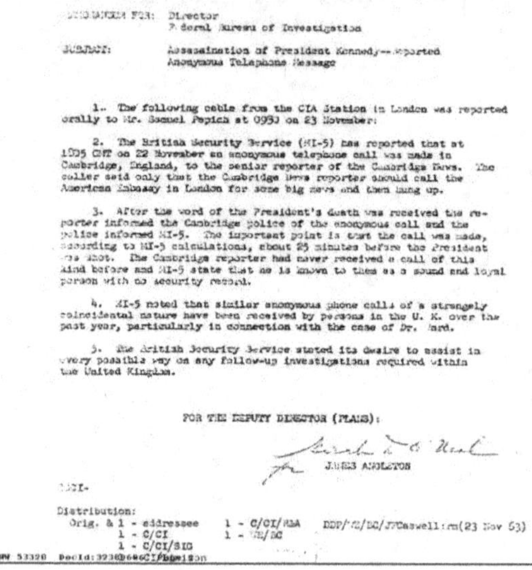

MEMORANDUM FOR: Director
                Federal Bureau of Investigation

SUBJECT: Assassination of President Kennedy--Reported
                Anonymous Telephone Message

1. The following cable from the CIA Station in London was reported orally to Mr. Samuel Papich at 0930 on 23 November:

2. The British Security Service (MI-5) has reported that at 1805 GMT on 22 November an anonymous telephone call was made in Cambridge, England, to the senior reporter of the Cambridge News. The caller said only that the Cambridge News reporter should call the American Embassy in London for some big news and then hung up.

3. After the word of the President's death was received the reporter informed the Cambridge police of the anonymous call and the police informed MI-5. The important point is that the call was made, according to MI-5 calculations, about 25 minutes before the President was shot. The Cambridge reporter had never received a call of this kind before and MI-5 state that he is known to them as a sound and loyal person with no security record.

4. MI-5 noted that similar anonymous phone calls of a strongly coincidental nature have been received by persons in the U. K. over the past year, particularly in connection with the case of Dr. Ward.

5. The British Security Service stated its desire to assist in every possible way on any follow-up investigations required within the United Kingdom.

FOR THE DEPUTY DIRECTOR (PLANS):

                                        JAMES ANGLETON

Distribution:
  Orig. & 1 - addressee   1 - C/CI/R&A   DDP/MB/DC/JFCaswell:mn(23 Nov 63)
          1 - C/CI   1 - MB/DC
          1 - C/CI/SIG

Note de la CIA à l'attention du FBI stipulant que le câble de l'agent Jaguar de la station de la CIA à Londres comportait les faits rapportés oralement par le journaliste Samuel Papich.

Le service de sécurité britannique (MI5) a indiqué qu'un appel téléphonique anonyme avait été passé à Cambridge, en Angleterre, le 22 novembre, auprès du principal reporter du Cambridge News. Le mémo de la CIA précise également que la même année, plusieurs personnes ont reçu des appels similaires :

« L'informateur inconnu a seulement déclaré que le journaliste de Cambridge News devait appeler l'ambassade américaine pour lui faire part de grandes nouvelles, puis raccrocha. Après l'annonce de la mort du président, le journaliste a informé la police de Cambridge de l'appel anonyme et la police a informé à son tour les services secrets britanniques du MI5. Le point le plus important est que l'appel a été passé, selon les calculs du MI5, environ 25 minutes avant que le président américain ne soit abattu. »

Le document est signé James Angleton, qui dirigea le service de contre-espionnage de la Central Intelligence Agency de 1954 à 1974.

Le journaliste de Cambridge n'avait jamais reçu un tel appel auparavant et le MI5 a déclaré qu'il était connu d'eux comme une personne solide et loyale, sans dossier de sécurité. Le document ne nommait pas le journaliste et l'hypothèse selon laquelle un appel aurait pu être passé n'apparut que dans les années 1970. Voilà le type de dossier sur lequel la journaliste Kilgallen travaillait dans ses enquêtes.

Nous pouvons en déduire sincèrement que la journaliste Kilgallen a été Informée de façon officieuse sans doute au cours d'une réunion mondaine réunissant des autorités et célébrités dont elle était coutumière d'au moins deux incidents, le premier, les fusées fantômes de 1946, date à laquelle les britanniques auraient récupéré des débris d'objets volants rapportés au Royaume Uni pour expertise, le second, la soucoupe volante du Yorkshire de 1952.

Un document de la CIA faisait référence à cet incident de disque volant de la Royal Air Force au Yorkshire en Angleterre, au cours de novembre 1952 :

« Un avion à réaction britannique Meteor rentrait sur l'aérodrome de Topcliffe, dans le Yorkshire, en Angleterre, peu avant 11 heures. Alors qu'il s'approchait de l'atterrissage, un objet argenté a été observé à sa suite, le suivant comme un pendule.

Le lieutenant John W. Kilburn du 269e Escadron de la Royal Air Force et d'autres observateurs sur le terrain ont déclaré que lorsque l'avion Météore a commencé à tourner autour, l'ovni s'est arrêté. Il était en forme de soucoupe volante parfaite et tournait sur son axe en vol stationnaire. Le disque a soudainement décollé vers l'ouest à grande vitesse, a changé de cap et a disparu au sud-est, de nombreux articles sont parus dans la presse à ce sujet. »

Sur cette période, une série de rapports significatifs d'ovnis tout particulièrement intéressants sont issus des manœuvres de l'armée britannique impliquée dans l'Opération Mainbrace de l'OTAN déployée en septembre 1952.

Les manœuvres ont commencé le 13 septembre et ont duré douze jours. Selon l'US Navy, des unités de huit gouvernements de l'OTAN et de la Nouvelle-Zélande ont participé, dont 80 000 hommes, 1 000 avions et 200 navires à proximité du Danemark et de la Norvège. L'Opération Mainbrac fut commandée par Sir Patrick Brind.

Le 13 septembre, le destroyer danois Willemoes, participant aux manœuvres, se trouvait au nord de l'île de Bornholm. Au cours de la nuit, le lieutenant-commandant Schmidt Jensen et plusieurs membres de l'équipage ont aperçu un objet non identifié, de forme triangulaire, qui s'est déplacé à grande vitesse vers le sud-est. L'objet a émis une lueur bleuâtre. Le commandant Jensen a estimé la vitesse à plus de 900 km / h.

La semaine suivante, quatre observateurs qualifiés ont assisté à quatre observations importantes. Diverses sources diffèrent d'un jour ou deux sur les dates exactes, mais s'accordent sur les détails.

L'authenticité des observations est incontestable, les cas britanniques ont été officiellement rapportés par le ministère de l'Air, les autres sont confirmés par des témoins fiables. Tout s'est produit autour du 20 septembre 1952.

Vers le 20 septembre, le personnel de l'USS Franklin D. Roosevelt, un porte-avions participant aux manœuvres de Mainbrace, a observé un objet argenté et sphérique en forme de soucoupe volante qui a également été photographié, mais les images n'ont jamais été rendues publiques. L'ovni a été vu se déplaçant dans le ciel derrière la flotte en manœuvre.

Le journaliste Wallace Litwin prit une série de photographies en couleurs qui ont été examinées par la renseignement militaire de la marine, à ce sujet, le capitaine Ruppelt, chef de projet de l'armée de l'air, a déclaré :

« Les photographies se sont révélées excellentes, à en juger par la taille de l'objet sur chaque photo, on pouvait voir qu'il se déplaçait rapidement. La possibilité qu'un ballon ait été lancé depuis l'un des navires était immédiatement vérifiée. Aucune unité n'avait lancé de ballon. Une des photographies apparaît dans les fichiers du projet Blue Book, mais sans rapport d'analyse. »

Le 20 septembre 1952 à Karup Field, au Danemark, trois officiers de l'armée de l'air danoise ont aperçu un ovni vers 19h30. L'objet, un disque brillant d'aspect métallique, volé en direction de la flotte et a disparu dans les nuages à l'est. Le 21 septembre 1952, six pilotes britanniques pilotant une formation de jets de la RAF au-dessus de la Mer du Nord ont observé une sphère brillante approchant de la direction de la flotte. L'ovni a échappé à leur poursuite et a disparu. En revenant à la base, l'un des pilotes s'est retourné et a vu l'ovni derrière-lui le suivre. Il s'est retourné pour le chasser, mais l'ovni s'est également retourné et a filé à toute vitesse.

Les 27 et 28 septembre 1952, dans toute l'Allemagne occidentale, le Danemark et le sud de la Suède, de nombreux cas d'ovnis ont été signalés.

Un engin lumineux indéterminé, avec une queue ressemblant à une comète était visible pendant une longue période en se déplaçant irrégulièrement près de Hambourg et de Kiel. À une occasion, trois objets satellites ont été rapportés se déplaçant autour d'un objet plus grand.

Un objet en forme de cigare géant, sorte de tube se déplaçant silencieusement vers l'est a également été signalé.

La documentation existante montrant que les services de renseignement de la marine et de l'aviation américaine et la RAF étudiaient ces incidents, on peut supposer en toute sécurité qu'il existe davantage d'informations dans les dossiers de l'OTAN, du ministère britannique de l'Air, de la US Navy et de l'US Air Force. Les observations demeurent encore inexpliquées à ce jour.

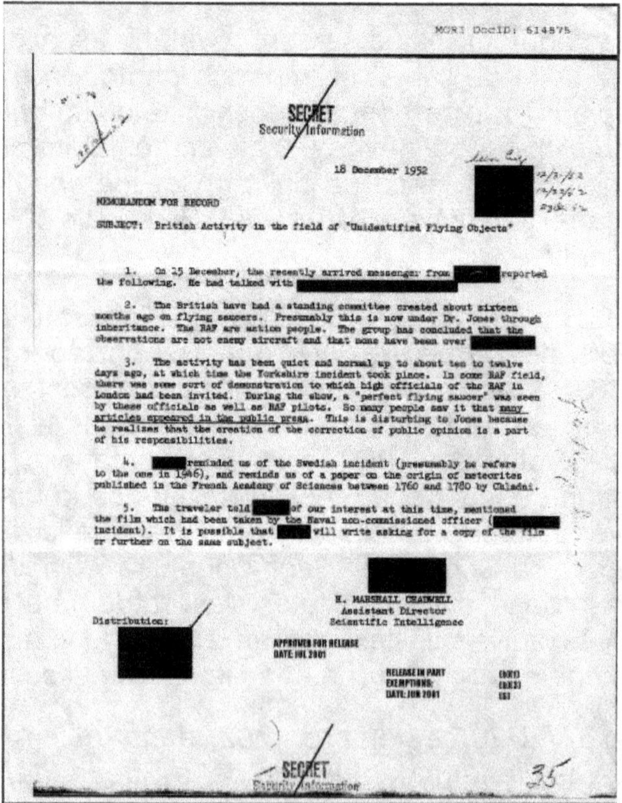

document secret du 10 décembre 1952 : Activité britannique au sujet de l'ovni du Yorkshire

Activité britannique au sujet de l'ovni du Yorkshire de 1952, rapport secret du 18 décembre 1952, la CIA précise qu'un comité destiné à enquêter sur les soucoupes volantes nommé DI 55, fut créé en Grande Bretagne aux environs du 28 novembre 1952.

Lors d'une démonstration de la RAF, une manifestation non publique dont de hauts responsables de la RAF à Londres furent témoins. Durant le déroulement le spectacle aérien, une soucoupe volante parfaite a été vue par ces officiels ainsi que par les pilotes de la RAF. Beaucoup de personnes l'observèrent et quantité d'articles ont paru dans la presse publique.

Le Premier ministre anglais Winston Churchill a classifié ces informations sur les ovnis pendant 50 ans, sa croyance vis-à-vis des extraterrestres s'est renforcée pendant la Seconde Guerre Mondiale. D'après les documents que le ministère britannique de la défense a déclassifiés il n'y a pas si longtemps, il s'ensuit que les objets volants de nature non identifiée furent remarqués pendant la Seconde Guerre mondiale devaient être signalés directement à Churchill.

Le garde du corps personnel du Premier ministre britannique fut témoin de ses discussions avec Dwight Eisenhower, à ce moment-là, il commandait les forces alliées en Europe, il s'agissait d'un incident survenu avec un avion de reconnaissance britannique. Sur le chemin de la France dans la Manche, il a été dépassé par un grand objet métallique en forme de disque. L'observateur qui était présent à l'époque a expliqué que l'objet ne pouvait pas être un projectile ou une fusée, parce qu'il a fait des actions impensables, il a ralenti puis a accéléré.

Après cet incident, Churchill a ordonné de classer les informations sur les rencontres avec des OVNIS pendant 50 ans. Parce que, à son avis, elles étaient capables de provoquer la panique dans la société.

Le 28 juillet 1952, Churchill envoya au ministère de la Défense une note dans les termes suivants : « A quoi servent toutes ces sottises à propos des soucoupes volantes ? Qu'est-ce que cela signifie ? Quelle est la vérité ? Donnez-moi un rapport à tout moment qui vous conviendra »

What does all this stuff about flying saucers amount to? What can it mean? What is the truth? Let me have a report at your convenience.

La réponse à sa note du 9 août 1952 expliquait qu'après une étude des services de renseignement, les soucoupes volantes pouvaient être expliquées par l'une ou l'autre des quatre causes suivantes : des phénomènes astronomiques ou météorologiques connus, l'identification erronée d'aéronefs conventionnels, de ballons et d'oiseaux, d'illusions d'optique et de délires psychologiques ou de canulars délibérés.

Churchill décida quand même de fonder, une unité DI55 au Royaume Uni, aux environs du 28 novembre 1952, selon le mémo de la CIA daté du 18 décembre 1952, elle fut chargée de collecter et à analyser des informations sur les soucoupes volantes provenant de sources d'observations militaires.

Il n'y a aucune information sur les premières études du service DI55, mais dans l'un de leurs rapports déclassifiés portant sur la période de 1985 à 1995, il est écrit :

« Si nous expliquons le comportement des ovnis par des hypothèses sur les origines extraterrestres, alors il faut bien admettre que cela nécessite des forces qui dépassent le savoir humain et qui contredisent les lois de la physique. Il s'avère qu'ils possèdent des propriétés antigravité, utilisent la téléportation, utilisent des moteurs qui ne fonctionnent pas avec la propulsion par réaction, utilisent des champs de force d'une nature inconnue de l'humanité ... »

L'intérêt pour les ovnis au Royaume-Uni a été alimenté par une nouvelle enquête gouvernementale menée secrètement pendant cinq ans de 1950 au 24 avril 1956, par le département secret DI 55.

En 2012 le chercheur David Clarke de l'université de Sheffield découvre dans les archives de Winston Churchill, conservées à l'université de Cambridge des documents se référant au Baron Edwin Duncan Sandys, ministre britannique de l'aviation au sujet d'une enquête sur un incident mystérieux survenu avec le pilote force aérienne Hughes Roland[44].

C'est l'un des récits les plus intéressants d'une apparente rencontre avec un ovni, jugé si crédible qu'il a apparemment convaincu un ministre britannique. Le sergent Hughes a rapporté que le 30 juillet 1952, il avait clairement vu un OVNI lors d'un vol d'entraînement au-dessus de l'Allemagne de l'Ouest à bord d'un appareil FB9 Havilland Vampire.

Ses collègues pilotes le surnommèrent Sam et peignirent une soucoupe volante à l'avant et sur la gauche de son cockpit suite au rapport officiel d'observation qu'il avait rédigé.

Alors qu'il rentre à la base, il déclare avoir été intercepté par un disque métallique argenté brillant qui volait le long de son avion avant de prendre la vitesse. L'objet mystérieux a également été détecté par les radars au sol de la RAF, qui l'avaient enregistré alors qu'il se déplaçait à des vitesses bien supérieures à celles de tout aéronef connu.

Hughes rapporte l'observation à ses officiers supérieurs qui l'ont envoyé voir Duncan Sandys, le ministre de l'aviation de l'époque, pour l'informer personnellement.

---

44 https://www.telegraph.co.uk/news/newstopics/howaboutthat/ufo/9292417/The-UFO-sighting-that-convinced-a-Government-minister.html

Le pilote disait qu'au début, il avait été aveuglé par un flash lumineux, puis que quelque part au-dessus de lui était apparu un objet brillant, il était tombé d'en haut et avait volé juste devant son avion (Havilland Vampire). L'ovni était assez proche de lui sur son parcours de vol. Hughes a vu qu'il s'agissait d'un disque en argent métallique avec une surface complètement lisse, comme recouverte d'un mince film. Le sergent n'a pas remarqué de rivets.

Hughes a estimé le diamètre du disque à environ 30 mètres de diamètre, à titre de comparaison il correspondrait à l'envergure d'un bombardier Lancaster. De retour à la base de la Royal Air Force dans la région d'Oldenburg, le pilote dépose un rapport sur ce qui s'est passé.

Et il a dit qu'un disque argenté étincelant après quelques minutes de vol commun au sien puis il a soudainement pris de la vitesse et a disparu de sa vue dans le ciel.

La dernière manœuvre de l'ovni fut repérée par le radar de base aérienne. Leurs données ont montré que le disque se déplaçait plusieurs fois plus vite que tout avion existant à ce moment-là.

La base aérienne ou atterrit l'avion, est située dans le Land de Basse-Saxe au nord de l'Allemagne de l'Ouest entre la ville de Brême située à l'est, et la ville de Groningen aux Pays-Bas à 500 km de la Norvège, direction vers laquelle volait l'ovni.

Hughes a été auditionné écouté par les autorités à plusieurs reprises, elles prirent le témoignage du jeune pilote de 23 ans, étonnamment, très au sérieux.

Une rencontre fut organisée avec Edwin Duncan Sandys, qui était à l'époque le ministre de l'Aviation, il auditionne personnellement le pilote et rédige un mémorandum au scientifique en chef du gouvernement, Frederick Alexander Lindemann, 1er vicomte Cherwell, physicien britannique et conseiller scientifique influent auprès du gouvernement britannique du début des années 1940 au début des années 1950.

Confident de Winston Churchill. Cherwell a assisté à des réunions du cabinet de guerre, accompagné le Premier ministre à des conférences avec Roosevelt et Staline, il a accès à des informations confidentielles et dîné régulièrement avec le Premier ministre chez-lui comme un intime très proche.

Le ministre Duncan Sandys a souligné :

« Je ne doute pas que Hughes a vu le phénomène décrit par de nombreux témoins oculaires aux États-Unis de la fin des années quarante. »

Winston Churchill avait une conviction personnelle très affirmée au sujet de l'existence d'objets en provenance d'autres mondes habités.

Dans un essai de 11 pages intitulé : « Sommes-nous seuls dans l'univers ? », récemment mis au jour, envoyé à son éditeur le 16 octobre 1939, quelques semaines seulement après le début de la Seconde Guerre mondiale et la prise de fonctions par Churchill du cabinet de guerre. Le document fut révisé par la suite, il s'interrogeait sur les chances de survie sur d'autres planètes. Il le révisa légèrement à la fin des années 1950 alors qu'il séjournait dans le sud de la France dans la villa de son éditeur, Emery Reves.

Par exemple, il a changé le titre de Sommes-nous seuls dans l'espace ? Par Sommes-nous seuls dans l'univers ?

Wendy Reves, la femme de l'éditeur, a transmis le manuscrit aux archives du US National Churchill Museum dans les années 1980 et il ne fut redécouvert par Riley, qui est devenu directeur du musée qu'en mai 2016.

L'essai se termine avec impatience :

« Avec des centaines de milliers de nébuleuses contenant chacune des milliards de soleils, il y a de fortes chances pour qu'il y ait un nombre immense de planètes dont les planètes ne rendraient pas la vie impossible. »

Un proche de Churchill, son garde du corps dit-on, aurait assisté à une conversation entre le Premier ministre et le général Dwight Eisenhower au sujet d'une soucoupe volante dans le cadre d'une réunion au sujet d'une succession d'observations par les équipages aériens alliés durant la Seconde Guerre mondiale.

Les fichiers confidentiels britanniques portent sur 11 000 observations d'ovnis répertoriées par le gouvernement britannique entre le début des années 1900 et 2000, elles doivent être publiées dans le cadre d'une déclassification des fichiers du ministère de la défense, moyennant le paiement à chaque téléchargement sur leur site internet. Un événement a été discuté par M. Churchill et le général Eisenhower, dont aucun ne savait ce qui avait été observé. Il était généralement impossible pour l'une ou l'autre partie de faire correspondre ce récit plausible à un quelconque avion connu, une autre personne a évoqué la possibilité d'un objet volant non identifié, M. Churchill a alors déclaré que l'incident devait être immédiatement classifié pendant au moins 50 ans et que son statut de secret défense ne devait être revu que par un futur Premier ministre.

Dans ce contexte la journaliste Dorothy Kilgallen rencontra sans doute Churchill, elle était l'un des plus importants chroniqueurs de commérages en Amérique en en Grande Bretagne.

Tous les potins mondains entendus étaient source d'inspiration, et elle avait aussi rencontré Pamela Churchill lors de cocktails. C'est au sein de ces mondanités qu'aurait pu intervenir Pamela Beryl Harriman, également connue sous le nom de Pamela Churchill Harriman, dont le premier mari n'était autre que Randolph Churchill, le fils du premier ministre Winston Churchill dont elle finit par demander le divorce en décembre 1945, le journaliste Sir Max Hugh Macdonald Hastings déclarait d'elle qu'elle côtoyait les grands de ce monde et savait beaucoup de choses, ce pouvaient être des anecdotes anodines comme des sujets très sérieux, et ils est probable qu'elle ait été une ou là grande source des confidences de Dorothy Kilgallen lors de cocktails mondains très sélects dans la haute société londonienne.

Proche du président Bill Clinton en 1992, elle réussit à amasser plus d'un million de dollars pour sa campagne, elle fut nommée à Paris en tant qu'ambassadrice des États-Unis en France en mai 1993, Pamela Beryl Harriman est décédée le 5 février 1997, à l'âge de 76 ans, des suites d'une hémorragie cérébrale, survenue alors qu'elle nageait dans la piscine de l'hôtel Ritz à Paris, deux jours après à hôpital américain de Neuilly.

Selon l'historien Michael Beschloss : « Elle était très gracieuse dans de nombreux mondes différents, une femme tout aussi capable de traverser le monde de Winston Churchill pendant une guerre mondiale que de manœuvrer dans la vie diplomatique à Paris. »[45].

---

[45] http://scandalouswoman.blogspot.com/2009/07/last-courtesan-life-of-pamela-digby.html

Dorothy Kilgallen fut liée au crash d'ovni au Spitzberg de 1952, dont un des premiers articles sur le crash a été publié pour la première fois dans le journal allemand Saarbrücker Zeitung en juin 1952.

L'article était intitulé Auf Spitzbergen Landete Fliegende Untertasse.

Rapidement il fut repris par plusieurs autres journaux allemands, dont beaucoup citent Le Stuttgarter Tagerblatt comme source originale de l'information. Le journal détenait une bonne réputation. L'histoire stipulait que des avions à réaction de l'armée de l'air norvégienne, avaient repéré un ovni accidenté alors qu'il survolait le Spitzberg lors de manœuvres. L'engin était en forme de disque avec une série de jets autour du bord du disque pour le faire tourner.

Selon ce premier article sur l'accident, l'engin était un véhicule téléguidé avec des écritures en russe sur les commandes, mais comme l'histoire s'est embellie au fil des ans et des ufologues enquêteurs, elle a rapidement été majorée de sept membres d'équipage extraterrestres mort dans l'accident (Spitzbergen 1952 écrit par Loy Lawhon) et perdu de sa crédibilité initiale.

Le Saarbrücker Zeitung fut publié pour la première fois comme journal hebdomadaire en 1761 sous le titre Nassau-Saarbrückisches Wochenblatt, après plusieurs changements de nom et de fréquence, il est apparu depuis 1861 sous son titre actuel, déprivatisé par l'État de la Sarre qui en devint le propriétaire en 1956, reprivatisé en 1969. En 1952 la Sarre allemande est sous contrôle militaire français de 1944-1957 et sous zone d'influence de l'OTAN, et de la CIA qui aurait pu influer sur l'article. C'est un détail d'importance, certains se demandent si toute cette affaire d'ovni du Spitsbergen ne fut à l'origine qu'une manipulation des médias par la CIA à titre d'étude pour analyser les conséquences sur les masses et les gouvernements.

La célèbre journaliste Kilgallen de l'International New Service, fut-elle manipulée à son insu ?

Le dimanche 22 mai 1955, elle publie la note spectaculaire suivante dans colonnes d'un journal nord-américain Los Angeles Examiner :

« Des scientifiques et aviateurs britanniques, après avoir examiné l'épave d'un vaisseau volant mystérieux, sont convaincus que ces objets aériens étranges ne sont pas des illusions d'optique ou des inventions soviétiques, mais sont des soucoupes volantes en provenance d'une autre planète.

La source de mon information est un responsable britannique au niveau du cabinet préférant rester anonyme, nous pensons, sur la base de notre enquête à ce jour, que les soucoupes étaient pilotées par de petits hommes, probablement de moins de 4 pieds de haut. C'est effrayant, mais on ne peut nier que les soucoupes volantes viennent d'une autre planète.

Les scientifiques officiels cités disent qu'un vaisseau volant de ce type ne pourrait pas avoir été construit sur Terre. Le gouvernement britannique, ai-je appris, conserve un rapport officiel sur l'examen de la soucoupe volante en ce moment, peut-être parce qu'il ne souhaite pas effrayer le public. »

Le lundi 8 novembre 1965, Kilgallen est trouvée morte dans son appartement de New York, entièrement habillée et assise dans son lit, au n°45 E. 68ème Rue, elle avait 52 ans. L'acteur et producteur Richard Kollmar son mari, ainsi que leur plus jeune enfant, Kerry, dormaient dans d'autres pièces lorsqu'elle mourut.

Les notes de son interview avec Ruby et l'article qu'elle écrivait sur le cas ovni ont disparu.

L'auteur de la théorie du complot Jim Marrs explique à ce sujet :

« Quelles que soient les informations que Kilgallen ait apprises et de quelque source que ce soit, de nombreux chercheurs pensent que cela a provoqué sa mort étrange. Elle a déclaré à l'avocat Mark Lane :

« Ils ont tué le président [et] le gouvernement n'est pas prêt à nous dire la vérité, à d'autres amis, elle a déclaré, « cela doit être une conspiration. »

Une semaine plus tard, dans le numéro du 15 novembre 1965, le Journal américain a cité l'assistant du médecin légiste James Luke sur ce qui s'était passé, la mort de Dorothy Kilgallen, chroniqueuse américaine et personnalité de la télévision, a été alimentée par une combinaison de quantités modérées d'alcool et de barbituriques.

Dans son rapport d, le Dr James Luke, médecin légiste adjoint, a déclaré que :

« Même si Mlle Kilgallen n'avait que des quantités modérées de chacun, l'effet de la combinaison avait arrêté son cœur. »

Ces informations proviennent d'un ensemble de documents comprenant le formulaire Rapport de décès du bureau du médecin légiste en chef, le rapport d'autopsie effectuée par le médecin légiste subalterne James Luke en présence des médecins Sturner et Baden :

« L'examen du corps sur les lieux n'a révélé aucun traumatisme et aucun signe de violence [sic]. L'autopsie n'a révélé aucune blessure pouvant expliquer sa mort, aucune preuve d'une lutte ni aucune pilule ni contrainte de pilules dans sa gorge »

La vérité est bien plus complexe et inquiétante, affirme l'avocat et auteur chevronné Mark Shaw, qui publia le polar : Le journaliste qui savait trop, édité chez Post Hill Press / Simon & Schuster.

Dans une lettre au procureur du district de Manhattan, Cyrus Vance Jr.Shaw cite de nouvelles preuves découvertes par lui et d'autres personnes. Elles comprennent les résultats de laboratoire jamais publiés avant de l'autopsie de Kilgallen, obtenus en vertu de la loi sur la liberté de l'information. Ils révèlent la présence de deux barbituriques supplémentaires dans le système sanguin de Kilgallen, le Tuinal et le Nembutal, et pas seulement le Seconal qui lui seul fut détecté lors de l'autopsie initiale, un somnifère pour lequel elle avait une ordonnance.

Les tests ont également révélé la présence d'un résidu de poudre sur un verre trouvé à son chevet, suggérant que quelqu'un a ouvert des gélules et versé de la drogue dans sa boisson, écrit Shaw.

Le Dr Michael Baden, qui est devenu plus tard le médecin légiste en chef de la ville, a déclaré que la posologie dans le sang de Kilgallen contenait l'équivalent stupéfiant de 15 à 20 capsules de 100 milligrammes de Seconal.

Shaw affirme que la scène de la mort a été mise en scène avec une bouteille de somnifère vide et un verre à boire sur la table de nuit. Il théorise que l'assassin de Kilgallen l'avait accompagnée dans l'appartement : « Les flics n'ont jamais cherché d'empreintes digitales », a-t-il signalé.

Contrairement aux affirmations des ufologues selon lesquelles elle aurait été réduite au silence en raison des dossiers ovnis, les orientations de suicide ou d'assassinat par les complotistes dans l'affaire de l'assassinat de JFK prennent le pas, à ce jour l'enquête est close, ses dossiers sur les ovnis et sur JFK ont disparu le jour de son décès, seules quelques notes brouillons confiées à un ami et totalement insuffisantes survécurent.

Dans un article concernant les histoires de soucoupes et d'extraterrestres capturés, Jerome Clark et Marcello Truzzi, indiquent que le 23 mai 1955, que la chroniqueuse de presse Dorothy Kilgallen a écrit que des scientifiques et des aviateurs britanniques, après avoir examiné l'épave d'un mystérieux vaisseau volant, sont convaincus que ces objets aériens étranges sont de réelles soucoupes volantes qui sont originaires d'une autre planète, mais pourquoi ressortait-elle l'histoire de 1946 en 1955 ?

A moins qu'il se soit agi d'une autre affaire plus récente corroborant la première l'ovni de 1952 ?

Dans son livre The UFO Book, Jerome Clark note dans une page au sujet d'histoires d'ovnis écrasés, que le 23 mai 1955, la chroniqueuse de presse populaire Dorothy Kilgallen a écrit :

« Je puis rendre compte aujourd'hui d'une histoire qui est franchement effrayante, pour ne pas dire qu'elle donne la chair de poule.

Des scientifiques et des aviateurs britanniques, après avoir examiné l'épave d'un mystérieux vaisseau volant, sont convaincus que ces objets aériens étranges ne sont pas des illusions optiques ou des inventions soviétiques, mais sont de réelles soucoupes volantes qui sont originaires d'une autre planète. »

Elle disait que sa source était un fonctionnaire britannique du niveau ministériel qui préfère demeurer non identifié, et Clark note qu'elle n'a eu rien de plus à dire ni à ce moment ni plus tard, et rien de plus n'a fait surface depuis pour étayer son histoire dont il pourrait s'agir d'un ragot obtenu par elle dans une soirée mondaine dont elle était coutumière.

Clark rappelle que le fonctionnaire en retraite des services diplomatiques Britanniques et rédacteur de la Flying Saucer Review, Gordon Creighton, avait affirmé que Kilgallen a obtenu l'histoire à un cocktail en mai 1955, auprès de Lord Mountbatten, et qu'au moins un de ces crashes, lui a-t-on dit, a eu lieu pendant la deuxième guerre mondiale.

Cependant, selon l'ufologue et journaliste Timothy Good, la secrétaire particulière de Mountbatten, Mollie Travis, a démenti cette affirmation.

Kenny Young cite le bref article par Todd Biggs liant l'histoire de Kilgallen à un accident d'ovni du Spitzbergen, et explique qu'en dépit de sa recherche approfondie dans les archives du New York Journal à partir d'avril 1947 jusqu'à juin 1947, il n'a trouvé pas trouvé trace d'une telle histoire. Il confirme que l'histoire est apparue le 23 mai 1955 dans le Cincinatti Enquirer et fournit une transcription de l'article.

Il ajoute qu'il a trouvé l'info sur, tandq.enterprises.future.easyspace.com, dans un extrait intitulé, Historique Des Cas Numéro 1, Le Roswell Britannique, dans lequel l'auteur énonçait :

« Le diplomate retraité et officier du renseignement Gordon Creighton a dit qu'il pensait que la source de Kilgallen pour l'article de 1955 était lord Mountbatten. »

Il soutient que l'histoire de Kilgallen a été soutenue par le Dr. Olavo Fontes, un chercheur ufologue brésilien des années 50.

Dave Clarke et Andy Roberts indiquent qu'en 1955, Dorothy Kilgallen, une chroniqueuse affiliée au bureau de Londres de l'agence de nouvelles International News Services (INS).

Elle a produit une histoire journalistique sensationnelle affirmant que des scientifiques et des aviateurs avaient examiné des restes d'un mystérieux vaisseau volant qui s'est écrasé en Grande-Bretagne, et ont été convaincus que ces étranges objets volants ne sont pas des illusions optiques ou des inventions soviétiques, mais de vraies soucoupes volantes originaires d'une autre planète. Les auteurs indiquent que par la suite, ont été ajoutées des affirmations que la soucoupe était pilotée par de petits hommes.

Les auteurs expliquent que Kilgallen collectait beaucoup d'on-dit à des soirées mondaines où elle fréquentait l'aristocratie, la royauté et de hauts gradés des armées et des ministères.

La rumeur a également colporté que Lord Mountbatten était la source secrète de l'histoire de Kilgallen, et que c'était sans nul doute plausible, puisqu'elle aurait pu l'avoir rencontré souvent à ces soirées mondaines. Cependant, une fois que l'ufologue Ted Bloecher, en 1957, s'est enquis de ce qu'il en était, Mountbatten lui a fait répondre qu'il n'a aucune connaissance que le gouvernement britannique aurait récupéré la moindre soucoupe.

Il s'avère que la journaliste avait un niveau d'accréditation élevée et était invitée à des soirées où étaient conviés de très hauts responsables de la vie politique, des artistes célèbres, des personnalités publiques et cinématographiques, bien que le nom de Lord Mountbatten ne puisse être totalement écarté, il est potentiellement admis qu'elle avait sans doute pu rencontrer le Premier ministre anglais Winston Churchill, le Baron Edwin Duncan Sandys, ministre britannique de l'aviation et l'Américain H. Marshall Chadwell, Assistant Directeur de l'OSI (ancêtre de la CIA) basé à Londres durant la guerre, devenu directeur du centre de recherches au sujet des ovnis pour la CIA, l'ATIC.

Chadwell fréquentait la haute société londonienne lors de soirées mondaines et de toute évidence c'est là que la journaliste glanait ses informations, notamment au sujet de la rencontre du 30 juillet 1952 au-dessus de l'Allemagne de l'Ouest à bord d'un appareil FB9 Havilland Vampire à la base de la Royal Air Force dans la région d'Oldenburg.

Ces trois hauts responsables avaient tous expressément œuvré pour la recherche au sujet des ovnis, on peut se demander quel rôle jouait un directeur de la CIA dans ces rencontres mondaines informelles à Londres.

Elle était journaliste accréditée pour le Royaume Uni, aussi nous allons nous pencher sur les affaires connues d'ovnis en Grande Bretagne sur la période de milieu des années 50, qu'elle a forcément connues puisque commentées en haut lieu :

Le 30 juillet 1952 au-dessus de l'Allemagne de l'Ouest à bord d'un appareil FB9 Havilland Vampire un pilote rencontre une soucoupe volante, l'ovni est enregistré par les radars militaires au sol de la base de la Royal Air Force dans la région d'Oldenburg, le rapport de l'incident est expédié à Winston Churchill en personne.

Le 17 mai 1955, un disque volant est observé par un homme âgé de 44 ans dans un bâtiment de Fell à Upwell.

Le 25 mai 1955 à 22 h 20, un objet ayant une apparence et des performances dépassant les capacités d'un aéronef terrestre connu a été aperçu et longuement observé dans la ville de Russell pendant plus de trois minutes.

Le 27 mai 1955 à 13 h 00, un disque chromé parfaitement circulaire vole rapidement à grande vitesse vers le nord-ouest. Reflétant le soleil, ce disque volant métallique chromé, a été observé par les habitants d'Ecclesfield pendant plus d'une minute.

Le 30 mai 1955 à 15h45 un objet non identifié a été aperçu à Bedford, mais son apparence et son comportement auraient très probablement une explication conventionnelle.

Le 17 juillet 1955 à midi, sur le chemin King Harold's Way à Bexleyheath, dans le quartier londonien de Bexley, un objet en forme de soucoupe volante de 10 mètres de large (20 ou trente pieds de large selon les témoins) planait à quelques mètres au-dessus d'une rue en plein jour, la soucoupe fut observée très nettement par Margaret Fry et son médecin le Dr Thukarta qui décéda dix ans plus tard en 1965[46] :

« C'était par une journée très chaude sans nuages, les moteurs des voitures à proximité de l'objet ont calé. La soucoupe volante fut vue par une trentaine de personnes, elle faisait un bruit de bourdonnement avant d'atterrir à la jonction des chemins Ashbourne et Whitfield. Mme Fry a déclaré qu'il y avait aussi ce qui ressemblait à trois sphères incrustées dans sa base, dont l'une avait atterri sur le sol à la jonction de la proximité d'Ashbourne et de Whitfield Road. »

La soucoupe volante a survolé l'école primaire de Bedonwell où un groupe de douze enfants qui jouaient à proximité l'ont vue et sont allés l'examiner de plus près, avant qu'elle ne se lève du sol vers le ciel et ne disparaisse très rapidement de vue au bout de quelques minutes. La soucoupe fut décrite dans des tons de couleur de texture bleue, argent, gris, était d'aspect métallique[47].

M. Fairman, de Bexleyheath, dit avoir vu une soucoupe très similaire avec son ami Roy Beadle, Ils étaient en train de promener leur chien de Ray dans une vieille ferme de Bexleyheath, connue sous le nom de Warren (maintenant le secteur de Warren Road) :

---

[46] Booth, B. J. The 1955 Bexleyheath UFO Encounter, UFO Casebook Files.
[47] https://en.wikipedia.org/wiki/Reported_UFO_sightings_in_the_United_Kingdom Bexleyheath https://www.ufocasebook.com/bexleyheath1955.html

« C'était tard dans l'après-midi. Nous venions de rentrer de l'école de Bexleyheath et nous avions le jeune border Border Collie de Ray avec nous. Nous l'avons vu descendre et planer à environ 18 pieds (environ 500 mètres) au-dessus du sol. Il n'y avait pas de bruit du tout. Nous nous sommes jetés au sol. Le chien, qui était jeune et généralement vif, s'allongea entre nous, nous perdîmes toute trace du temps »

Le border collie est une race de chien de troupeau originaire de la frontière entre l'Angleterre et l'Écosse, c'est un chien de travail qui seconde les agriculteurs dans la conduite du bétail aux champs.

M. Maynard avait quinze ans à l'époque et travaillait comme ouvrier sur un chantier de construction près de Streamway, il se souvient très bien de l'incident :

« Nous étions à l'heure du déjeuner quand nous avons appris que quelque chose se passait à King Harold's Way. Nous sommes donc allés y faire un tour.

Cette chose avait atterri sur la chaussée. Elle a pris toute la largeur de la route et s'est chevauchée sur les trottoirs.

Elle ne touchait pas le sol, il y avait environ huit ventouses massives. Le centre était immobile, mais le bord extérieur tournait lentement et des lumières blanches clignotaient, comme un flash d'appareil photo », se souvient-il.

« Nous étions environ trente à le regarder. Nous pouvions l'entendre bourdonner.

Il y avait ce qui ressemblait à des fenêtres mais le verre était concave et moulé de sorte que vous ne pouviez pas voir à l'intérieur. Nous sommes allés quelques-uns pour essayer de le toucher et ça a commencé à tourner plus vite.

Puis il s'est soulevé lentement du sol et a plané au-dessus de nos têtes, en s'inclinant légèrement. »[48]

L'ufologue Gordon Creighton écrivit une lettre à Kilgallen demandant plus de détails, et, parce qu'elle n'a pas répondu, les rumeurs ont indiqué qu'elle avait été réduite au silence, les auteurs supposent que le fait qu'elle n'a plus jamais fait de commentaire sur l'histoire était suffisant pour établir son authenticité dans l'opinion de certains de ceux qui croient aux ovnis. Jerome Clark et Marcello Truzzi notent que l'auteur Nick Redfern a déniché dans les archives de la C.I.A et du F.B.I des documents attestant que Kilgallen était depuis longtemps sous surveillance étroite, car elle avait des contacts avec des personnes britanniques et étrangères importantes. A ce titre le service de renseignement américain l'a considérée comme une source potentielle exploitable pour l'espionnage. Ils concluent en formulant l'hypothèse selon laquelle, si son histoire n'est pas purement une invention pour faire du remplissage à la une des journaux en saison morte, ce pourrait être un morceau de désinformation délibéré répandu par les services de renseignement à travers elle. Mais dans quel but ?

L'ufologue Isaac Koï, un avocat anglais qui s'intéresse aux questions relatives aux ovnis, qui écrit sous un pseudonyme pour ne pas nuire à sa carrière au barreau, note que le 23 mai 1955, en Grande-Bretagne, est paru l'article rédigé par Dorothy Kilgallen dans le New York Journal-American, édité dans divers journaux américains et désormais britanniques.

---

[48]

newsshopper.co.uk/news/features/display.var.1246945.0.flying_saucers_famous_landing.php

---

Il affirmait qu'elle avait été mise au courant par un fonctionnaire de niveau ministériel, selon lequel, des scientifiques et des aviateurs britanniques avaient examiné l'épave d'un mystérieux vaisseau volant et étaient convaincus que ces objets aériens étranges ne sont pas des illusions optiques ou des inventions soviétiques, mais réellement des soucoupes volantes qui ont leur origine sur une autre planète.

Isaac Koi note que le texte complet de l'article dans le Journal-American a été reproduit par Morris K. Jessup dans son The UFO Annual 956, aux pages 178-179 dans une partie titrée intitulée May, en une section non numérotée intitulée : les soucoupes vraiment de l'espace dans l'édition reliée de Citadel. Isaac Koi fournit une bibliographie de discussions portant sur l'article de Kilgallen soutenant cette histoire.

A une époque plus récente, les autorités britanniques ont rendu publiques en 2011, environ 8 500 pages de rapports classifiés auparavant au sujet de l'observation d'objets volants non identifiés par l'armée britannique et des observateurs civils depuis les années 1950.

Les 35 fichiers volumineux, disponibles sur Internet, couvrent principalement la période 1997-2005 et comprennent des photographies, des dessins et des descriptions d'observations de soucoupes volantes, ainsi que des lettres que le ministère de la Défense a envoyées à des témoins oculaires en réponse à leurs témoignages.

D'autres faits marquants sur les ovnis datant de 1997 révèlent comment le ministère de la Défense traitait les rapports d'ovnis, ainsi qu'un fichier détaillant le seul débat complet sur les ovnis jamais organisé à la Chambre des Lords de Grande-Bretagne, en janvier 1979. Les fichiers peuvent être téléchargés mais en payant, sur le site des Archives nationales britanniques, toutefois la période de 1946 à 1955 est inexistante.

Le London Reynolds News du 16 juin 1954 signalait également que le ministère de l'Air enquêtait sur les ovnis depuis cette année emblématique, dans la chambre 801 de ce qui était autrefois l'hôtel Métropole, le ministère britannique de l'Air enquête sur des soucoupes volantes.

Un porte-parole du ministère de l'Air révéla qu'il enquêtait sur les rapports de Flying Saucer depuis 1947 :

« Nous en avons environ 10000 dans nos dossiers ».

En mai 2006 les ufologues David Clarke et Gary Anthony révèlent l'existence d'un comité secret d'enquête dans une étude secrète sur les ovnis entreprise par l'état-major du renseignement de défense (DIS) du gouvernement britannique entre 1997 et 2000, le Condign Commissioned by the UK Ministry of Defence (MoD).

L'investigation menée portait sur environ 10000 observations et rapports recueillis par la DI55, une section de la direction du renseignement scientifique et technique.

Le terme UAP pour Unidentified Aerial Phenomena, remplace le mot ovni dans tous les rapports.

Opinion côté russe

Les affaires furent nombreuses, et nous devons revenir sur la toute première que l'on pourrait relier aux ovnis en URSS remonterait à l'explorateur Nikolai Konstantinovich Rerikh (Николай Константи́нович Ре́рих) un peintre russe, également écrivain, philosophe et principalement archéologue de profession résidant à Saint-Pétersbourg, il quitta la Russie et s'installa à Londres en 1920 puis il partit aux Etats-Unis d'Amérique. Plus tard en 1929, Nicholas Roerich fut nominé pour le prix Nobel de la paix.

Après avoir quitté New York, Rerikh, son épouse Helena et son fils Georges ainsi que six amis entament une expédition de cinq ans au travers de l'Asie.

Elle démarre du Sikkim par le Punjab.

Elle se poursuit au Cachemire, au Ladakh, les montagnes du Karakoram, Khotan, Kashgar, Qara-Shar, Urumchi, Irtych, l'Altaï.

En août 1927, les explorateurs passent au pied de la montagne de Kukunoor vers la Mongolie après l'Altaï quand levant les yeux vers le ciel parfaitement clair et sans nuages, tous observent une apparition d'ovni, traversant le ciel à très grande vitesse. Il s'agit du tout premier ovni officiellement vu dans les confins soviétiques des temps modernes, mais à l'époque personne n'imaginait qu'il s'agissait d'un engin inter planétaire, ou encore moins d'une fusée ou satellite, ces derniers ne seront inventés et opérationnels que trente ans plus tard :

« Il réfléchissait la lumière du soleil et volait à une incroyable rapidité depuis le nord vers le sud. Au-dessus de l'endroit où nous avons installé notre campement, il vira brusquement de bord et prit une direction sud-ouest. Puis il disparut très vite dans le ciel bleu à l'horizon. Nous avons à peine eu le temps de l'observer, mais dans nos jumelles, nous avons très nettement distingué sa forme ovale.

L'ensemble de l'appareil renvoyait le soleil d'une façon aveuglante. Il devait s'agir de métal », selon les termes du journal de route de Rerikh.

Entre cet été de 1927 et le mois de juin 1928, l'expédition ne donna plus signe de vie, on la pensait perdue dans les montagnes et la totalité de leurs communications furent interrompues pendant un an.

Attaquée par des pillards au Tibet l'expédition avait été arrêtée de force par les autorités tibétaines durant cinq mois et contrainte de vivre dans des tentes dans des conditions de haute montagne, le froid, le gel et la mal nutrition firent que cinq hommes de cette expédition sont morts dans des conditions insupportables et extrêmes, le reste des participants ne seront autorisés à repartir par le gouvernement tibétain qu'en mars 1928, c'est grâce à cela que l'on connaitra cette histoire inscrite sur son carnet de voyage[49].

En 1950 dans la région de Nijnie-Kresti, un pilote d'avion polaire nommé Valentin Ivanovitch Akouratov (Валентин Иванович Аккуратов) très expérimenté, il fut le premier à réaliser un vol de nuit au pôle Nord, et participé à douze missions au-dessus des glaces polaires vit une soucoupe volante vers Kolyma.

Le pilote observa clairement un disque volant argenté, visuellement plus petit que la lune. Ce disque ne ressemblait en rien à quelque chose de connu. Cette soucoupe volante disque est apparue dans le ciel trois nuits de suite. Par conséquent, Akkuratov a reçu l'ordre d'approcher l'ovni à bord d'un avion Catalina afin de l'identifier de plus près.

---

[49] Les ovnis en Union Soviétique de Jean-Louis Degaudenzi éditions Alain Lefeuvre collection Connaissance de L'étrange, ISBN 2.902639.69.4, paru en 1981, p 160.
Mystérieux OVNIS et Extraterrestres
https://www.e-reading.club/bookreader.php/14610/Gershteiin_-_Taiiny_NLO_i_prishel%27cev.html

Le pilote a atteint une hauteur de sept mille mètres, ce qui était la limite pour le Catalina, mais la soucoupe volante était encore plus haute et continuait à dériver tranquillement d'est en ouest.

Puis elle a augmenté sa vitesse et après un certain temps a disparu de sa vue.

Le second incident se produisit pour Akkuratov six ans plus tard, en 1956, alors qu'il était à bord d'un l'avion TU-4 en train de faire de la reconnaissance de glaces dérivantes au large des côtes du Groenland.

L'avion est sorti des nuages et le pilote découvrit avec étonnement qu'un objet lenticulaire argenté perlé, aux arêtes pulsées ressemblant à des vagues, volait le long d'une route parallèle à la sienne.

Le pilote a d'abord pensé que la soucoupe était une sorte d'avion secret des Américains et avait décidé de ne pas s'approcher de plus en plus loin du péché mais de nouveau dans les nuages. Mais après quarante minutes, la couverture nuageuse prit fin et il apparut que la soucoupe continuait de voler à sa gauche :

« Je devais contacter la base et signaler un phénomène inhabituel. La base a répondu dans l'esprit que la reconnaissance des glaces allait attendre, il était beaucoup plus important de considérer le nouvel avion américain, alors l'option d'un rapprochement s'imposa d'elle-même. Akkuratov a exécuté l'ordre, a changé de cap et s'est envolé dans la direction de la soucoupe.

Bientôt ses détails devinrent visibles, pas d'ailes, pas d'hélices, ni aucun autre élément structurel caractéristique d'un aéronef classique.

Habituellement, dans de telles situations, les ovnis ne veulent pas être vus de près.

Mais à cette fois-là, la soucoupe volante fut stationnaire pendant une quinzaine de minutes. Puis elle a dépassé l'avion, a acquis une vitesse absolument impossible pour l'équipement de ces années et s'est envolée très loin en un instant.

Elle était de couleur perle, argentée ou nacre et émettait des sortes de rayons lumineux, le pilote témoigne :

« Dans la région du Cap Giusep (Groenland), sortant des nuages, nous avons soudainement vu cela du côté gauche parallèle à notre route. (180 degrés) un avion étrange se déplace, sa forme ressemble à une grosse lentille de couleur perle avec des bords palpitant.

Sachant qu'il y a des bases aériennes américaines (Thule) dans le nord du Groenland, nous avons d'abord décidé qu'il s'agissait d'un avion américain de conception inconnue et, ne voulant pas le rencontrer, nous sommes encore allés dans les nuages.

Après 40 minutes de vol la couverture nuageuse a pris fin inopinément, il faisait clair devant nous et nous avons encore remarqué le même aéronef inconnu du côté du port.

Après avoir décidé de regarder de plus près ce que c'était, nous avons changé radicalement de cap et sommes allés à son contact en nous rapprochant et en informant la base (Amderma) de notre intention et de nos objectifs. En réponse au changement de cap, l'avion inconnu a également changé le sien, et, à une vitesse égale à la nôtre, est passé en parallèle. Après 15 à 18 minutes de vol, l'appareil inconnu a brusquement changé de cap, nous a dépassé et est monté à la vitesse de l'éclair, disparaissant dans le bleu du ciel. Nous n'avons vu aucune antenne, ailes, ni hélices ou hublots sur ce disque. Ni trace de gaz d'échappement ni trace d'inversion n'ont été remarquées, et la vitesse de sa fuite était si grande que ce phénomène semblait en quelque sorte surnaturel. »

Il y avait des effets de lumière provenant de l'objet, sorte de rayons ou de rayonnement, n'ayant rien à voir avec les avions, pilotés par un équipage.

Le sujet ufologique en Union Soviétique au sortir de la seconde guerre mondiale, n'était ni plus ni moins qu'une stratégie Nord-Américaine destinée à justifier une déclaration de guerre aux Républiques Socialistes, un plan stratégique englobant essais d'armements aux frontières soviétiques et propagande désinformatrice de masse avec une campagne de presse mensongère. Afin d'en savoir d'avantage, il convient de lire les ouvrages d'un des plus célèbres ufologues russes, Mikhail Gershtein Lvovitch (Герштейн Михаил Львович) ses études de cas sont relatées dans plusieurs ouvrages dont la Chronique des Cas de crash d'Ovnis (Chronicle of UFO crashs)[50] :

Parmi les meilleurs sites d'ufologie en Russie, celui de l'Association Kosmopoisk[51]. Il est possible de leur déclarer des cas d'observations aussi[52].

C'est une association extrêmement active et sérieuse sur tout le territoire russe. Le journal Komsomolskaya Pravda des 9, 16 et 23 novembre 2006, nous fait part du ressenti de Gershtein au sujet des fausses affaires d'ovnis à cette époque-là :

« J'ai découvert il y a longtemps que plus ils racontaient une histoire, plus elle était probablement réconciliée.

---

[50] Mystère d'OVNI et d'Aliens ISBN 5-17-041429-3 éditeur AST SOVA, publication 2007.

Secrets de Crash d'ovnis ISBN 5-17-041431-5, éditeur AST SOVA publication 2007.

[51] http://kosmopoisk.org/ufology/index.html

[52] https://www.ufoseti.org/ru/messages/new

Au cours des cinq dernières années, bien sûr, avec l'aide de collègues des États-Unis et d'Europe, j'ai étudié avec soin les détails de tous les accidents graves d'ovnis.

Et j'en suis arrivé à la conclusion : la plupart d'entre eux sont des canulars.

Ce qui, hélas, continue de parcourir les pages des journaux et des livres. »

Michael Gershein, chercheur scientifique à Saint Pétersbourg, ufologue, président de la commission ufologique de la société géographique russe, rédacteur fondateur de la revue Anomalia revient sur l'année 1952 :

« À l'été 1952, des rumeurs ont commencé à circuler en Europe selon lesquelles les Norvégiens auraient trouvé une étrange machine en forme de disque au Svalbard. Apparemment, le journal allemand Saarbrucker Zeitung du 28 juin 1952 a repris l'info le premier.

Les avions norvégiens ont entamé les manœuvres estivales au-dessus de Svalbard.

Par hasard, Olaf Larsen, capitaine de l'armée de l'air, a baissé les yeux et a immédiatement commencé à décliner, suivi de l'ensemble de l'escadron. Sur un sol blanc et neigeux, étincelant de reflets glacés, il y avait un disque en métal brillant d'un diamètre de 40 à 50 mètres, qui brillait encore plus que la neige glacée. »

On peut observer au passage que l'article fait état de manœuvres, sans préciser le type d'avion ni le lieu de son décollage :

« L'objet volant d'un diamètre de 48,88 mètres est rond, sans bords biseautés et sans équipage. Il est fabriqué à partir d'un alliage métallique inconnu. Sur les bords, il y a 46 moteurs à réaction automatiques situés à égale distance sur le bord extérieur. Selon les experts, ils font pivoter un disque au centre autour d'une boule de plexiglas avec des instruments de mesure et des dispositifs de contrôle à distance. Des lettres russes ont été trouvées sur ces jauges. Les calculs ont montré que le disque peut voler à plus de 160 km d'altitude et à une autonomie de plus de 30000 km.»

Plus tard, la mention d'inscriptions russes à bord de l'engin volant s'est estompée, et les ufologues pensent qu'un ovni extraterrestre a été trouvé. Cela n'explique pas pourquoi ils auraient affirmé de façon si catégorique que l'écriture était du russe. Mais cela n'explique pas le fond du dossier, comment et pourquoi cette affaire a vu le jour, et en quoi il était nécessaire d'impliquer les soviétiques dans une affaire d'engins volants non identifiées en 1952 à une forte période d'affluence d'observations d'ovnis en Arctique.

Quel organisme était porteur de toutes ces accusations à l'encontre des soviétiques, un autre document de la CIA nous en apprend davantage :

« Soucoupe volante au Spitsbergen, Norvège, le 12 septembre 1952, Rapport à l'ATI 1944-1952 du capitaine Gerald W. Jones de l'US Air Force, transmission par télégramme codé Afoin 55990. Le Journal allemand Berlin Volskblatt, dont la source n'est pas connue, publia un article le 9 juillet 1952 au sujet d'une soucoupe volante découverte par l'armée de l'air norvégienne sur l'île de Spitsbergen à l'été 1952, il s'agit d'un disque circulaire de 48,88 mètres de diamètre contrôlé à distance comportant des instruments avec des symboles russes.

Document à réévaluer pour le garder à ce niveau de confidentialité tous les deux ans et à déclassifier après 12 ans. Du 1° juillet 1945 au 10 octobre 1947 le département de l'ATI se nommait T-2 Intelligence, puis il devint l'Air Materiel Command Intelligence Department le 10 Octobre 1947 puis l'Air Materiel Command Air Technical Intelligence Center le 21 Mai 1951 (1125° Groupe d'activités, Field Activities Group) ».

UNCLASSIFIED

AF FORM 112
APPROVED 1 JUNE 1948

Germany
ATI-1944-52

AIR INTELLIGENCE INFORMATION REPORT

Flying Disk on Spitzbergen,   (Page 1 of 3 pages)

Norway   Headquarters, USAFE, ATI Branch

12 September 1952   Summer 1952   Newspaper Report

GERALD M. JONES, Captain, USAF   German Newspaper "BERLIN VOLKSBLATT"

AFOIN 55990 (Cable)

1. Part II of this report is the translation of an article appearing in the 9 July 1952 issue of the German newspaper "BERLIN VOLKSBLATT". This article describes the discovery of a "saucer-like" object on Spitzbergen Island by the Norwegian Air Force. The object, according to the newspaper report, was a circular disk 46.88 meters in diameter, remotely controlled, and had instruments with Russian symbols.

2. This Headquarters has asked the Air Attache in Oslo, Norway, to check up on the incident and any further information will be forwarded as soon as it is obtained.

3. This information will be of interest to the Aerial Phenomena Section, Air Technical Intelligence Center, Wright-Patterson Air Force Base, Ohio.

APPROVED: ROBERT A. ELDER
Colonel, USAF
Chief, ATI Branch

AT ISDID
6 Oct 52

German Newspaper "VOLKSBLATT" - NOAMCO

DOWNGRADED AT 3 YEAR INTERVALS;
DECLASSIFIED AFTER 12 YEARS.
DOD DIR 5200.10

"Cy to ATIC"
AA, Oslo, Norway

NOTE: THIS DOCUMENT CONTAINS INFORMATION AFFECTING THE NATIONAL DEFENSE OF THE UNITED STATES WITHIN THE MEANING OF THE ESPIONAGE ACT 50 U.S.C. 31 AND 32, AS AMENDED. ITS TRANSMISSION OR THE REVELATION OF ITS CONTENTS IN ANY MANNER TO AN UNAUTHORIZED PERSON IS PROHIBITED BY LAW. IT MAY NOT BE REPRODUCED IN WHOLE OR IN PART, BY OTHER THAN UNITED STATES AIR FORCE AGENCIES, EXCEPT BY PERMISSION OF THE DIRECTOR OF INTELLIGENCE, USAF.

ATI-1944-52

UNCLASSIFIED

Le quartier général de l'armée de l'air norvégienne a été interrogé par l'attaché militaire de l'armée de l'air américaine à Oslo en Norvège afin d'obtenir plus d'informations au sujet de l'incident, mais pour le moment aucune information complémentaire n'a pu être obtenu à cette heure.

Cette information sera d'un grand intérêt pour la Section des Phénomènes Aériens du service technique de l'intelligence de la base aérienne de Bright Patterson dans l'Ohio.

Document approuvé par Robert A Eldre colonel de l'USAF chef de la branche de l'ATI, alors un ATLO, Air Technical Liaison Officer basé à Oslo et formé dans le renseignement pour la recherche de la technologie étrangère aérienne et en particulier les objets volants de nature non identifiée.

Ce télégramme comprend trois pages, il est destiné au bâtiment n° 263 de la base de Bright Patterson, il fait une étrange référence 1944-52 qui donne à penser que deux autres incidents similaires eurent lieu à ces dates ont eu lieu, et en bas de page à gauche le sigle Cy to ATIC, AA, Oslo, Norway.

Le bâtiment de l'ATI n° 263 années 50, base aérienne de Wright-Patterson, était le lieu où les enquêteurs travaillaient sur les ovnis, il comportait un seul étage à huit fenêtres en façade et trois de côté, adjacent à ce dernier, sur l'arrière un hangar aux carreaux des fenêtres occultées.

Le terme CT signifie une expédition FCL, Container Yard, qui consiste à stocker les conteneurs sur le terminal ou dans le port sec avant leur chargement ou leur déchargement d'un navire, la cargaison conteneurisée est emballée est prise en charge au parc à conteneurs du port d'origine et livrée au port de destination.

Le capitaine Gerald M. Jones dit en premier que les autorités norvégiennes n'ont pas communiqué d'informations mais elles n'ont rien démenti, et en dernier qu'un objet à destination des services de l'intelligence de l'ATI est stocké dans un container à Oslo.

Mais cela peut aussi vouloir signifier Cy (copie) document étant conservé uniquement à des fins d'enregistrement. Une annotation manuscrite en bas à gauche ATI 5 DIB signale que les cinq pages du document ont été portées au Defense Intelligence Board, la Direction Centrale de l'Intelligence, signe de la haute importance des données.

Tout comme le terme Plant dans un autre document « Cy » peut à la fois ouvrir un volet inespéré de cette histoire comme ne rien vouloir signifier du tout, dans le renseignement chaque détail à son importance, qui sait ?

Chaque détail peut avoir de l'importance, tout comme le terme Plant, celui de Cy est source à des interprétations contradictoires.

UNCLASSIFIED

AF FORM 112—PART II

AIR INTELLIGENCE INFORMATION REPORT

| HQ USAFF, ATI BRANCH | ATI-1944-52 | PAGE | 2 | OF | 3 | PAGES |

FLYING DISCS ON SPITZBERGEN

"Silver Discs with Plexiglas Cockpit and 46 Rotation Jets"

Narvik. Norwegian jet fighters had just begun this year's summer manouvers over Spitzbergen. A flight of six aircraft were approaching the North East Land at top speed where units of the approaching enemy had been announced. The pursuing airplanes had scarcely crossed the Hinlopen highway when all the radio equipment became garbled with static. They couldn't even communicate with one another by radio any longer. All the radio systems of the jet fighters seemed to be disturbed. The radar reading which had been on "white" the whole flight since Narvik was suddenly on "red". This means alarm and the approach of some kind of metallic foreign body with a direction finding vibration frequency which does not correspond to the fighter type.

By turning and diving, the experienced jet fighters came to a good enough understanding that each pilot knew from his comrades that they too were searching the horizon with increased interest. The six fighters circled for a while without seeing anything unusual. Quite accidentally Flight Captain Olaf Larsen looked down. Immediately he flew down low and his comrades followed. On the white snow whose icy crust was glittering there lay a still more glaring, metallically gleaming circular disc about 40 to 50 meters in diameter. Between a tangle of wires and struts there arose what was apparently the remainder of a partially destroyed cockpit. The fighters circled for 60 minutes without seeing any signs of life or being able to determine the origin or the type of this flying body. Finally, they set their course for Narvik to report their strange findings.

After a few hours, five large flying boats started out equipped with skis. They flew to the location of the discovery and landed near the bluish steel disc imbedded about a meter in snow and ice.

"Doubtless, one of the ill-famed flying saucers", said the Norwegian rocket specialist Dr. Norsel who insisted on flying with them. He found out why all the communication equipment of the fighters conked out and why the radar alarm had sounded when they approached the area of the landing spot: a directional transmitting device with a plutonium core remained undamaged and was sending out on all waves a tone of 934 cycles per second which is unknown in any country.

A precise investigation of the flying disc which was landed by remote control on the North East Land of Spitzbergen through an error in reception resulted in the following uncontestable information:

1. The flying body which has a diameter of 48.88 m. is round and slopes obliquely on the sides, and was unmanned.

2. The circular steel body of an unknown metal compound which resembled a silver disous, has 46 automatic rotating jets at equal distances on the outer ring, which, after igniting, rotate the disc about a plexiglas sphere which is in the center and which contains measuring and control devices for remote control.

3. The meters and instruments have Russian symbols.

4. The action radius of the disc seems to be over 30,000 km and the altitude about 160 km.

DOWNGRADED AT 3 YEAR INTERVAL
DECLASSIFIED AFTER 12 YEARS.
DOD DIR 6200.10

NOTE: THIS DOCUMENT CONTAINS INFORMATION AFFECTING THE NATIONAL DEFENSE OF THE UNITED STATES WITHIN THE MEANING OF THE ESPIONAGE ACT, 50 U.S.C. 31 AND 32 AS AMENDED. ITS TRANSMISSION OR THE REVELATION OF ITS CONTENTS IN ANY MANNER TO AN UNAUTHORIZED PERSON IS PROHIBITED BY LAW. IT MAY NOT BE REPRODUCED IN WHOLE OR IN PART, BY OTHER THAN UNITED STATES AIR FORCE AGENCIES, EXCEPT BY PERMISSION OF THE DIRECTOR OF INTELLIGENCE, USAF.

ATI-1944-52

UNCLASSIFIED

Description de l'article intégrale est reprise par la CIA, le disque volant peut voler à une altitude de 160 km et à une vitesse 30 000 km/h, avec un moyen de propulsion à cœur de plutonium de 934 cycles par seconde totalement inconnu par aucune nation sur terre.

AF FORM 112—PART II

AIR INTELLIGENCE INFORMATION REPORT

HQ USAFE, ATI BRANCH	ATI-1944-52	PAGE 2 OF 3 PAGES

5. The flying body which resembles the mythical "flying saucer" has sufficient room for high explosive or atom bombs.

The Norwegian specialists suppose that the disc was started in the Soviet Union, descended over Spitzbergen by a mistake in transmitting and receiving and broke down because of the hard landing. The unusual remote controlled unmanned jet airplane is to be taken to Narvik by ship for investigation. When he heard the description of the disc, the German V-weapon designer Riedel said, "That is a typical V-7 and I have personally worked on its serial production".

Gerald M. Jones
GERALD M. JONES
Captain, USAF
ATI Branch

DOWNGRADED AT 3 YEAR INTERVALS:
DECLASSIFIED AFTER 12 YEARS.
DOD DIR 5200.10

NOTE: THIS DOCUMENT CONTAINS INFORMATION AFFECTING THE NATIONAL DEFENSE OF THE UNITED STATES WITHIN THE MEANING OF THE ESPIONAGE ACT, 50 U.S.C. 31 AND 32 AS AMENDED. ITS TRANSMISSION OR THE REVELATION OF ITS CONTENTS IN ANY MANNER TO AN UNAUTHORIZED PERSON IS PROHIBITED BY LAW. IT MAY NOT BE REPRODUCED IN WHOLE OR IN PART, BY OTHER THAN UNITED STATES AIR FORCE AGENCIES, EXCEPT BY PERMISSION OF THE DIRECTOR OF INTELLIGENCE, USAF.

ATI-1944-52

Document de l'ATIC

« Le disque ressemble aux mythiques soucoupes volantes disposant d'une grande chambre le pour transporter de grands explosifs ou des bombes atomiques. Les spécialistes norvégiens supposent que le disque a été créé en Union Soviétique. L'appareil de radioguidage a été emporté par hydravion à Narvik pour investigations. La description correspond à l'arme allemande conçue par Riedel qui dit c'est un v-7 Typique dont j'ai personnellement suivi la production en série. » Signé Gerald M Jones capitaine de l'USAF Branche de l'ATI. D'après la CIA, il s'agit d'un modèle typique d'aéronef V-7 issu de l'industrie de guerre allemande, les spécialistes norvégiens disent qu'il est de fabrication soviétique et suffisamment grand pour pouvoir transporter une bombe atomique sur une distance de 30 000 km à une altitude de 160 km (SIC), l'appareil téléguidé a chuté au sol suite à une défaillance de transmission-réception dans l'appareil de télécommande à distance. Gerald M Jones capitaine de l'US Air Force Quartier Général de l'ATI branch.

5. The flying body which resembles the mythical "flying saucer" has sufficient room for high explosive or atom bombs.

The Norwegian specialists suppose that the disc was started in the Soviet Union, descended over Spitzbergen by a mistake in transmitting and receiving and broke down because of the hard landing. The unusual remote controlled unmanned jet airplane is to be taken to Narvik by ship for investigation. When he heard the description of the disc, the German V-weapon designer Riedel said, "That is a typical V-7 and I have personally worked on its serial production".

Extrait du mémo de la CIA au sujet du journal Berlin Volskblatt article mentionné, soucoupe volante en forme de disque de 48 mètres de diamètre, contrôlé à distance, radiocommandé comportant des instruments de vol avec des symboles russes.

1. Part II of this report is the translation of an article appearing in the 9 July 1952 issue of the German newspaper "BERLIN VOLKSBLATT". This article describes the discovery of a "saucer-like" object on Spitzbergen Island by the Norwegian Air Force. The object, according to the newspaper report, was a circular disk 48.88 meters in diameter, remotely controlled, and had instruments with Russian symbols.

2. This Headquarters has asked the Air Attache in Oslo, Norway, to check up on the incident and any further information will be forwarded as soon as it is obtained.

3. This information will be of interest to the Aerial Phenomena Section, Air Technical Intelligence Center, Wright-Patterson Air Force Base, Ohio.

Loin d'apporter des réponses sérieuses, les documents déclassifiés nous interrogent davantage.

Signé Robert K Elder Colonel l'US Air Force chef de l'ATI Branch, rapport confidentiel rédigé 6 octobre 1952 à la main, classé top secret a diffusion restreinte exclusivement interne durant 8 ans, déclassifié après 12 ans en 1964.

Cy to ATIC, de la part d'AA, à Oslo, en Norvège.

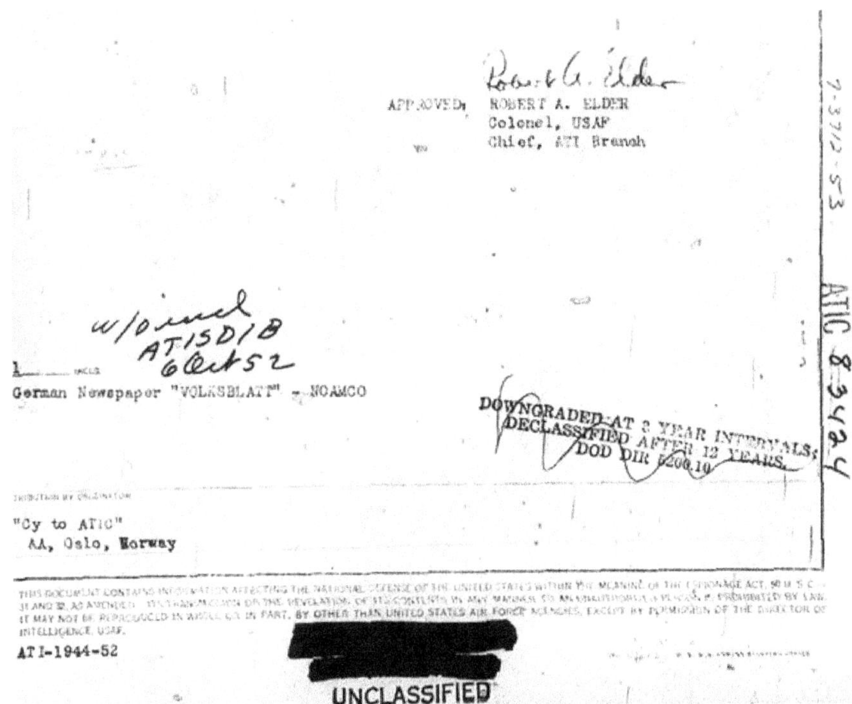

Un numéro étrange au bas de la page fait référence à l'ATI 1944-52, laisse présager que l'incident de 1952 peut être relié à une autre affaire datant de 1944 et qui serait identique, ou d'une corrélation de faits d'ovnis s'étant déroulées entre 1944 et 1952, qui sait ?

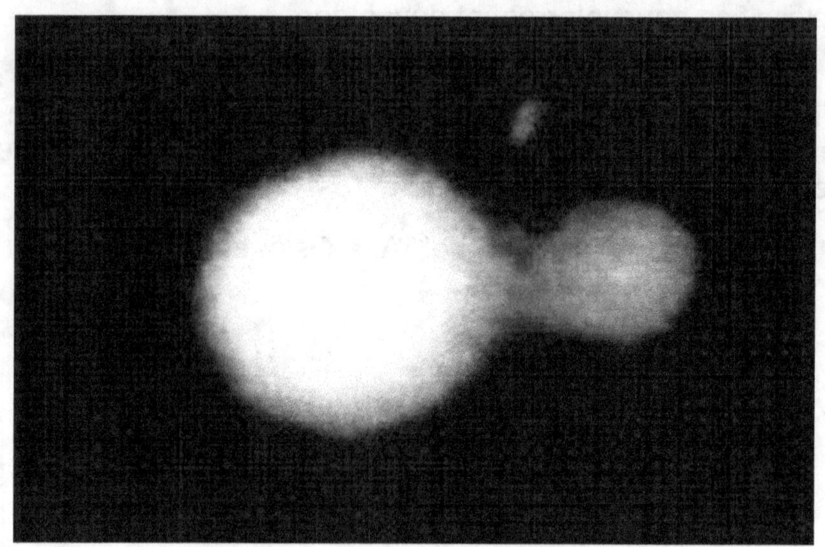

Soyouz 25 octobre 1977, source Marina Popovitch.

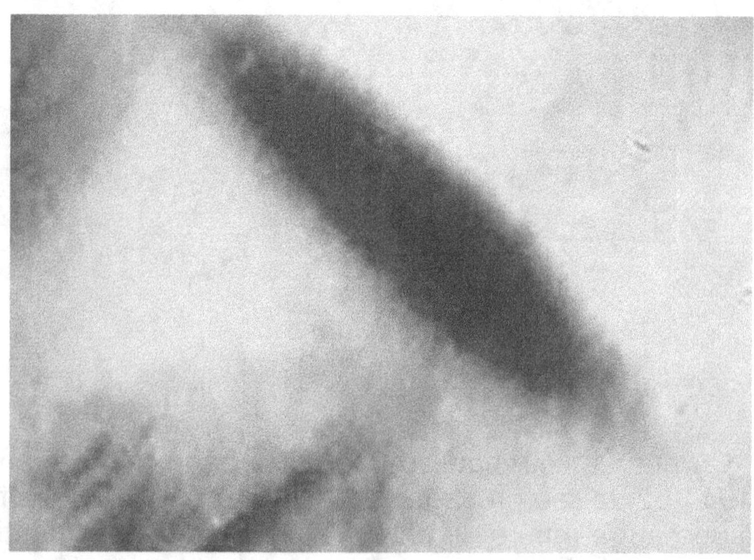

Ombre sur mars un OVNI s'interpose entre la lumière du soleil et Mars tout en avançant, la sonde filme le vol, la NASA ne s'est pas prononcée à son sujet.

La CIA et les OVNIS en 1952

Rapport officiel de la CIA distribué aux services le 20 août 1953 concernant des articles parus dans les journaux au Danemark, Norvège, Finlande, URSS le 13 juillet 1953. Document déclassifié par la CIA Titre :

« Les dirigeants de la défense danois prennent une vision grave des soucoupes volantes ».

Type de document : FOIA n° 0005516159 du 20 août 1953, n° de dossier à la CIA F-2010-00651, l'information est signalée non évaluée par les services de la CIA.

Les autorités suédoises de la défense nationale à Copenhague déclarent le 12 juillet 1952 que leurs experts affirment que des soucoupes volantes sont expédiées depuis les bases soviétiques situées dans l'Océan Arctique :

« Le commandement de la force aérienne militaire danoise a signalé au haut commandement des observations apparues sur les radars de l'aviation militaire, que l'intelligence militaire, a identifié des lancements d'engins ou projectiles (commandés à distance) sur la partie nord de la Finlande et de la Norvège, les bases de ces observations selon leurs conclusions sont des projectiles télécommandés non identifiés en provenance de la base soviétique de Novaya Zemlia (Nouvelle Terre) dans l'Océan Arctique. »

Ce qui était un mensonge total, le complexe industriel à destination d'essais atomiques ne fut construit qu'à partir de janvier 1955 pour réaliser un test fin d'année 1955 (de 1946 à 1952 la base n'existait pas).

En fait hormis la base de sous-marins à Novaya Zemlya intéressait les USA en tant que base militaire et ce n'est que le 31 juillet 1954 qu'elle devint priorité numéro un, Novara Zemlya a été désignée site d'essai Objet à Destination Spéciale n° 700 par décret du Conseil des Ministres n° 1559-699, mais la construction ne débuté que le 17 septembre 1954 et s'est poursuivie tout au long de la guerre froide. Les secteurs A, Chyornaya Guba a été utilisée en 1955-1962 et 1972-1975.

Le secteur B, Matochkin Shar a été utilisée pour des essais d'explosions souterrains en 1964-1990.

Le secteur C, de Sukhoy Nos a été utilisée en 1958-1961 et a servi de site d'essai pour le Tsar Bombe Atomique de 1961, l'arme nucléaire la plus puissante jamais utilisée.

Au cours de l'été 1954 des navires de la flotte du nord livrèrent du matériel et du personnel provenant de dix bataillons de construction, mais la première bombe nucléaire souterraine ne fut testée que le 21 septembre 1955 sur la zone de Chemaya[53] :

« Un incident survenu le 12 novembre 1952 est relaté dont furent témoins un officier et sept soldats de la base de l'aviation militaire de Karup au Jutland, un objet volant non identifié les a survolés, ce n'était aucun type d'engin volant connu. Les observations Danoises sont comparées à un grand nombre d'observations Finlandaises survenues en octobre 1952, l'Etat Major de la Marine Militaire Norvégienne signalant un objet volant non identifie à l'entrée d'Oslofjord »

---

53 **http://www.belushka-info.ru/history5.htm**

Les danois ont comparé leurs observations au nombre d'observations norvégiennes survenues en octobre 1952 par les radars militaires danois à l'égard d'un engin d'un design et d'une origine inconnus, signalé par l'Etat Major de la Défense et de la Marine Norvégienne au nord d'Oslofjord un autre incident de ce type est survenu au cours de manœuvres militaires.

Ce fjord est une crique située au sud-est de la Norvège entre les phares de Torbjørnskjær et de Færder et descend jusqu'à Langesund au sud et à Oslo au nord.

Il fait partie du détroit de Skagerrak, reliant la mer du Nord et la région maritime de Kattegat, qui mène à la mer Baltique. Les enregistrements radars sont comparés à ceux des objets volants radio commandés au-dessus de la Norvège et de la Finlande.

Sur la base de ces observations, les membres du service de l'intelligence de la défense en viennent aux conclusions que les projectiles ont été expédiés depuis la base soviétique de Novaya Zemlia dans l'Océan Arctique.

Bien qu'en 1943, au cours de la Seconde Guerre mondiale, la Nouvelle Zemlia a servi comme base d'hydravions secrète en 1943 pour la Kriegsmarine, afin de permettre l'intervention des sous-marins U-255 et U-711 pour couler les navires alliés ravitaillant la Sibérie.

Mais la construction le site d'essai soviétique ne débuta qu'en octobre 1954, soit neuf ans plus tard, après l'apparition des soucoupes volantes scandinaves de 1946[54].

---

[54] http://www.belushka-info.ru/history5.htm

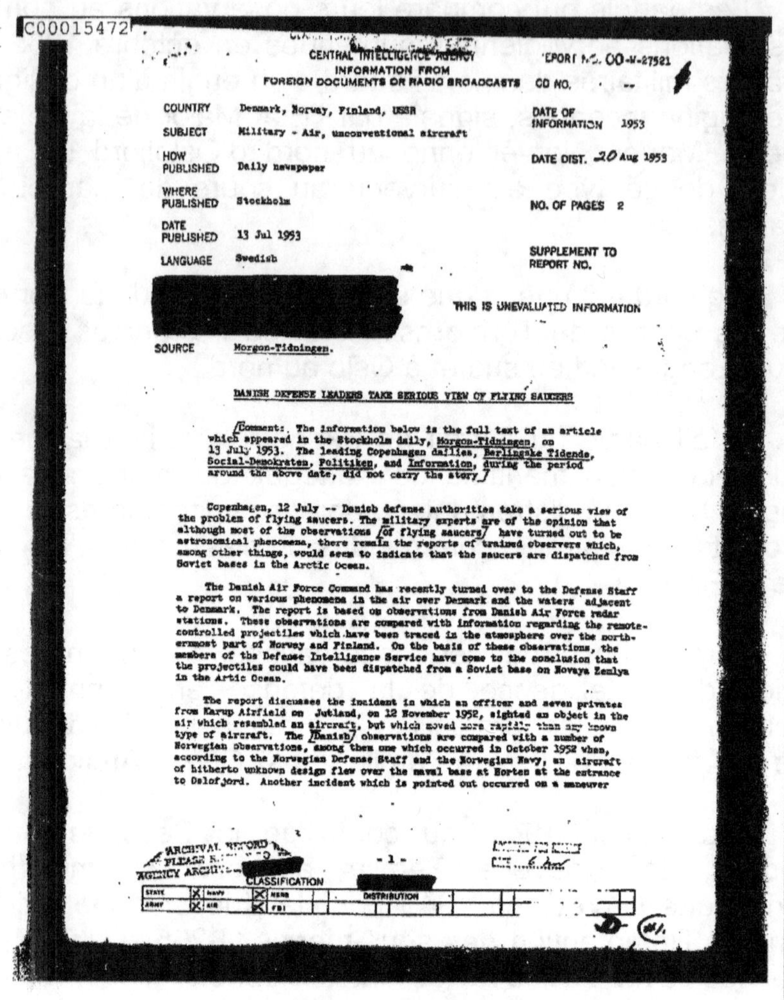

CENTRAL INTELLIGENCE AGENCY

REPORT NO. 00-W-27521

INFORMATION FROM
FOREIGN DOCUMENTS OR RADIO BROADCASTS   CD NO.

COUNTRY	Denmark, Norway, Finland, USSR	DATE OF INFORMATION 1953
SUBJECT	Military - Air, unconventional aircraft	
HOW PUBLISHED	Daily newspaper	DATE DIST. 20 Aug 1953
WHERE PUBLISHED	Stockholm	NO. OF PAGES 2
DATE PUBLISHED	13 Jul 1953	
LANGUAGE	Swedish	SUPPLEMENT TO REPORT NO.

THIS IS UNEVALUATED INFORMATION

SOURCE   Morgon-Tidningen.

DANISH DEFENSE LEADERS TAKE SERIOUS VIEW OF FLYING SAUCERS

/Comment: The information below is the full text of an article which appeared in the Stockholm daily, Morgon-Tidningen, on 13 July 1953. The leading Copenhagen dailies, Berlingske Tidende, Social-Demokraten, Politiken, and Information, during the period around the above date, did not carry the story./

Copenhagen, 12 July -- Danish defense authorities take a serious view of the problem of flying saucers. The military experts are of the opinion that although most of the observations /of flying saucers/ have turned out to be astronomical phenomena, there remain the reports of trained observers which, among other things, would seem to indicate that the saucers are dispatched from Soviet bases in the Arctic Ocean.

The Danish Air Force Command has recently turned over to the Defense Staff a report on various phenomena in the air over Denmark and the waters adjacent to Denmark. The report is based on observations from Danish Air Force radar stations. These observations are compared with information regarding the remote-controlled projectiles which have been traced in the atmosphere over the north-ernmost part of Norway and Finland. On the basis of these observations, the members of the Defense Intelligence Service have come to the conclusion that the projectiles could have been dispatched from a Soviet base on Novaya Zemlya in the Arctic Ocean.

The report discusses the incident in which an officer and seven privates from Karup Airfield on Jutland, on 12 November 1952, sighted an object in the air which resembled an aircraft, but which moved more rapidly than any known type of aircraft. The /Danish/ observations are compared with a number of Norwegian observations, among them one which occurred in October 1952 when, according to the Norwegian Defense Staff and the Norwegian Navy, an aircraft of hitherto unknown design flew over the naval base at Horten at the entrance to Oslofjord. Another incident which is pointed out occurred on a maneuver

- 1 -

CLASSIFICATION					
STATE	X	NAVY	X	NSRB	DISTRIBUTION
ARMY	X	AIR	X	FBI	

Note de la CIA du 20 août 1953

Un autre incident est survenu récemment au Nord de la Norvège, une batterie de défense anti aérienne a observé un objet volant de grande taille, un avion de chasse à réaction fut envoyé à sa rencontre, mais il n'a pas pu le rattraper car l'objet a disparu à très grande vitesse : « Le rapport du commandement de la force aérienne danoise exprime son fort intérêt pour la technologie aéronautique de ce Traffic de soucoupes volantes au-dessus de son sol national. »

Le texte complet sur lequel se base le rapport de la CIA est un article paru dans le journal quotidien de Stockholm Morgon Tignilgen le 13 juillet 1953, le Berlinsgke Tidende, journal politique de tendance social-démocrate n'a pas reporté cette affaire dans ses colonnes à cette même période.

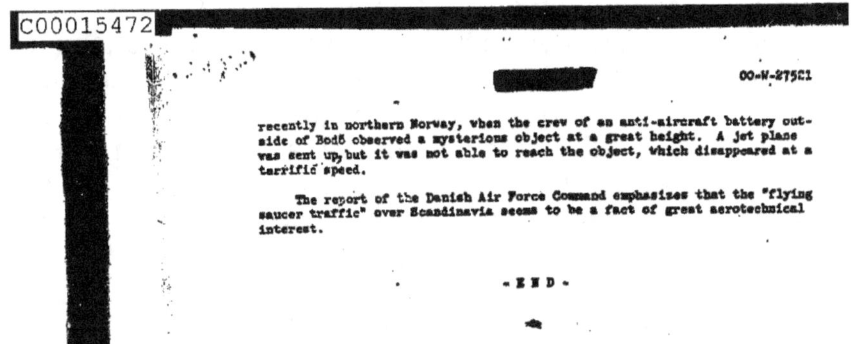

C00015472

00-W-27521

recently in northern Norway, when the crew of an anti-aircraft battery outside of Bodö observed a mysterious object at a great height. A jet plane was sent up, but it was not able to reach the object, which disappeared at a terrific speed.

The report of the Danish Air Force Command emphasizes that the "flying saucer traffic" over Scandinavia seems to be a fact of great aerotechnical interest.

- E N D -

La CIA aurait commencé à surveiller la base de Yakoutsk la même année 1952, une installation de recherche soviétique dont les travaux sont restés mystérieux au cours des années 1950 s'y développait.

La CIA pensait qu'il pourrait servir de couverture pour la recherche nucléaire militaire, cela ressort assez clairement des documents de l'époque. En novembre à Oslofjord, en octobre sur la base navale d'Horten à fait placer l'Etat Major de la Défense Norvégienne en état d'alerte maximale. Nous sommes bien loin d'illusions d'optique quand observations oculaires et radars militaires convergent. Des avions espions militaires suédois travaillèrent en secret à des fins d'espionnage pour l'OTAN en totale contradiction avec la neutralité affichée de cette nation pendant et après la guerre. Les États-Unis ont exprimé un intérêt stratégique pour le Spitzberg au moins à compter de la Seconde Guerre mondiale et l'ont déclaré comme un impératif stratégique pour surveiller les activités soviétiques dans les concessions accordées à l'URSS dans l'archipel de Svalbard, où la CIA craignait que l'URSS ne construise des avant-postes pour peut-être servir à guider ou informer les bases secrètes des sous-marins dans l'arctique dans l'intention d'attaquer l'Europe ou les États-Unis, tout était envisagé.

Dans les faits, toute une flotte de sous-marins nucléaires soviétiques et des ateliers de constructions finirent par s'y installer définitivement bien des années plus tard.

Les soviétiques avaient des types d'avions volants très similaires au phénomène dit des soucoupes volantes dit-on, car deux aviateurs suédois avaient vu quelque chose lors de leur survol du sud de la Suède à une altitude d'environ 1 600 m, le 17 décembre 1953. Un disque volant en forme de soucoupe, dans la direction opposée à la leur évoluant à une vitesse d'environ 1 000 km au-dessous d'eux et dans un laps de temps de sept secondes, les deux avions volaient à une vitesse de 280 km à une altitude d'environ 2150 m.

Les deux aviateurs s'appellent le capitaine Ulf Christiernsson et le mécanicien de vol Olof Johansson. Ils ont piloté un avion DC-3, et étaient sur leur vol de retour vers Stockholm. Tous deux ont vu quelque chose en pleine lumière du jour, à trois heures de l'après-midi, ils se trouvaient dans la région de Hässleholm à ce moment-là, ils ont rédigé un rapport d'incident de vol ce 17 décembre 1953 après atterrissage à Stockholm.

De plus, la CIA a écrit en 1954, qu'elle devait étudier les effets du magnétisme arctique sur les missiles à longue portée à guidage magnétique afin de contrer les progrès soviétiques dans la compréhension du magnétisme arctique.

Cela a été déclenché par une vague d'activités aériennes soviétiques dans la région arctique, à partir de 1948, qui préoccupait beaucoup la CIA, car le Pôle Nord constitue le moyen le plus rapide d'acheminer des armes nucléaires de la Russie vers l'Amérique du Nord.

On pensait que cette route était fermée à l'Union Soviétique jusqu'au premier vol polaire soviétique en 1947.

Un autre document de la CIA, concerne des ovnis en Allemagne de l'Est le 9 juillet 1952 au sujet d'un article est publié le 9 juillet dans un journal grec I Kathimerini, un quotidien du matin publié à Athènes.

Sa première édition a été imprimée le 15 septembre 1919. Il est publié en grec, ainsi que dans une édition abrégée en anglais.

La CIA distribue à ses services un rapport à ce sujet le 13 août 1952, titré :

« Soucoupes Volantes en Allemagne de l'Est ».

Une vague importante d'apparitions d'ovnis eut lieu entre 1948 et 1949 dans la partie nord de l'URSS, Baltique, Arctique et tout particulièrement en Sibérie, après 1949 on ne dénombre aucune apparition, cela s'arrête brutalement, à peine quelques témoignages oculaires très insignifiants.

Document de la CIA, en juillet 1952 :

« Berlin, un témoin Oscar Linke âgé de 48 ans avec le rang de Major résidant à Gleimershausen un quartier de la commune de Rhönblick dans la Rhön, district de Schmalkalden-Meiningen, en Thuringe a environ 100 km au nord-est de Francfort, rapporte une observation d'ovni en Allemagne de l'Est.

Les officiers des services secrets ouest allemands ont ouvert une enquête au sujet d'un gros objet volant non identifié, d'un diamètre qui pourrait atteindre les quinze mètres, ayant atterri dans la clairière d'une forêt d'Esselbach, dans la zone d'occupation soviétique d'Allemagne de l'Est »

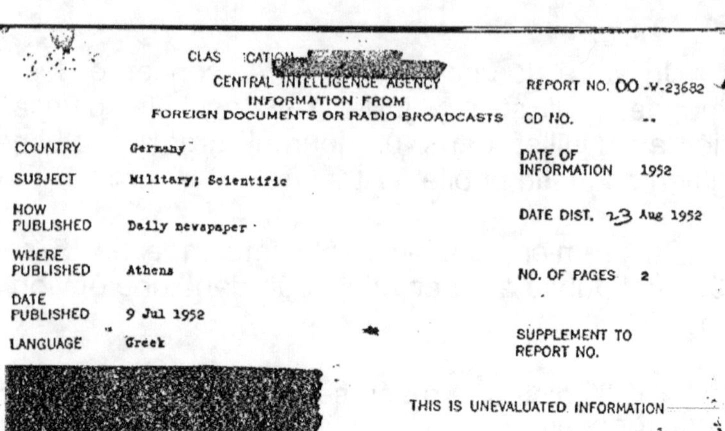

CENTRAL INTELLIGENCE AGENCY

INFORMATION FROM
FOREIGN DOCUMENTS OR RADIO BROADCASTS

REPORT NO. OO-W-23682

CD NO.

COUNTRY	Germany	DATE OF INFORMATION 1952
SUBJECT	Military; Scientific	
HOW PUBLISHED	Daily newspaper	DATE DIST. 23 Aug 1952
WHERE PUBLISHED	Athens	NO. OF PAGES 2
DATE PUBLISHED	9 Jul 1952	
LANGUAGE	Greek	SUPPLEMENT TO REPORT NO.

THIS IS UNEVALUATED INFORMATION

SOURCE   I Kathimerini.

"FLYING SAUCERS" IN EAST GERMANY

Berlin, July -- Furnished with the sworn testimony of an eyewitness, Oscar Linke, a 48-year-old German and former mayor of Gleimershausen, West Berlin intelligence officers have begun investigating a most unusual "flying saucer" story. According to this story, an object "resembling a huge flying pan" and having a diameter of about 15 meters landed in a forest clearing in the Soviet Zone of Germany.

Linke recently escaped from the Soviet Zone along with his wife and six children.

Linke and his 11-year-old daughter, Gabriella, made the following sworn statement last week before a judge: "While I was returning to my home with Gabriella, a tire of my motorcycle blew out near the town of Hasselbach. While we were walking along toward Hasselbach, Gabriella pointed out something which lay at a distance of about 140 meters away from us. Since it was twilight, I though that she was pointing at a young deer.

"I left my motorcycle near a tree and walked toward the spot which Gabriella had pointed out. When, however, I reached a spot about 55 meters from the object, I realized that my first impression had been wrong. What I had seen were two men who were now about 40 meters away from me. They seemed to be dressed in some shiny metallic clothing. They were stooped over and were looking at something lying on the ground.

"I approached until I was only about 10 meters from them. I looked over a small fence and then I noticed a large object whose diameter I estimated to be between 13 and 15 meters. It looked like a huge frying pan.

"There were two rows of holes on its periphery, about 30 centimeters in circumference. The space between the two rows was about 0.45 meters. On

Oskar Linke s'est récemment évadé de la zone d'occupation soviétique en compagnie de sa femme et de ses six enfants. Linke et sa fille revenaient de promenade autour de la ville d'Esselbach en moto en direction de leur domicile quant à un moment, sur leur parcours, à environ 140 m d'eux sa fille Gabriella observe un point de lumière qui projette un rayon dans leur direction.

Parvenus à environ 55 mètres de l'objet ils voient un spot lumineux, puis à 40 mètres de celui-ci deux hommes portant des combinaisons d'aspect métalliques qui regardent la scène dans la clairière.

Selon son témoignage :

« Je me suis approché à seulement 10 m d'eux, j'ai observé un large objet que j'estime de 13 à 15 m de diamètre comme une poêle à frire, il y avait des ragées d'orifices dans la périphérie d'environ 30 cm de circonférence, l'espace entre eux était d'environ 45 cm, le sommet cde cet objet métallique était une forme de cône d'environ trois mètres de haut. »

Le rapport de la CIA est estampillé « destiné au FBI », au gouvernement des USA, au Commandement de la marine, de l'armée, de l'armée de l'air au MSRB, approuvé par la CIA le 6 novembre 1952, document de deux pages n ° 00 W 23682 avec le numéro 3 rayé qui laisse supposer qu'à l'origine il comportait trois feuillets.

Linke précise dans son témoignage qu'il n'avait jamais entendu parler de soucoupes volantes et qu'il pensa à une nouvelle machine à tuer soviétique, il précise qu'il avait très peur d'avoir découvert cela, car les soviétiques n'aiment pas que l'on sache quoi que ce soit à propos de leur travail, et de nombreuses personnes ont eu leurs déplacements restreints pour de nombreuses années en Allemagne de l'Est, car ils sen savaient un peu trop, en résumé :

« L'objet a manœuvré, la lumière provenant des hublots était verte mais a tourné au rouge par la suite, l'objet s'est élevé du sol et a commencé à tourner, le cylindre sur lequel il reposait s'est rétracté à l'intérieur, l'objet s'est élevé gagnant de l'altitude dans le ciel et disparut derrière la forêt en direction de Stockholm, une municipalité du district de Kronach en Bavière.

Beaucoup de personnes vivent dans ce secteur, et ils ont tous cru qu'il s'agissait du passage d'une comète, quand l'objet a disparu, je me suis rendu à l'endroit où il s'était posé et il demeurait une trace circulaire fraichement faite, au lieu du cône ayant servi de socle sur lequel reposait correspondant l'objet. J'en suis venu à la conclusion que je n'avais pas rêvé, je n'avais jamais entendu parler du terme de Soucoupe Volante avant mon évasion de la zone d'occupation soviétique pour Berlin, quand j'ai parlé de cet objet j'ai immédiatement dit qu'il s'agissait d'une nouvelle machine militaire soviétique »

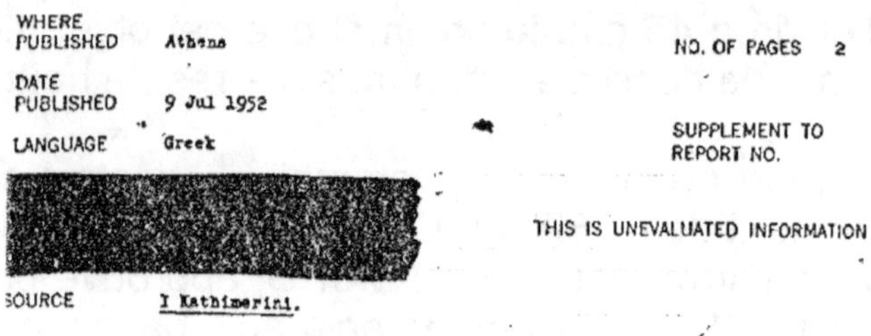

WHERE PUBLISHED   Athens

DATE PUBLISHED   9 Jul 1952

LANGUAGE   Greek

NO. OF PAGES   2

SUPPLEMENT TO REPORT NO.

THIS IS UNEVALUATED INFORMATION

SOURCE   I Kathimerini.

"FLYING SAUCERS" IN EAST GERMANY

Berlin, July -- Furnished with the sworn testimony of an eyewitness, Oscar Linke, a 48-year-old German and former mayor of Gleimershausen, West Berlin intelligence officers have begun investigating a most unusual "flying saucer" story. According to this story, an object "resembling a huge flying pan" and having a diameter of about 15 meters landed in a forest clearing in the Soviet Zone of Germany.

Linke recently escaped from the Soviet Zone along with his wife and six children.

Linke and his 11-year-old daughter, Gabriella, made the following sworn statement last week before a judge: "While I was returning to my home with Gabriella, a tire of my motorcycle blew out near the town of Hasselbach. While we were walking along toward Hasselbach, Gabriella pointed out something which lay at a distance of about 140 meters away from us. Since it was twilight, I though that she was pointing at a young deer.

"I left my motorcycle near a tree and walked toward the spot which Gabriella had pointed out. When, however, I reached a spot about 55 meters from the object, I realized that my first impression had been wrong. What I had seen were two men who were now about 40 meters away from me. They seemed to be dressed in some shiny metallic clothing. They were stooped over and were looking at something lying on the ground.

"I approached until I was only about 10 meters from them. I looked over a small fence and then I noticed a large object whose diameter I estimated to be between 13 and 15 meters. It looked like a huge frying pan.

"There were two rows of holes on its periphery, about 30 centimeters in circumference. The space between the two rows was about 0.45 meters. On the top of this metal object was a black conical tower about 3 meters high.

APPROVED FOR RELEASE
DATE ...6. ...

221609

- 1 -

ARCHIVAL RECORD
PLEASE RETURN TO
AGENCY ARCHIVES

Note de la CIA approuvée le 6 novembre 1952 mais non vérifiée :

« Un journal d'Athènes I Kathimerini publie le 9 juillet 1952, l'histoire du Major Oscar Linke, officier déserteur de l'armée de la RDA, entendu par les officiers de renseignement ouest allemands au sujet d'une soucoupe volante observée en Allemagne de l'Est. »

"At that moment, my daughter, who had remained a short distance behind me, called me. The two men must have heard my daughter's voice because they immediately jumped on the conical tower and disappeared inside.

"I had previously noted that one of the men had a lamp on the front part of his body which lit up at regular intervals.

"Now, the side of the object on which the holes had been opened began to glitter. Its color seemed green but later turned to red. At the same time I began to hear a slight hum. While the brightness and hum increased, the conical tower began to slide down into the center of the object. The whole object then began to rise slowly from the ground and rotate like a top.

"It seemed to me as if it were supported by the cylindrical plant which had gone down from the top of the object, through the center, and had now appeared from its bottom on the ground.

"The object, surrounded by a ring of flames, was now a certain number of feet above the ground.

"I then noted that the whole object had risen slowly from the ground. The cylinder on which it was supported had now disappeared within its center and had reappeared on the top of the object.

"The rate of climb had now become greater. At the same time my daughter and I heard a whistling sound similar to that heard when a bomb falls.

"The object rose to a horizontal position, turned toward a neighboring town, and then, gaining altitude, it disappeared over the heights and forests in the direction of Stockheim."

Many other persons who live in the same area as Linke later related that they saw an object which they thought to be a comet. A shepherd stated that he thought that he was looking at a comet moving away at a low altitude from the height on which Linke stood.

After submitting his testimony to the Judge, Linke made the following statement: "I would have thought that both my daughter and I were dreaming if it were not for the following element involved: When the object had disappeared, I went to the place where it had been. I found a circular opening in the ground and it was quite evident that it was freshly dug. It was exactly the same shape as the conical tower. I was then convinced that I was not dreaming."

Linke continued, "I had never heard of the term 'flying saucer' before I escaped from the Soviet Zone into West Berlin. When I saw this object, I immediately thought that it was a new Soviet military machine.

"I confess that I was seized with fright because the Soviets do not want anyone to know about their work. Many persons have been restricted to their movements for many years in East Germany because they know too much."

- E N D -

Oscar Linke n'avait jamais entendu parler auparavant du terme soucoupes volantes avant qu'il ne s'échappe de la zone soviétique par Berlin Ouest. Quand il vit cet objet, il pensa immédiatement que c'était une machine militaire soviétique :

« Je confesse avoir été saisi de peur, car les soviétiques ne veulent pas que quiconque sache quoi que ce soit au sujet de leur travail. Beaucoup de personnes ont eu leurs déplacements restreints pour de nombreuses années en Allemagne de l'Est par ce qu'ils en savaient trop. »

"Now, the side of the object on which the holes had been opened began to glitter. Its color seemed green but later turned to red. At the same time I began to hear a slight hum. While the brightness and hum increased, the conical tower began to slide down into the center of the object. The whole object then began to rise slowly from the ground and rotate like a top.

"It seemed to me as if it were supported by the cylindrical plant which had gone down from the top of the object, through the center, and had now appeared from its bottom on the ground.

"The object, surrounded by a ring of flames, was now a certain number of feet above the ground.

I then noted that the whole object had risen slowly from the ground. The cylinder on which it was supported had now disappeared within its center and had reappeared on the top of the object.

"The rate of climb had now become greater. At the same time my daughter and I heard a whistling sound similar to that heard when a bomb falls.

"The object rose to a horizontal position, turned toward a neighboring town, and then, gaining altitude, it disappeared over the heights and forests in the direction of Stockheim."

Many other persons who live in the same area as Linke later related that they saw an object which they thought to be a comet. A shepherd stated that he thought that he was looking at a comet moving away at a low altitude from the height on which Linke stood.

After submitting his testimony to the judge, Linke made the following statement: "I would have thought that both my daughter and I were dreaming if it were not for the following element involved: When the object had disappeared, I went to the place where it had been. I found a circular opening in the ground and it was quite evident that it was freshly dug. It was exactly the same shape as the conical tower. I was then convinced that I was not dreaming."

Linke continued, "I had never heard of the term 'flying saucer' before I escaped from the Soviet Zone into West Berlin. When I saw this object, I immediately thought that it was a new Soviet military machine.

"I confess that I was seized with fright because the Soviets do not want anyone to know about their work. Many persons have been restricted to their movements for many years in East Germany because they know too much."

- E N D -

- 2 -

L'objet en forme de soucoupe volante avait une sorte de cercle de flammes dans sa circonférence qui s'est éclairé lorsqu'il est monté au-dessus du sol de quelques mètres, il a volé à l'horizontale à faible vitesse émettant une couleur vert pâle qui est passée au rouge par la suite, la soucoupe volante en position horizontale, s'est tournée vers une ville voisine, puis, prenant de l'altitude, elle a disparu sur les hauteurs des cimes des arbres de la forêt en direction de Stockheim :

« Alors que je retournais chez moi avec Gabriella, un pneu de ma moto a explosé près de la ville de Hasselbach. Pendant que nous étions En marchant vers Hasselbach, Gabriella a indiqué quelque chose qui se trouvait à une distance d'environ 140 mètres de nous.Comme c'était le crépuscule, j'ai pensé qu'elle montrait un jeune cerf. J'ai laissé ma moto près d'un arbre et j'ai marché vers l'endroit que Gabriella avait indiqué. Cependant, quand j'ai atteint un endroit à environ 55 mètres de l'objet, j'ai réalisé que ma première impression était fausse. Ce que j'avais vu, c'était deux des hommes qui se trouvaient maintenant à environ 40 mètres de moi.Ils semblaient être vêtus de vêtements métalliques brillants.Ils ont été arrêtés et regardaient quelque chose qui gisait sur le sol. Je me suis approché jusqu'à ce que je ne sois qu'à environ 10 mètres d'eux. J'ai regardé par-dessus une petite clôture, puis j'ai remarqué un gros objet dont j'ai estimé le diamètre entre 13 et 15 mètres. Il ressemblait à une énorme poêle à frire. Il y avait deux rangées de trous sur sa périphérie, d'environ 30 centimètres de circonférence. L'espace entre les deux rangées était de 0,45 mètre. Au sommet de cet objet métallique se trouvait une tour conique noire d'environ 3 mètres de haut. A ce moment, ma fille, qui était restée un peu derrière moi, m'a appelé. Les deux hommes ont dû entendre la voix de ma fille car ils ont immédiatement sauté sur la tour conique et ont disparu à l'intérieur. J'avais noté précédemment que l'un des hommes avait une lampe sur la partie antérieure du corps qui s'allumait à intervalles réguliers.

Maintenant, le côté de l'objet sur lequel les trous avaient été ouverts a commencé à scintiller. Sa couleur semblait verte mais plus tard est devenue rouge. En même temps, j'ai commencé à entendre un léger bourdonnement. Tandis que la luminosité et le bourdonnement augmentaient, le La tour a commencé à glisser vers le centre de l'objet. L'objet entier a alors commencé à s'élever lentement du sol et à tourner comme une toupie. Il m'a semblé qu'il était soutenu par la plante cylindrique qui était descendue du haut de l'objet par le centre, et était maintenant apparue de son bas sur le sol. L'objet, entouré d'un anneau de flammes, était maintenant à un certain nombre de pieds au-dessus du sol. J'ai alors noté que l'ensemble de l'objet s'était élevé lentement du sol. Le cylindre sur lequel il s'appuyait avait maintenant disparu en son centre et avait réapparu au sommet de l'objet. Le taux de montée était maintenant devenu plus élevé. Au même moment, ma fille et moi avons entendu un sifflement semblable à celui entendu lors de la chute d'une bombe. L'objet s'est élevé jusqu'à une position horizontale, s'est tourné vers une ville voisine, puis, prenant de l'altitude, il a disparu au-dessus des hauteurs et des forêts en direction de Stockheim. »[55] Après avoir soumis son témoignage au juge, Linke a fait la déclaration suivante : « J'aurais pensé que ma fille et moi étions en train de rêver s'il n'y avait pas l'élément suivant impliqué : lorsque l'objet a disparu, je suis allé à l'endroit où il J'ai trouvé une ouverture circulaire dans le sol et il était bien évident qu'elle était fraîchement creusée. Elle avait exactement la même forme que la tour conique. J'ai alors été convaincu que je ne rêvais pas. Je n'avais jamais entendu parler du terme 'soucoupe volante' avant de m'échapper de la zone soviétique vers Berlin-Ouest. Quand j'ai vu cet objet, j'ai immédiatement pensé qu'il s'agissait d'une nouvelle machine militaire soviétique.

---

[55] (Beaucoup d'autres personnes qui vivent dans la même région que Linke ont raconté plus tard qu'elles avaient vu un objet qu'elles pensaient être une comète. Un berger a déclaré qu'il pensait qu'il regardait une comète s'éloignant à basse altitude de la hauteur sur laquelle se tenait Linke.)

Spitzbergen l'affaire de 1952

Mais que s'est-il réellement passé sur Spitsbergen en 1952 ?

Pourquoi parmi toutes les observations d'ovnis au-dessus de la Norvège parfaitement vérifiables et accompagnées de témoignages d'habitants ou de militaires, cette petite histoire et les rumeurs qui l'entourent, est la toute première mention d'un crash de soucoupe provient très probablement d'un article d'un journal allemand, Saarbrücker Zeitung du 28 juin 1952, intitulé :

« Auf Spitzbergen Landete Fliegende Untertasse »

La description ci-après est conforme au rapport des services de l'intelligence de l'armée de l'air des Etats-Unis d'Amérique n°ATI-1944-52 du 12 septembre 1952 rédigé par le capitaine Gerald M. Jones envoyé par câble chiffré n° AFOIN 55990, et reprend l'article rédigé par le journal allemand Berliner Volskblatt publié le, le 9 juillet 1952 titré : Une Soucoupe Volante à Spitsbergen.

« Narvik, mi-juin, les avions à réaction norvégiens venaient de commencer les manœuvres estivales de cette année au Spitzberg.

Un escadron de six avions approchait à vitesse maximale du Nordaustlandet, où des unités ennemies avaient été signalées. Les avions à réaction venaient de traverser le détroit d'Hinlopen lorsque des bruits de craquement et de bruissement se faisaient entendre sur tous les écouteurs et récepteurs radio. Le contact radio entre les jets n'était plus possible, tous les moyens de communication entre les jets semblaient en panne. La lecture radar, qui avait été "blanche" depuis Narvik, était maintenant "rouge".

Cela indiquait une alerte, l'approche d'un objet métallique, ou d'un corps étranger dont la fréquence ne correspondait pas à celle des Jets.

Néanmoins, les pilotes très expérimentés ont été capables de communiquer entre eux au moyen de cercles et de plongeons, de sorte que chacun d'entre eux ait conscience de sa situation commune, chacun cherchant l'horizon avec la plus grande attention quelque chose d'intérêt. Les six avions de combat ont tourné en rond pendant un certain temps sans rien trouver d'extraordinaire.

Par chance, accidentellement, le chef d'escadron le capitaine de l'air, Olaf Larsen, baisse les yeux, et commencé immédiatement à plonger, suivi de son escadron. Sur le paysage enneigé blanc, dont la surface craquelée avait une brillance glacée, il y avait un disque circulaire métallique et brillant de 40 à 50 mètres de diamètre, encore plus brillant que la neige glacée. Entre quelques fils et un enchevêtrement de supports de soutien au milieu, les restes de ce qui s'apparente à un cockpit apparemment partiellement détruit en saillie.

Les pilotes effectuent une rotation de 60 minutes, sans détecter aucun signe de vie ni déterminer l'origine ou le type de l'engin volant. Enfin, ils ont poursuivi leur vol pour Narvik afin de rendre compte de leurs découvertes étranges.

Quelques heures plus tard, cinq gros hydravions volants équipés de skis, ont décollé pour le lieu de la découverte. Ils ont atterri en toute sécurité à côté du disque en acier bleuâtre, qui était assis dans un lit de neige et de glace d'une profondeur de plus d'un mètre.

« Sans aucun doute une des fameuses soucoupes volantes », a déclaré le Dr Norsel, spécialiste norvégien des fusées, qui avait insisté pour rejoindre le vol. Il a également expliqué pourquoi tous les moyens de communication des avions de combat étaient tombés en panne en entrant dans la zone d'atterrissage et pourquoi l'équipement radar avait sonné l'alarme : un radiogoniomètre équipé d'un noyau de plutonium était intact et transmettait sur toutes les longueurs d'onde à une fréquence de 934 Hertz, qui n'est connue par aucun pays.

Une inspection minutieuse du disque volant télécommandé qui a atterri sur le Nordaustlandet du Spitzberg en raison de problèmes d'interférences, a abouti aux informations incontestables suivantes.

L'objet volant, qui a un diamètre de 48,88 mètres et des côtés inclinés, est rond et n'était pas habité.

L'objet en acier circulaire, fabriqué à partir d'un composé métallique inconnu, ressemble à un disque d'argent, disposant de, 46 jets automatiques, situés à égale distance de la bague extérieure, qui font tourner le disque autour d'une sphère en plexiglas centrale qui contient des appareils de mesure et de contrôle pour la télécommande à distance.

Les instruments de mesure ont des symboles russes.

Le rayon d'action du disque semble être supérieur à 30 000 km et l'altitude supérieure à 160 km. L'objet volant, qui ressemble à l'une des légendaires soucoupes volantes, a suffisamment de place pour les bombes explosives, ou des bombes atomiques.

Les spécialistes norvégiens ont supposé que le disque était parti de l'Union soviétique pour descendre sur le Spitzbergen en raison d'une erreur de transmission ou de réception, qui conduit à un atterrissage brutal.

L'étrange avion à réaction sans pilote télécommandé sera amené à Narvik à bord d'un navire pour complément d'enquête.

Après avoir entendu la description du disque, le concepteur allemand de V-Armes, Riedel, a déclaré :

« C'est un V-7 typique pour la production en série de laquelle j'ai moi-même travaillé ».

Signé ~ JMM

Le quartier général a demandé à l'attaché de l'Armée de l'Air à Oslo en Norvège de valider cet incident ou toute autre information et de la transmettre dès qu'il sera possible de l'obtenir.

Cette information sera intéressante pour la section des phénomènes aériens du service de l'intelligence de l'armée de l'air de la base Bright Patterson de l'Armée de l'Air dans l'Ohio. »

Le document est donc à classer Top Secret durant une période minimale de Vingt ans, mais pourquoi si l'origine n'a pas été vérifiée et son auteur inconnu et que par ailleurs les autorités norvégiennes membres de l'OTAN et donc alliées des Etats Unis d'Amérique ont totalement réfuté l'affaire.

Le Colonel de l'armée de l'air chef de la branche de l'ATI Robert A Elder confirme l'authenticité du document, toutefois il précise en bas à gauche de la page German Newspaper Volksblatt, Namco, qui signifie sans dote, « source inconnue » accompagné du tampon selon la directive sur le Bureau de surveillance de la sécurité des informations, à réduire à un grade, rang ou niveau d'importance inférieur à huit ans d'intervalle puis à déclassifier après douze ans selon le programme de sécurité de l'information DOD DIR 5200.10.

A ce jour, l'auteur de l'article du journal Saarbrücker Zeitung JMM n'a pas pu être retrouvé ou identifié, les archives de journaux ne contiennent aucune information susceptible de nous aider à placer un nom dessus, par contre l'article du Berliner Volskblatt est quant à lui, parfaitement identifiable.

Au début du mois d'août 1952, le périodique allemand Der Flieger mentionna une nouvelle fois l'affaire dans un article du Dr. Waldemar Beck :

« Der Flieger, août 1952, p. 148 Luftpolitische Monatsschau. »

L'article du journal Zeitung rapporte que les Soucoupes Volantes ne sont pas des fables, selon un rapport militaire norvégien au sujet d'un objet volant inconnu parvenu au Spitzbergen :

« Une commission d'enquête de l'état-major norvégien prépare actuellement la publication d'un rapport sur l'examen des restes d'une soucoupe volante écrasée au Spitsbergen il y a quelque temps. Le président de la commission, le colonel Gernod Darnhill, a déclaré, au cours d'une leçon d'instruction pour les officiers de la Force aérienne (et non une conférence de presse).

L'accident du Spitzberg était très enrichissant. Certes, notre science est toujours confrontée à de nombreuses énigmes. Je suis cependant sûr qu'ils pourront bientôt être résolus par ces restes au Spitzberg. Un malentendu s'est développé, il y a quelque temps, lorsqu'il a été déclaré que le disque volant était probablement d'origine soviétique. Cela doit être déclaré fermement, il n'a pas été construit par aucun pays du monde. Les matériaux sont totalement inconnus de tous les experts, et ne peuvent être trouvés sur Terre, et sont traités par des processus physiques ou chimiques inconnus de nous. »

Selon le colonel Darnhyl, la commission d'enquête ne va pas publier un rapport détaillé tant que certains faits sensationnels n'auront pas été discutés avec des experts en provenance des États-Unis et de Grande Bretagne ;

« Nous devons dire au public ce que nous savons des objets volants inconnus. Un secret mal placé peut bien conduire un jour à la panique. »

Les pilotes de chasse norvégiens, le lieutenant Brobs et le lieutenant Thygesen, qui, ont été nommés observateurs de la zone polaire depuis le Spitzbergen, affirment que, contrairement à des sources américaines et autres, les disques volants ont déjà atterri à plusieurs reprises dans la zone polaire nord ;

« Je pense que la zone polaire est une base aérienne pour des inconnus, particulièrement lors des tempêtes de neige et de verglas, lorsque nous devons, avec nos machines, nous retirer dans notre base, je suis convaincu que les objets volants en profitent pour effectuer des atterrissages. »

Peu de temps après ces mauvaises conditions météorologiques, je les ai vues atterrir et décoller à trois reprises », a déclaré le lieutenant Thygesen (dans plusieurs reprises de l'article le nom a été parfois orthographié Tyllesen ou encore Thyllensen, on retrouve désormais trace sur le net, des trois orthographes dans diverses publications au risque de perdre la notion du nom d'origine) :

« J'ai alors remarqué que, après avoir atterri, ils effectuaient une rotation très rapide autour de leur axe. Pendant le vol et au moment du décollage ou de l'atterrissage, la lumière brillante empêche toute vision des événements derrière ce mur de lumière et sur ou à l'intérieur de l'objet volant lui-même. »

Le colonel Darnhyl pense que dans les douze prochains mois, une solution à ces problèmes techniques sera trouvée ou, du moins, que la science sera sur la bonne voie pour résoudre le problème des ovnis ;

« Nous avons maintenant du matériel sous la main, sur lequel nous pouvons commencer. »

Cela signifie que les laboratoires peuvent commencer les travaux immédiatement et qu'ils pourraient nous fournir des résultats préliminaires sous peu. Les scientifiques norvégiens pensent que le matériel du Spitzbergen peut révéler ses secrets nucléaires, parce que cela ne change pas au zéro absolu, lorsque l'air est liquéfié, ou aux températures les plus élevées techniquement possibles avec notre technologie.

De plus, tous les traitements chimiques ont été essayés.

Les résultats scientifiques ne seront publiés qu'après une conférence sur les ovnis à Londres ou Washington.

Les témoignages des propriétaires de téléviseurs suédois, selon lesquels leur réception a été récemment gênée chaque fois que des soucoupes volantes ont été signalées dans le nord de la Suède, a fait sensation au sein de la commission d'enquête norvégienne. En conséquence, le colonel Darnhyl espère, tôt ou tard, retrouver le système de communication d'objets volants inconnus.

Signé Sven Thygesen. »

Le célèbre ufologue russe Mikhail Gershtein de Saint Petersbourg, membre d'Anomalia, président de la commission ufologique de la Société de Géographie Russe, №19, 2015 est plus réservé à ce sujet.

Selon lui :

« Ces dernières années, bien sûr, avec l'aide de collègues des États-Unis et d'Europe, j'ai soigneusement étudié les informations sur tous les accidents d'ovnis les plus forts, et j'en suis arrivé à la conclusion que la plupart d'entre eux étaient des canulars qui hélas continuent à parcourir les pages des journaux et des livres.

Au sujet de la soucoupe extraterrestre soviétique sur Svalbard, à l'été 1952, des rumeurs ont commencé à circuler en Europe selon lesquelles les Norvégiens auraient trouvé une étrange machine en forme de disque à Svalbard.

Apparemment, le journal allemand Saarbrucker Zeitung du 28 juin 1952 a repris l'information le premier au sujet d'une soucoupe volante, objet volant d'un diamètre de 48,88 mètres est rond, sans bords biseautés et sans équipage. Il est fabriqué à partir d'un alliage métallique inconnu.

Sur les bords, il y a 46 moteurs à réaction automatiques situés à égale distance sur le bord extérieur. Selon les experts, ils font pivoter le disque autour d'une boule de plexiglas au centre avec des instruments de mesure et des dispositifs de contrôle à distance.

Des lettres russes ont été trouvées sur ces jauges. Les calculs ont montré que le disque peut voler à plus de 160 km d'altitude et que son rayon d'action est supérieur à 30 000 km. »

Gershtein demeure sceptique quant à l'affaire et est enclin à la classer dans les canulars journalistiques, toutefois le secteur demeure quand même dans le scope des ufologues en raison d'apparitions d'ovnis nombreuses à Hessdalen à une période plus récente, qui font qu'on ne peut pas écarter toutes les hypothèses, quelles qu'elles soient.

Revenons à une époque plus récente, un ovni filmé à Hessdalen en Norvège le 26 septembre 2016 relance le mystère 70 ans plus tard que se passe-t-il au-dessus de la Norvège depuis tant d'années ?

Hessdalen est un village à environ 120 km, au sud de Trondheim et dans une vallée de 15 km de long dans laquelle il est très courant de voir des ovnis. Il se situe dans la municipalité de Holtålen qui compte environ 2500 habitants.

De 1981 à 1984, les villageois de Hessdalen ont assisté à une activité ovni incroyable qui culminent avec un pic de vingt observations faites et rapportées en une seule semaine. Un groupe de scientifiques ont mené des enquêtes sur le terrain pendant et après cette période en 1984.

Aujourd'hui, l'École d'ingénieurs et de sciences naturelles de l'Østfold College (HiØ-IR) est en charge de ce projet, mais désormais toute cette activité ovni est relativement faible aujourd'hui à Hessdalen toutefois l'intérêt reste élevé.

Ainsi en 1998, une station d'observation fut construite pour surveiller la vallée, disposant d'un poste de caméra de vidéo enregistrement permanent, et d'un personnel bénévole, elle fonctionne toujours à ce jour, et des amateurs viennent aussi les rejoindre parfois durant les vacances.

Il est possible que l'histoire de cet ovni de 1952 dans ses deux versions, une qui concernait un disque russe et une seconde qui comportait des corps humanoïdes n'ait servi aux services de renseignement américains qu'a couvrir quelque chose d'autre, une fois sabotée par leur campagne de démystification plus personne ne croirait plus jamais que quelque chose à pu avoir lieu un jour. Mystère ou imposture, quel que soit le domaine où vous placerez cette affaire, la question que l'on doit se poser est bien celle-ci : « A quelles fins un journal situé en Allemagne dans la zone d'occupation alliée de l'OTAN a-t-il impliqué l'Union Soviétique sur un crash d'ovni en 1952, si rien n'existe en vérité.

Pourquoi les services de renseignement de la CIA n'ont pas déclassifié les conclusions des rapports d'enquête de 1946 et 1952 dont ils disposent ? S'ils ne sont que l'expression de phénomènes météorologiques ou de simples ballons gonflables météorologiques, pourquoi en faire un dossier classé secret défense en Suède et en Norvège ?

La photo prise par Nils Frost le 15 septembre 1952 est encore inexpliqués et les motifs sphériques qu'elle comporte est classé comme la preuve évidente de véritables ovnis, elle a survécu à toutes les tentatives d'explication des experts scientifiques militaires et civils.

La photographie de deux objets volants non identifiés à Mora le 15 septembre 1952 sur un fond de ciel nocturne un peu au-dessus des cimes des arbres avec un plus gros au centre et un plus éloigné sur la gauche a résisté à toutes les analyses contradictoires, une analyse en laboratoire a démontré qu'un objet parfaitement rond, comme un soleil ou étoile miniature, cachée au centre de la lumière.

Nils Frost témoigne :

« Quand je suis arrivé chez moi à 23h30, j'ai remarqué une lumière brillante au-dessus de l'horizon au nord. C'était jaune et se déplaçait lentement dans le ciel. Pas un son ne pouvait être entendu. Cela paraissait si étrange que je me suis précipité à l'intérieur et ai réveillé père et mère alors qu'il était tard dans la nuit. Pendant que je réveillais mes parents, j'ai pris mon appareil photo. Dans la cour, j'ai pris deux photos de ces objets étranges alors que toute la famille restait à regarder. »

Nils et sa mère restèrent dans la cour et pendant au moins dix minutes, ils virent les sphères incandescentes glisser très lentement dans le ciel comme en lévitation avant de disparaître à l'est.

Des experts militaires furent chargés d'analyser la photographie, le major Bror von Vegesack et le capitaine Per Sundh, des services techniques de l'état-major de la défense aérienne. Les deux officiers étaient des spécialistes de la division chargée d'enquêter sur les objets volants non identifiés, les images ont été analysées de manière approfondie.

A ce stade on ne sait pas si les militaires ont enregistré ou pas des échos radars sur leur matériel, en tout cas ils prirent très au sérieux l'observation de Nils Frost sans que l'on sache vraiment pourquoi, dans ce cas-là, plus que dans tous les autres de la période des fusées fantômes de 1946.

Des experts civils furent consultés à leur tour, un expert en photographie M Von Vegesack :

« La lumière provenant du gros objet avait été suffisamment puissante pour illuminer les quelques nuages environnants et même pour endommager le film dans l'appareil photo », l'énergie produite était réelle et puissante.

Photo prise par Nils Frost.

Photo prise le 30 décembre 2018 à Volgograd en Russie.

L'observatoire de Stockholm fut à son tour interrogé, et il a également analysé le cliché, qui selon lui n'était pas un reflet lunaire ou astral, ni une météorite ou comète, il excluait l'expression d'un phénomène astronomique nocturne habituel.

Le professeur Harald Norinder, de l'institut de recherche sur la haute tension d'Uppsala, était convaincu qu'il ne pourrait s'agir d'aucun type de phénomène de lumière électrique. Les recherches de Norinder étaient principalement axées sur les technologies de, foudre et de haute tension provoqués par les orages.

La photo a également été envoyée à Hannes Olof Gösta, un astrophysicien suédois qui a étudié le déplacement des particules électrisées et la propagation des ondes d'Alfvén dans le plasma de la magnétosphère. Il fut le premier à avoir employé le terme de propulsion magnétohydrodynamique MHD en 1942, lauréat Nobel pour ses travaux en magnétohydrodynamique et expert en physique des plasmas, il n'a pas réussi à identifier la source de lumière.

Ne pouvant formuler de conclusions adaptées, il se contenta de stipuler dans son rapport d'analyse :

« Le phénomène lumineux ne ressemble à rien de ce que nous avons vu ou vécu auparavant. »

Alfvén était l'un des rares scientifiques membres étrangers des académies des sciences des Etats Unis d'Amérique et d'Union Soviétique simultanément, à partir de la fin des années soixante il travailla non seulement en Suède, mais aussi en Union Soviétique puis aux Etats Unis où il décèdera en Californie.

Dans une note écrite le 19 juillet 1954, le capitaine Kurt Johansson de l'état-major général décrit un certain nombre de cas d'ovnis expliqués, mais mentionne également deux observations non résolues, dont l'une d'elles est la photo de Nils Frost.

Ors jamais un représentant des autorités d'un pays ne reconnaitrait sur les bases d'une simple photographie qu'il s'agit bien d'un ovni, chose absurde et incohérente si elle n'est pas accompagnée de rapports circonstanciés avérés, alors en quoi et pourque cette photo-là était-elle différente ?

Selon les militaires n'y avait aucun avion en vol au-dessus de Mora la nuit en question, mais on ne sait pas si cela est vrai ou pas. Que savait l'état-major de l'armée de l'air sur ce qui s'était réellement passé ce soir-là, et que nous ne savons pas ?

Le principe d'improbabilité, de coïncidence ou de miraculosité évènementielle répétitive n'existe pas dans la science, dans un contexte d'incohérence intemporelle total, des boules de feu volantes, des soucoupes, des tubes géants ont survolé la Scandinavie et l'armée a enregistré des faits sur des bases techniques qui excluent la provenance terrestre des engins volants.

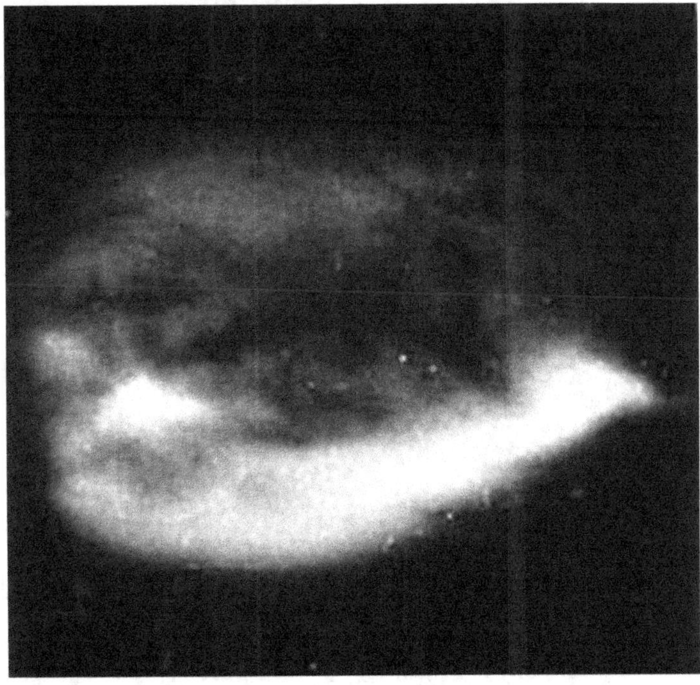

Ovni dans la nuit du 14 au 15 juin 1980 russie vers le Cosmodrome de Plesetsk !

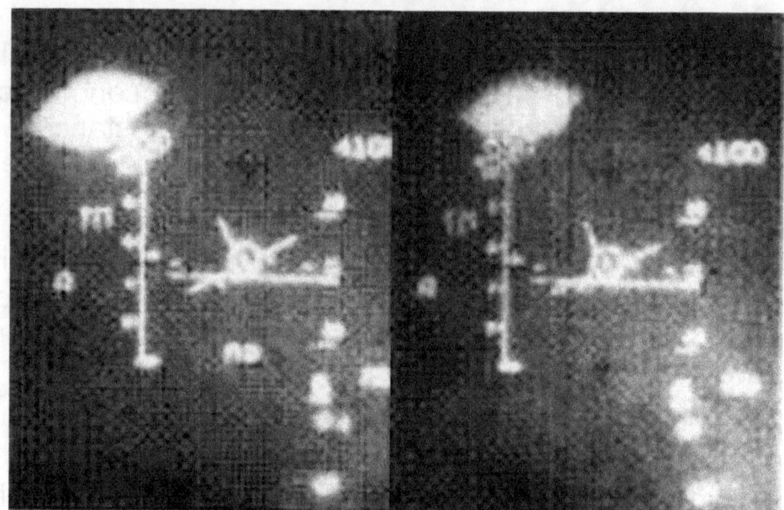

Cosmodrome de Plesetsk Ovni au radar, 1989. Source Marina Popovitch.

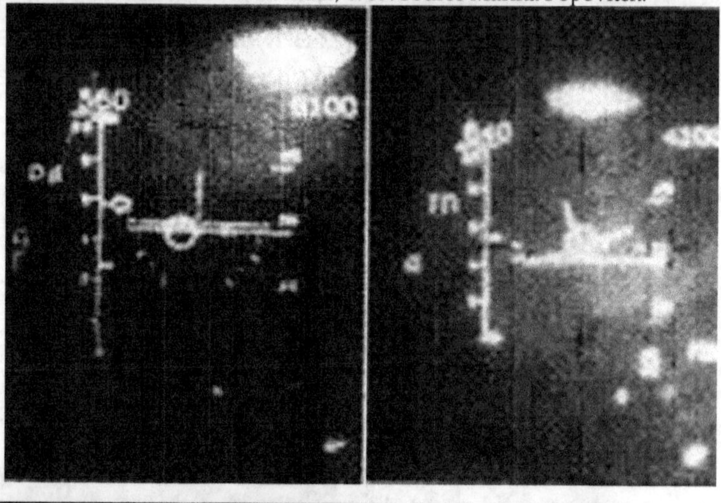

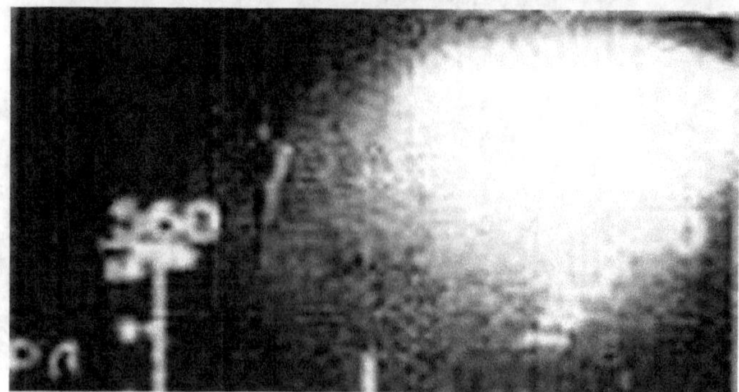

Cosmodrome de Plesetsk Ovni au radar, 1989

Aérogramme de la CIA

Fait intéressant, l'ambassade américaine à Moscou a envoyé à Washington un très curieux aérogramme classifié dans une communication secret diplomatique le 20 Février 1968, après la parution d'un article soviétique et les rapports qu'un nouvel article de V. Lyustiberg qui démystifie soucoupes volantes complètement.

L'auteur travaillant à l'ambassade est un agent de la CIA sous couverture, il rapporte :

« Ne cherchez pas à concilier cette croyance avec des articles soviétiques déjà publiés, y compris cet article plutôt spectaculaire, destiné principalement à la consommation américaine dans la vie soviétique ».

En substance il dit que l'on ne doit pas croire à un canular comme il est de coutume destinée à désinformer les soviétiques et alimenter leur soif d'information au sujet de faits spectaculaires se rapportant aux occidentaux.

L'ambassade a joint une copie de l'article où quelqu'un, encercla un paragraphe relatant un disque argenté abandonné découvert dans une mine de charbon norvégienne située sur l'ile de Spitsbergen en 1952.

L'objet volant est percé et marqué par des impacts micrométriques signifiants qu'il a été frappé par des poussières ou des météorites durant son voyage dans l'espace, qui fut, selon l'article en question, envoyé au Pentagone où il a disparu.

En résumé, les informations disponibles corroborent des conclusions multiples possibles, cet inconnu appose le mot Plant à sa gauche.

Le mot Plant en lettres majuscules signifie Usine, démontrant que le gouvernement américain avait soit l'intention de découvrir l'usine ayant fabriqué l'engin volant soit que les américains disposaient ou construisaient un complexe technologique ou Usine dans le secteur, ce terme signifie aussi qu'un agent secret travaillant sous couverture est sur place, mais ne précise pas si cet éventuel agent est l'auteur d'une désinformation personnelle ou organisée.

Il est imaginable que l''Amérique a imaginé un crash d'ovni pour adresser un message aux Soviétiques selon lequel ils surveillent le secteur, cela parait stupide puisqu'ils reconnaissaient déjà officiellement observer en permanence les installations soviétiques en Mer du Nord, notamment navales et sous-marines.

On peut aussi supposer la présence d'une Usine de fabrication de missiles balistiques atomiques, sous-marins, avionique expérimentale, tout était concentré en Mer du Nord côté soviétique, mais il se peut que ce soit aussi des installations des américains du côté de l'Arctique, mais cette version pourrait être contredite par le fait que les premiers essais balistiques eurent lieu en 1947-1945 dans la base de Kapustin Yar vers Stalingrad et se sont déroulés quasi exclusivement là-bas depuis cette date ou le Polygone Emba à 200 kilomètres au sud d''Aktobe au Kazakhstan, qui englobait un territoire d'essai immense en plein désert, d'une superficie totale de 791 000 hectares et près de 340 km de long.

L'Amérique a-t-elle inventé d'un crash d'ovni pour dissimuler une arme ou un essai d'engin militaire visant l'Arctique soviétique, un prototype nord-américain, mais pourquoi l'auraient-ils testé si près de la frontière russe ?

L'Amérique a pu désinformer intentionnellement l'opinion publique au sujet d'un crash d'ovni pour dissimuler la récupération d'un missile, d'un sous-marin ou d'un avion soviétique, s'agit-il réellement d'un ovni ?

Si les soviétiques ont perdu là-bas un engin non conventionnel de test de soucoupe volante ou un quelconque engin balistique expérimental, pourquoi n'y ont-ils pas dépêché de mission de récupération.

Sans plus d'informations, il n'est pas possible de déterminer ce qui s'est réellement passé, mais aucune réfutation totale d'un engin extraterrestre n'est totalement à exclure.

En attendant soixante-six ans plus tard (en 2018) la CIA n'a jamais avoué avoir fomenté un canular alors que de nos jours cela n'a plus aucune importance aux yeux de l'opinion publique.

L'une d'une série d'images d'un OVNI volant
en Géorgie du Sud, URSS 1979.

Vol d'OVNI sous l'eau près de l'île de Kildin, mer de Barents, 1987.

Documents de la CIA du 2 octobre 1952

Des mémos de la CIA de cette période nous offrent une vision différente de ce qui se passait à cette époque, ils disent que, le centre technique de l'intelligence DI USAF Air Technical Center dont la base aérienne de Wrigth Patterson et le seul groupe dévoué pour apprécier l'étude du sujet des soucoupes volantes.

Les soucoupes volantes sont un élément de danger avec des implications de sécurité nationale non seulement en raison des psychologiques sur les masses, mais surtout pour la vulnérabilité à une attaque aérienne des Etats Unis.

Le directeur de la CIA informe le Conseil de Sécurité Nationale du problème et des implications des soucoupes volantes au sujet duquel une demande d'enquête et demande que les affaires d'intrusions d'ovnis dans l'espace aérien de la nation et soient considérées comme dangereuses pour la sécurité nationale, ils citent les soviétiques mais savent d'ores et déjà que ce n'est pas eux.

Un article publié par Kalantsev, en 1946, fait état d'une soucoupe volante d'une envergure de 400 mètres fut observée vers Palanga une station balnéaire située sur la côte baltique en Lituanie, un an avant le crash de Roswell aux Etats-Unis d'Amérique du Nord.

En Carélie à Olonets (Олонец) au bord du lac Ladoga, plusieurs sphères ou boules de feu volantes traversent le ciel, répandant des précipitations soufrées, la ville est la plus ancienne localité de Carélie, au sud de la ville, s'étendait une ceinture d'abbayes et monastères fortifiées, elle est à environ cent kilomètres au sud-ouest de Petrozavodsk au bord du lag Onega, aujourd'hui capitale régionale et célèbre pour le phénomène ovni en forme de couronne ou méduse volante de 1978.

Les deux lacs Ladoga et Onega sont à seulement vingt kilomètres de la Finlande, et de nombreuses observations d'ovnis en particulier de type disques soucoupes volantes y furent signalés.

SEP 24 1952

MEMORANDUM FOR: Director of Central Intelligence

THROUGH   : Deputy Director (Intelligence)

SUBJECT   : Flying Saucers

1. Recently an inquiry was conducted by the Office of Scientific Intelligence to determine whether there are national security implications in the problem of "unidentified flying objects," i.e., flying saucers; whether adequate study and research is currently being directed to this problem in its relation to such national security implications; and what further investigation and research should be instituted, by whom, and under what aegis.

2. It was found that the only unit of Government currently studying the problem is the Directorate of Intelligence, USAF, which has charged the Air Technical Intelligence Center (ATIC) with responsibility for investigating the reports of sightings. At ATIC there is a group of three officers and two secretaries to which come, through official channels, all reports of sightings. This group conducts investigation of the reports, consulting as required with other Air Force and civilian technical personnel. A world-wide reporting system has been instituted and major Air Force Bases have been ordered to make interceptions of unidentified flying objects. The research is being conducted on a case basis and is designed to provide a satisfactory explanation of each individual sighting. ATIC has concluded an arrangement with Battelle Memorial Institute for the latter to establish a machine indexing system for official reports of sightings.

3. Since 1947, ATIC has received approximately 1500 official reports of sightings plus an enormous volume of letters, phone calls, and press reports. During July 1952 alone, official reports totaled 250. Of the 1500 reports, Air Force carries 20 percent as unexplained and of those received from January through July 1952 it carries 28 percent unexplained.

4. In its inquiry into this problem, a team from CIA's Office of Scientific Intelligence consulted with a representative of Air Force Special Studies Group; discussed the problem with those in charge of the Air Force Project at Wright-Patterson Air Force Base; reviewed a considerable volume of intelligence reports; checked the Soviet press and broadcast indices; and conferred with three CIA consultants, who have broad knowledge of the technical areas concerned.

Note de la CIA du 24 septembre 1952 : « Depuis 1947 l'ATIC de l'US Air Force a reçu 1 500 rapports officiels de signalisation plus un volume énorme de lettres, photos et appels téléphoniques et coupures de presse.

Durant l'année 1952 le nombre de rapports officiels est de 250 sur les 1 500, l'Air Force rapporte vingt pour cent des cas inexpliqués reçus depuis janvier 1952 jusqu'en juillet 1952 et comportent 28 pour cent de cas inexpliqués. Signé H Marshall Chadwell directeur assistant de l'intelligence scientifique de la CIA ».

« Les consultants experts techniques de la CIA ont statué que ces appareils évoluent juste derrière notre niveau actuel de connaissances dans le champ atmosphérique et l'ionosphère extraterrestre avec la possibilité supplémentaire d'une dispersion de produits nucléaires sont un facteur », ces phénomènes observés causent des interférences rendant hors d'usage les appareils électriques », (cela fut le cas sur terre et dans les airs).

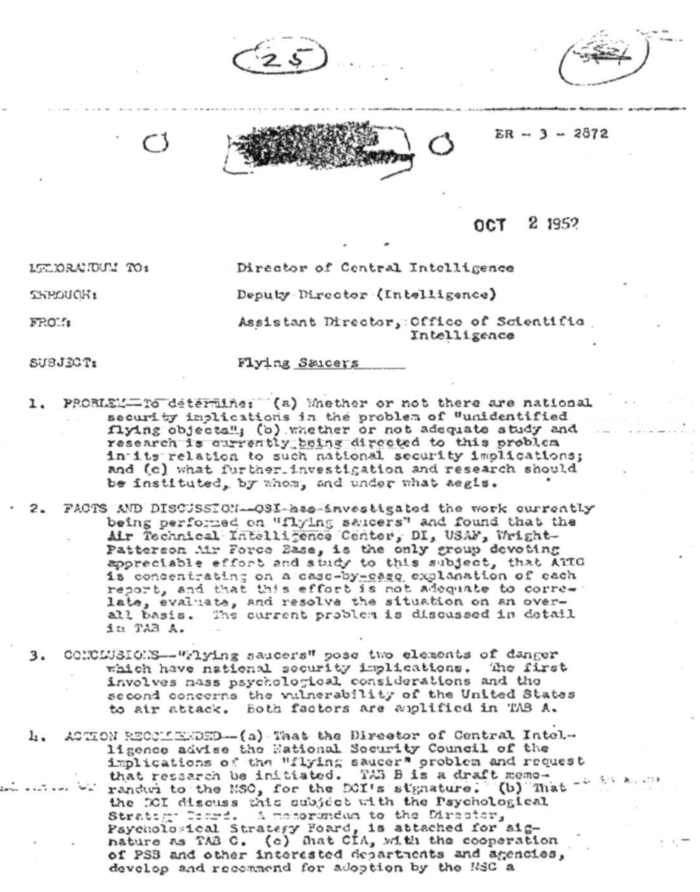

ER – 3 – 2872

OCT 2 1952

MEMORANDUM TO: Director of Central Intelligence

THROUGH: Deputy Director (Intelligence)

FROM: Assistant Director, Office of Scientific
    Intelligence

SUBJECT: Flying Saucers

1. PROBLEM—To determine: (a) Whether or not there are national security implications in the problem of "unidentified flying objects"; (b) whether or not adequate study and research is currently being directed to this problem in its relation to such national security implications; and (c) what further investigation and research should be instituted, by whom, and under what aegis.

2. FACTS AND DISCUSSION—OSI has investigated the work currently being performed on "flying saucers" and found that the Air Technical Intelligence Center, DI, USAF, Wright-Patterson Air Force Base, is the only group devoting appreciable effort and study to this subject, that ATIC is concentrating on a case-by-case explanation of each report, and that this effort is not adequate to correlate, evaluate, and resolve the situation on an overall basis. The current problem is discussed in detail in TAB A.

3. CONCLUSIONS—"Flying saucers" pose two elements of danger which have national security implications. The first involves mass psychological considerations and the second concerns the vulnerability of the United States to air attack. Both factors are amplified in TAB A.

4. ACTION RECOMMENDED—(a) That the Director of Central Intelligence advise the National Security Council of the implications of the "flying saucer" problem and request that research be initiated. TAB B is a draft memorandum to the NSC, for the DCI's signature. (b) That the DCI discuss this subject with the Psychological Strategy Board. A memorandum to the Director, Psychological Strategy Board, is attached for signature as TAB C. (c) That CIA, with the cooperation of PSB and other interested departments and agencies, develop and recommend for adoption by the NSC a

Ce mémorandum au directeur de la CIA, est sous autorité du député directeur de l'intelligence, de la part de l'assistant directeur de l'office de l'intelligence scientifique du 2 octobre 1952 :

« Les soucoupes volantes posent un problème majeur à la sécurité nationale et nécessitent une action conjointe de la CIA, du FBI et des autres départements et agences, une enquête commune doit être initiée ».

policy of public information which will minimize concern and possible panic resulting from the numerous sightings of unidentified objects.

H. MARSHALL CHADWELL
Assistant Director
Scientific Intelligence

ANNEXES:
TAB A—Memorandum to DCI, through DDI, Subject: Flying Saucers.
TAB B—Letter to National Security Council with enclosure.
TAB C—Memo to Director, Psychological Strategy Board with enclosure.

CONCURRENCES:

Date: _______________________

LOFTUS E. BECKER
Deputy Director/Intelligence

ACTION BY APPROVING AUTHORITY:

Date: _______________________

Approved (disapproved): _______________________

WALTER B. SMITH
Director

Mémorandum au directeur du département de la stratégie psychologique (désinformation) avec pièces jointes, directeur en chef Loftus E Becker et au directeur Walter B Smith de la part de H. Marshall Chadwell, mémo pour le DCI Director of Central Intelligence sous l'autorité du DDI Deputy Director of the Intelligence au sujet des soucoupes volantes. En résumé :

« La nature opérationnelle de ces problèmes détient réellement des signes d'intelligence apparente chap 7, le niveau actuel de connaissance des soviétiques étudie ces phénomènes chap 9, a, la possibilité d'intentions et de capacités de l'Union Soviétique d'utiliser un tel phénomène au détriment des intérêts des Etats Unis d'Amérique chapitre 9, b ».

5. It was found that the ATIC study is probably valid if the purpose is limited to a case-by-case explanation. However, that study does not solve the more fundamental aspects of the problem. These aspects are to determine definitely the nature of the various phenomena which are causing these sightings, and to discover means by which these causes, and their visual or electronic effects, may be identified immediately. The CIA consultants stated that these solutions would probably be found on the margins or just beyond the frontiers of our present knowledge in the fields of atmospheric, ionospheric, and extraterrestrial phenomena, with the added possibility that the present dispersal of nuclear waste products might also be a factor. They recommended that a study group be formed to perform three functions:

    a. analyze and systematize the factors which constitute the fundamental problem;

    b. determine the fields of fundamental science which must be investigated in order to reach an understanding of the phenomena involved; and

    c. make recommendations for the initiation of appropriate research.

Dr. Julius A. Stratton, Vice President of the Massachusetts Institute of Technology, has indicated to CIA that such a group could be constituted at that Institute. Similarly, Project Lincoln, the Air Force's air defense project at MIT, could be charged with some of these responsibilities.

6. The flying saucer situation contains two elements of danger which, in a situation of international tension, have national security implications. These are:

    a. Psychological - With world-wide sightings reported, it was found that, up to the time of the investigation, there had been in the Soviet press no report or comment, even satirical, on flying saucers, though Gromyko had made one humorous mention of the subject. With a State-controlled press, this could result only from an official policy decision. The question, therefore, arises as to whether or not these sightings:

        (1) could be controlled,

        (2) could be predicted, and

        (3) could be used from a psychological warfare point of view, either offensively or defensively.

« Les consultants de la CIA statuent que leurs conclusions au sujet des soucoupes volantes sont probablement à trouver en marge ou juste derrière notre niveau actuel de connaissances…Le Docteur Julius A. Stratton président du Massachussetts Institute of Technology a indiqué à la CIA qu'un groupe a été constitué au sein de son institut, similaire au projet Lincoln, le projet de l'Air Force Defense MIT, et peuvent être chargés des responsabilités d'enquêter sur les ovnis.

Les soucoupes volantes contiennent deux éléments de danger dans une situation de tension internationale et ont des implications sur la sécurité nationale des Etats-Unis d'Amérique ».

The public concern with the phenomena, which is reflected both in the United States press and in the pressure of inquiry upon the Air Force, indicates that a fair proportion of our population is mentally conditioned to the acceptance of the incredible. In this fact lies the potential for the touching-off of mass hysteria and panic.

    b. _Air Vulnerability_ — The United States Air Warning System will undoubtedly always depend upon a combination of radar screening and visual observation. The U.S.S.R. is credited with the present capability of delivering an air attack against the United States, yet at any given moment now, there may be current a dozen _official_ unidentified sightings plus many unofficial ones. At any moment of attack, we are now in a position where we cannot, on an instant basis, distinguish hardware from phantom, and as tension mounts we will run the increasing risk of false alerts and the even greater danger of falsely identifying the real as phantom.

7. Both of these problems are primarily operational in nature but each contains readily apparent intelligence factors.

8. From an operational point of view, three actions are required:

    a. Immediate steps should be taken to improve identification of both visual and electronic phantom so that, in the event of an attack, instant and positive identification of enemy planes or missiles can be made.

    b. A study should be instituted to determine what, if any, utilization could be made of these phenomena by United States psychological warfare planners and what, if any, defenses should be planned in anticipation of Soviet attempts to utilize them.

    c. In order to minimize risk of panic, a rational policy should be established as to what should be told the public regarding the phenomena.

9. Other intelligence problems which require determination are:

    a. The present level of Soviet knowledge regarding these phenomena.

    b. Possible Soviet intentions and capabilities to utilize these phenomena to the detriment of United States security interests.

« L'URSS est créditée de la capabilité de réaliser une attaque aérienne sur les Etats Unis, il y a des douzaines de signalements officiels plus des plusieurs cas non officiels de survols par des engins volants non identifiés et de cas d'objets volants fantômes au sujet desquels la tension monte. »

Des objets volants fantômes étaient déjà à l'origine du voyage en Suède et en Norvège du Général de l'armée mandaté comme conseiller par la compagnie pétrolière Shell en 1946) :

« Une étude doit être réalisée pour déterminer ce que c'est et s'il y a une quelconque utilisation de ces phénomènes pour exercer une guerre psychologique à l'encontre des Etats Unis d'Amérique planifiée en anticipation de l'utilisation de ceux-ci par les soviétiques. »

Le rapport résume que le niveau de connaissance soviétique observe ces phénomènes, les intentions soviétiques et leur capacité à utiliser ces phénomènes au détriment des Etats Unis d'Amérique et de l'intérêt de sa sécurité :

1° Les ovnis peuvent être contrôlés.

2° Peuvent être anticipés.

3° Peuvent être utilisés pour une guerre psychologique en prévision d'une attaque offensive ou défensive.

4° Il existe des raisons du silence de la presse soviétique au sujet des soucoupes volantes (Preuve selon les américains que les soviétiques en sont à l'origine).

En conclusion le rédacteur précise :

« Je considère ce problème comme de la majeure importance et attire l'attention du conseil national de sécurité afin de coordonner les efforts communs afin de trouver la solution aux problèmes ayant été initiés. »

Signé E Marhall Schadwell assistant directeur de l'Intelligence Scientifique. »

Désigner globalement tous les phénomènes célestes et aériens qui ne peuvent être classés dans une des catégories da connues par la science, qu'elle soit d'origine artificielle ou matérielle ou bien encore subjective des objets observés 1946 est totalement impossible.

Selon Chadwell les soucoupes volantes posent deux problèmes majeurs de sécurité nationale avec des implications importantes, en premier les considérations psychologiques des masses et le second la vulnérabilité des Etats Unis d'Amérique au sujet d'une attaque aérienne.

Le document du 2 octobre 1952 est envoyé au directeur de la CIA. Il dit que le personnel de l'ATI et le seul capable d'analyser et d'exploiter les informations relatives aux soucoupes volantes au sein de la base aérienne de Wright Patterson.

Le fait qu'elles existaient était si évident que des peintures murales encore présentes sur certains murs de bureaux du bâtiment n°280 représentent des schémas de soucoupes volantes, le bâtiment 280 et le 283 devraient être détruits avant 2020, dans une vaste planification d'élimination d'ouvrages vétustes datant de la période des années 40.

La documentation de 1946 (puis dans une large mesure de 1946 à 1955) est aussi complète qu'indiscutable, les preuves accumulées peuvent être considérées comme irréfutables tant par le nombre de témoins la combinaison des observations avec les détections radars militaires et civils, accompagnées de documents photographiques.

L'A.T.I.C. ou Air Technical Intelligence Center enregistra 4 400 rapports de 1947 jusqu'à fin 1952, dont 51 qui furent remis le 25 février 1953 par Albert M Chop, membre du Service de Renseignement de l'URSAF considérés comme Hautement Top Secrets et encore classifiés à ne pas divulguer à ce jour. L'ATIC fut crée le 30 décembre 1947 par James Forestel alors Secrétaire d'Etat Américain.

c. The reasons for silence in the Soviet press regarding flying saucers.

10. Additional research, differing in character and emphasis from that presently being performed by Air Force, will be required to meet the specific needs of both operations and intelligence. Intelligence responsibilities in this field as regards both collection and analysis can be discharged with maximum effectiveness only after much more is known regarding the exact nature of these phenomena.

11. I consider this problem to be of such importance that it should be brought to the attention of the National Security Council, in order that a community-wide coordinated effort towards its solution may be initiated.

H. MARSHALL CHADWELL
Assistant Director
Scientific Intelligence

« Les raisons du silence de la presse russe au sujet des soucoupes volantes…l'importance des opérations d'enquête sous l'autorité des services de la CIA, afin de déterminer la nature exacte du phénomène…Je considère ce problème comme de la plus haute importance et qu'il doit être traite avec toute l'attention du Conseil de Sécurité National dans l'objectif de coordonner les efforts de toute la communauté du renseignement afin de trouver une solution », signé H Marshall Chadwell assistant directeur du service de l'intelligence technique, que peut-on en penser ?

H. MARSHALL CHADWELL
Assistant Director
Scientific Intelligence

Le 7 janvier 1948, soit sept jours après la création de l'ATIC le pilote de l'U.S. Air Force Thomas Mantell à bord d'un avion modele F 51, recevait l'ordre d'intercepter et d'identifier un appareil volant métallique énorme et brillant d'origine inconnue survolant la base aérienne de Godman à proximité de la réserve d'or Mondiale de Fort Knox, la poursuite de l'ovni trouva une fin tragique, les débris du F 51 furent trouvés le lendemain disséminés sur le sol à quelques kilometres de la base seulement.

Le 23 juillet 1948 un avion DC 3 piloté par Chiles et Witted faillit entrer en collision en plein vol avec un ovni en forme de cigare depuis lequel une lumière bleue était projetée depuis une double rangée de hublots circulaires latéraux.

Le projet nommé Sign rédigea un rappoprt quelques temps plus tard, il établit que compte tenu du grand nombre de cas pour lesquels aucune explication naturelle ne pouvait être trouvée, il s'agissait indubitablement de véhicules interplanétaires.

Ils reviendront plus tard sur cette affirmation de façon spectaculaire.

Le rapport du Projet Sign comporte 600 pages dont 23 % des cas soumis à son examen n'ont pas pu trouver d'explication, il se termine en ces termes :

« Nous ne sommes pas en mesure de fournir d'explications dans 23 % des cas, mais cela ne change rien au problême car nous ne croyons pas à l'existence des soucoupes volantes. »

Cette allégation denouée d'argument scientifique exprimée, le projet Sifn est fermé, et un nouveau programme du nom de Grudge est ouvert, le terme grudge signifie « sans aucune rancœur ».

Ce dernier organisme d'enquête est très vite fermé à son tour, il sera réouvert en urgence suite à l'affaire du 10 septembre 1951, à Fort Monmouth au New Jersey, un méeting aérien était organisé en présente de hautes hautorités du pays, lorsque soudain, une soucoupe volante traversa le ciel à une vitésse supérieure à celle du son bien supérieure à celle d'un avion à réaction, les radars enregistrèrent aussi son echo.

Ce dernier incident fit une telle impréssion d'impuissance auprès de l'Etat Major, qu'en mars 1952 le Projet Grudge devint un organisme autonome fédéral du célèbre nom de Projet Blue Book.

Au printemps 1953 un article est publié dans la revue Znaie-Sila (Журнал Знание-Сила) un périodique pour ingénieurs et techniciens, sorte de revue de vulgarisation scientifique soviétique et de modélisation des intérêts de l'intelligentsia scientifique et technique soviétique :

Au printemps 1953, une formation de huit ovnis aurait survolé Moscou, qui laissèrent derrière leur passage une trainée verte avec ce qui semblait être une poudre vue par trois témoins oculaires et une pluie de cheveux d'ange que de très nombreux moscovites purent suivre et qui se répandirent dans diverses rues de la capitale.

Cette affaire sera reprise un article d'une revue de zoologie et d'études animalières Clypeus de décembre 1967.

La CIA déclassifie 12 millions de documents en 2017 suite à une injonction de la justice américaine prononcée trois ans plus tôt en 2014, à la suite de cela, environ 930 000 documents sont rendus disponibles, toutefois, l'affaire du Spitsbergen n'est pas classée dans la catégorie des faux par l'agence de renseignement, elle ne présente pas d'autre document relatif à une quelconque enquête à son sujet ou au suivi des articles de presse qui la citent comme la CIA a fait pour d'innombrables autres cas sans importance dans le monde. Pourquoi ?

1976 URSS. V.Ajaja, commission Setka-An.

Source : OVNIS sous-marins : Ajaja Vladimir Georgievich
("Подводные НЛО" Ажажа Владимир Георгиевич).

Témoignage de Vladimir Ajaja

En 1952, un ovni accidenté avec un équipage a probablement été trouvé à Svalbard, l'ufologue russe s'exprime le 2 août 2017 :

« Des signes étranges, semblables aux lettres russes, ont été pressés ou dessinés sur le métal.

Il y avait des ouvertures le long du disque. Bien sûr, le Saarbrucker Zeitung a suggéré que l'objet était un avion russe d'un nouveau type, et la mystérieuse interférence radio était le travail de la balise radio d'urgence, la boîte noire.

L'émetteur récepteur avait la taille d'une boite d'allumettes selon l'article des scientifiques norvégiens, ce qui à l'époque paraissait inconcevable, mais qui en 2018 avec les téléphones portables et les montres téléphones, cela est devenu affaire courante de nos jours.

La raison pour laquelle les russes n'ont pas été les premiers à s'y rendre n'était pas claire, la société soviétique Arktikugol, basée dans les villes minières exclusivement russes de Barentsburg et de Pyramid, travaillait à Spitsberg.

Lorsque, dans les années 70, un avion militaire soviétique s'est écrasé sur place, le nôtre n'hésitait pas à débarquer toute une force de débarquement sur le territoire norvégien et à boucler le lieu de l'écrasement bien avant l'apparition des secours Norvégiens.

Néanmoins, on peut parfois aujourd'hui affirmer qu'un accident a bien eu lieu, mais ce n'était pas forcément une soucoupe volante. En fait, il s'agissait plutôt d'un avion disco expérimental soviétique, mis au point par des scientifiques allemands capturés à la fin de la Seconde Guerre mondiale » selon V. Ajaja. Les Norvégiens auraient affirmé trois ans plus tard dans un message officiel dont on ne retrouve plus trace aujourd'hui.

« La soucoupe volante est d'origine soviétique »

La déclaration suivante, publiée dans le journal Tagesblat de Stuttgart le 5 septembre 1955 :

« Oslo, Norvège. 4 septembre, ce n'est que maintenant que le département de la recherche de l'état-major norvégien prépare la publication d'un rapport sur l'étude des vestiges de la NAO qui s'est écrasée à Svalbard, vraisemblablement au début de 1952. »

Le colonel G. Dornbil, chef du département, lors d'un briefing avec des officiers de l'armée de l'air, a déclaré :

« L'accident du disque de Spitzberg était d'une grande importance. Bien que le niveau actuel des connaissances scientifiques ne nous permette pas de résoudre tous les mystères, je suis certain que ces fragments de Svalbard auront une grande importance à cet égard. Il y a quelque temps, une sorte de malentendu a provoqué l'idée selon laquelle ce disque pourrait avoir été d'origine soviétique. Mais nous le disons catégoriquement, il n'a été construit dans aucun pays du monde. Les matériaux utilisés dans sa conception sont complètement inconnus de tous les experts qui ont participé à l'enquête. »

Selon le colonel Dornbil, le département de la recherche n'a pas l'intention de publier un rapport détaillé tant que ces faits sensationnels n'auront pas été analysés discutés avec des experts américains et britanniques.

Contrairement aux informations américaines et autres, les lieutenants Brow et Tullensen, nommés enquêteurs spéciaux dans l'Arctique à la suite des événements de Svalbard, ont signalé que des disques volants avaient atterri à plusieurs reprises dans des régions polaires.

« Je pense que l'Arctique sert de base pour des objets inconnus », a déclaré le lieutenant Tullensen, « En particulier lors de tempêtes de neige lorsque nous sommes obligés de retourner dans nos bases. J'ai vu atterrir et décoller dans trois cas. Une lumière très vive, dont l'intensité varie en fonction de la vitesse au moment du décollage ou de l'atterrissage, gêne l'observation. »

Depuis lors, les tentatives visant à découvrir certains détails concernant le disque retrouvé se sont heurtées au froid silence des Norvégiennes, qui ont compris qu'elles avaient dit beaucoup de choses inutiles.

L'organisation américaine UFO NICAP a envoyé une demande à l'ambassade de Norvège concernant les événements du Spitzberg et a reçu une réponse mystérieuse, ils disent que :

« Le matériel sur l'ovni de notre force aérienne est principalement hautement secret et ne peut pas être mis à votre disposition. »

Donc, il y a quelque chose à cacher, sinon, la réponse serait formulée en quelque sorte comme « Les Soucoupes Volantes n'existent pas et n'ont jamais été vues au-dessus de notre pays », nous sommes en droit de penser cela.

Quels sont ces faits sensationnels associés à l'entraînement aérien de l'OTAN au Spitzberg, que les Norvégiens n'ont pas osé rendre publics ?

Y a-t-il quelque chose de plus sensationnel que de reconnaître que c'est un simple canular, une soucoupe d'origine extraterrestre ou un engin russe ou américain ?

Le samedi 19 août 2006 l'ufologue russe Ajaja s'exprime encore pleinement sur ce dossier :

« Au cours des dix dernières années environ, une liste de témoins oculaires d'ovnis a circulé. Il y a beaucoup de noms figurant sur la liste mais peu d'entre eux ont quelque chose de spectaculaire à dire.

La plupart des histoires parlent d'observations d'ovnis et de les rapporter dans la chaîne de commandement militaire. Certains de ces témoins racontent avoir vu des documents classifiés relatifs à des ovnis et à des crashs d'ovnis.

L'un de ces témoins est l'ancien lieutenant-colonel de l'armée de l'air, Dwayne Arneson.

Maintenant, ne vous méprenez pas ici. Je pense que le lieutenant-colonel Arneson a servi dans l'armée de l'air, comme il l'a affirmé.

Je pense qu'une vérification de son dossier corroborera ses propos sur sa carrière militaire. En fait, j'étais en communication par courrier électronique avec le lieutenant-colonel Arneson à un moment donné, mais je n'ai pas eu de nouvelles de lui depuis des mois (je suppose que c'est parce que j'ai suggéré que le crash du Spitzberg était un canular », d'après Vladimir Ajaja (Ажажа Владимир Георгиевич).

Ce commentaire sur les ovnis, les événements paranormaux et des sujets connexes du cas du crash d'ovni au Spitzberg, figure dans son livre Sous le chapeau de l'autre esprit : L'humanité en tant que support de l'esprit dans l'univers n'est pas seule : des sensations et des faits (Ажажа В. Г. Под колпаком Иного Разума : Человечество как носитель Разума во Вселенной не одиноко : Сенсации и факты).

L'impressionnant cursus de Vladimir Ajaja est le suivant :

En 1949, il est diplômé de l'école navale supérieure. Frounze.

En 1952 Commandants de sous-marin.

En 1960 Etudes supérieures à l'Institut technique de l'industrie de la pêche.

En 1966, il a soutenu sa thèse de doctorat sur l'utilisation de la recherche par sonar sous-marin.

En 1976 Il commence à étudier l'ufologie.

En 1986, il est diplômé de l'Institut des hautes études de l'Institut de l'aviation de Moscou, nommé d'après Ordjonikidze, sur le thème « Conception et efficacité des complexes d'aviation », depuis 1980, dirige la Commission sur les ovnis de Moscou.

Depuis 1990 Vice-président de l'Association ufologique de l'Union Soviétique.

Depuis 1991 Directeur de l'Association américano-russe pour l'étude des phénomènes aériens.

Depuis 1992 Coordinateur du MUFON pour la partie européenne de la Russie, puis pour l'ensemble de la Russie.

Depuis 1994 Président de l'Association ufologique de la CEI.

Depuis 1995 Membre honoraire de l'association bulgare : « Phénomène ».

Voici une liste de livres écrits par V. Ajaja :

Odyssée sous-marine Severyanka prenant d'assaut l'océan
Ажажа В. Г. Подводная одиссея «Северянка» штурмует океан

Zabelyshensky V. I Contact Ovni
Ажажа В. Г. Забелышенский В. И. НЛО. Контакты

Zabelyshensky V. I Ovni réalité et impact
Ажажа В. Г. Забелышенский В. И. НЛО. Реальность и воздействие

Attention : Soucoupes volantes ! : Sécurité des OVNIS
Ажажа В. Г. Осторожно : Летающие тарелки ! Уфологическая безопасность

OVNI sous-marins
Ажажа В. Г. Подводные НЛО

Sous le chapeau de l'autre esprit : L'humanité en tant que support de l'esprit dans l'univers n'est pas seule : des sensations et des faits

Ажажа В. Г. Под колпаком Иного Разума : Человечество как носитель Разума во Вселенной не одиноко : Сенсации и факты

Chasser les ovnis : sensations et faits
Ажажа В. Г. Погоня за НЛО : Сенсации и факты

Chroniques des temps des ovnis : sensations et faits
Ажажа В. Г. Хроника времен летающих тарелок : Сенсации и факты

Mystère ufologique : Vol. 3 : La création du monde : huitième jour
Ажажа В. Г. Уфологическая мистерия : Кн. 3 : Сотворение мира : День восьмой

Volkov, S. N. Les pèlerins du monde invisible : métaphysique des contacts : sensations et faits
Ажажа В. Г. Волков С. Н. Пилигримы невидимого мира : Метафизика контактов : Сенсации и факты

Zabelyshensky V. I. Le phénomène ovni : arguments de l'ufologie
Ажажа В. Г. Забелышенский В. И. Феномен НЛО : Аргументы уфологии

Sous le chapeau d'un esprit différent : l'humanité, porteuse de la raison, n'est pas seule dans l'univers
Ажажа В. Г. Под «колпаком» иного разума : Человечество, как носитель Разума, во Вселенной не одиноко

Mystère ufologique : Vol. 1 : l'euphorie
Ажажа В. Г. Уфологическая мистерия : Кн. 1 : Эйфория

Mystère ufologique : Vol. 2 : réservations
Ажажа В. Г. Уфологическая мистерия : Кн. 2 : Резервация

Selon les documents divulgués par le Dr. Stephen Greer, le lieutenant-colonel Arneson a déclaré :

« J'étais un officier de contrôle très secret. Il m'est arrivé de voir un message classifié passer par mon centre de communication qui disait, un ovni s'est écrasé sur le L'île de Spitzbergen, en Norvège, et une équipe de scientifiques viennent l'enquêter. »

Le Dr. Stephen Greer ajoute :

« Je crois que cela est vrai aussi. En fait, je ne devrais pas dire que je le crois. Je sais que c'est vrai. Des communications classées entre divers endroits de la Force aérienne concernant un accident survenu au Spitzberg ont eu lieu. Moi aussi j'ai vu les documents. J'en ai des copies. Le lieutenant-colonel Arneson a raison. »

Ole Jonny Brænne relate dans son article La légende du Spitsbergen, publié par IUR de Novembre-décembre 1992, succédant à la diffusion dans une lettre de l'association ufologique parue en Suède rédigée par Anders Liljegren, édition spéciale AFU Newsletter 36 (1991), comprenant trente-huit pages entièrement dévouées au crash du Spitssbergen que le NICAP avait écrit à l'ambassade norvégienne en 1958, pour demander des explications sur l'affaire du Spitsbergen, ceci est relaté dans un journal suite à l'article d'UFO Evidence de 1964.

La réponse transmise à UFO Research Box 11027 S-600 11 Norrköping (une ville de la province d'Östergötland, dans l'est de la Suède, et le siège de la municipalité de Norrköping, dans le comté d'Östergötland, à environ 160 km au sud-ouest de Stockholm, fut la suivante :

« Le matériel ovni de notre force aérienne est maintenu dans un haut niveau de sécurité et ne peut pas être mis à la disposition du NICAP. »

L'ambassade norvégienne n'a pas répondu qu'il n'y a rien, mais au contraire que cela demeure classifié top secret, la Norvège ne veut divulguer quoi que ce soit à ce sujet, cela nous laisse un peu sans voix, s'il n'y a rien, pourquoi ne pas le dire une bonne fois pour toutes ?

Suite à une étude scientifique officielle sur les objets volants en 1969, l'ovni du Spitsbergen est officiellement classé dans le rapport Condon, comme une histoire qui n'a pas de bases avérées, toutefois, Loren E. Gross dans son ouvrage UFOS A History, 1952 June-July 20th p 31, dit que l'attaché militaire de l'US Air Force basé à Oslo,(cette mention inscrite dans le dossier Blue Book), il questionna l'Aviation Militaire Norvégienne pour leur demander de confirmer l'incident et il lui fut répondu que l'histoire de cette soucoupe volante est fausse.

L'échange de cette conversation est également reproduit par le journal norvégien Morgenposten du 27 octobre 1952, le major Ole Mehn-Andersen du commandement des forces aériennes norvégiennes donne son opinion, il s'agit d'une nouvelle à sensation crée par les journalistes selon lesquels le professeur Norsel a enquêté sur une soucoupe volante, fait curieux il ne dit pas que le professeur Norsel n'existe pas, comme le font les autres ufologues norvégiens.

Loren E. Gross qui fut opérateur radar de la force aérienne pendant la période de guerre de Corée, membre du NICAP, il entreprit une gigantesque encyclopédie historique chronologique des débuts de l'ufologie, jusqu'en 1959, il ajoute dans son livre UFOS A History, 1953 d'aout-décembre p 5 :

« Les russes utilisent la désinformation pour diffuser des affaires d'armes par rayonnement et de soucoupes volantes dans le centre de l'Europe. »[56]

En ce qui concerne Ole Jonny Brænne, il est une éminente figure de l'ufologie norvégienne tandis qu'Anders Liljegren et co-fondateur, membre fondateur d'UFO-Suède en 1970, les deux réfutent l'authenticité de l'ovni norvégien de 1952. A la suite de quoi, la plupart des chercheurs sur les ovnis considèrent maintenant le cas comme un canular.

Dans un document classifié disponible dans les fichiers du Projet Blue Book, nous pouvons lire :

---

56 **http://www.**cufos.org/UFO_History_Gross/1953_08_12_History.pdf
http://www.project1947.com/loren/loren_hall.htm

« Un article déclarant qu'un objet volant semblable à une soucoupe volante s'était écrasé au Spitzbergen le 9 Juillet et que la NAF, l'armée de l'air norvégienne l'a récupérée, d'un diamètre de 47 mètres construite en acier d'alliage inconnu avec des instructions d'utilisation écrites en russe, l'Info a apparemment joué un rôle important dans la presse allemande, et ce, peu après le 9 juillet. Demande de validité de cette information. »

La CIA n'a pas réfuté ni infirmé l'authenticité de cet ovni, pourquoi ?

Nous savons qu'après la guerre, la Suède réalisait des missions d'espionnage pour le compte de l'OTAN alors qu'elle était une nation neutre, la Suède a abandonné sa référence à la neutralité pour celle d'allier secret à une alliance militaire permanente, bien qu'officiellement elle n'appartient pas à l'OTAN, elle participe à certaines opérations secrètes de nombreuses années. Cela nous conduit à nous intéresser de nouveau à cette année 1952 pleine de surprenantes découvertes.

Le 13 juin 1952 un avion Tp 79 réplique du Douglas DC 3 au numéro 79001 est abattu par les soviétiques au cours d'une mission d'espionnage aérien suédoise, les huit membres d'équipage périrent au-dessus de la Mer Baltique.

Le 16 juin 1952 un hydravion Catalina numéro 47002, impliqué dans l'opération de recherche et de sauvetage du DC-3 disparu est lui aussi abattu par un Mig 15b, les cinq membres d'équipage furent sauvés en mer.

La Suède a affirmé que l'avion entreprenait un vol d'entraînement à la navigation. Finalement ce n'est que quarante ans plus tard vers 1992 que le gouvernement finira par avouer que l'avion espionnait l'URSS avec du matériel de renseignement britannique pour le compte de l'OTAN en totale violation de sa condition de nation neutre.

Un avion inconnu au-dessus de la Suède en décembre 1952, fait sans importance pour les autorités dit-on ?

L'affaire du Catalina est un détail d'importance, un avion DC-3 station radar volante suédois qui survolait le Spitsbergen, la zone arctique et les bases secrètes soviétiques là-bas est abattu par l'URSS sa disparition mystérieuse remonte au 13 juin 1952.

En 1991 la Russie reconnait officiellement avoir abattu avec un MiG-15 soviétique le DC-3. En 2003, l'épave de l'appareil est localisée au fond de la mer Baltique, et il est renfloué au printemps 2004. À cette occasion, les dépouilles de quatre membres d'équipage sont retrouvées, mais le sort des quatre autres, demeure à ce jour (2018) inconnu.

En contradiction avec sa politique officielle de stricte neutralité, la Suède conclu un accord secret avec les États-Unis et le Royaume-Uni au sujet de missions de renseignement militaire qui débutèrent vers 1948 et se poursuivirent longtemps, d'ailleurs en 1951 la Suède reconnait officiellement avoir par deux fois violé l'espace aérien soviétique.

Pendant l'année 1952, la tension s'accroit avec la multiplication des incidents impliquant des avions de l'OTAN pénétrant l'espace aérien soviétique, l'augmentation du nombre des missions suédoises en Mer du Nord en arctique soviétique puis norvégien.

L'affaire du Spitsbergen est-elle classée secret défense car elle implique un engin volant expérimental de l'OTAN chargé de la surveillance de l'Armée Rouge dans ce secteur tout simplement ?

Soixante-sept ans plus tard en 2019, cela n'a plus aucune importance, ce volet de la guerre froide relevant désormais de la simple anecdote historique à replacer dans son contexte, pourquoi suédois et américains ne mettent pas fin à toute cette histoire une bonne fois pour toutes ?

Qu'est-ce qui se cache derrière ce dossier ?

Suède les 18 - 20 décembre 1953

Six mois après l'incident de l'avion type DC 3 abattu par les russes, un autre avion DC3 croise un jour un aéronef volant inconnu pouvant être d'origine soviétique entre autres.

Il a fallu trois jours à l'Etat Major de la Défense Suédoise pour formuler trois hypothèses qui auraient pu être faites en une demi-heure ?

Un simple coup de fil à la station météo aurait confirmé le lancement d'un ballon sonde atmosphérique, deux autres appels aux tours de contrôle civiles et militaires et au commandement de l'aviation civile de la région auraient permis de connaître tous les échos de vols durant cette période sur les radars, cela ne fut pas fait.

Les services de l'aviation civile risquaient de prendre des mesures pour lui faire perdre sa licence et le placer au chômage, nous pouvons donc bien évidemment écarter toute tentative de canular et comprendre la bonne foi de ces deux hommes.

A ce jour, les enregistrements des radars des tours de contrôle civiles et militaires, et les registres des stations météorologiques, sont indisponibles et classés secret défense, ce qui pour un simple ballon météo parait bien disproportionné. Sur l'incident de la disparition de l'avion militaire suédois le 13 juin 1952, le gouvernement a menti au public, aux familles des disparus, et à la presse du monde entier durant quarante ans avant d'avouer que leur parole ne vaut rien. Que devons-nous honnêtement en conclure ?

Que la vérité sera enfin dite au sujet des soucoupes volantes ?

REPORT NO. OO-W-29745

CD NO. 

COUNTRY	Sweden
SUBJECT	Military - Unconventional aircraft
HOW PUBLISHED	Daily newspaper
WHERE PUBLISHED	Stockholm
DATE PUBLISHED	18-20 Dec 1953
LANGUAGE	Swedish

DATE OF INFORMATION 1953

DATE DIST. 1 APR 1954

NO. OF PAGES 4

SUPPLEMENT TO REPORT NO.

THIS IS UNEVALUATED INFORMATION

SOURCE   Dagens Nyheter

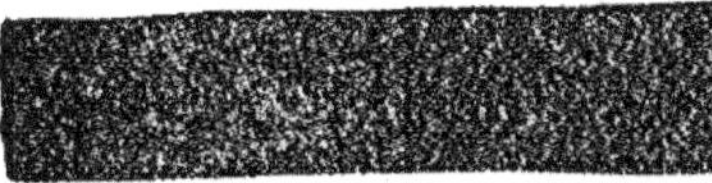

VETERAN SWEDISH AIRMEN OBSERVE,
DESCRIBE DISK-SHAPED AIRCRAFT OVER SKAANE

[The information in this report was taken from three articles
which appeared in the liberal Stockholm daily, Dagens Nyheter on
18, 19, and 20 December 1953. In the rendition of the first two
articles (18 and 19 December), repetitious elements have been
omitted. The third article is given in full.

Numbers in parentheses refer to appended sources.]

The chief pilot for Transair Airlines, Flight Captain Ulf Christiernsson,
and his flight mechanic, Olle Johansson, reported that on the afternoon of
17 December 1953, while flying in a DC-3 over Skaane, they sighted a myste-
rious circular metal object flying in an opposite direction of them at a speed
estimated at about the speed of sound. The airmen estimated that the object
was about 10 meters in diameter.

Captain Christiernsson, at present employed by Transair in flying the
morning [Stockholm] papers to southern Sweden, has very extensive air ex-
perience, having served as a volunteer with the RAF from 1942-1946, finishing
his service with the rank of captain. He flew 30 missions against enemy terri-
tory from North Africa and Italy.

Captain Christiernsson made the following statement to Dagens Nyheter:
"I do not doubt for an instant that it was not a jet plane. What I saw was a
completely unorthodox, metallic, symmetric, round object which was unlike any-
thing I have seen before. The mysterious object appeared suddenly on the air
route traveled by all controlled air traffic between Bulltofta and Bromma air-
fields [at Malmö and Stockholm respectively]. I myself was en route to Bromma.

Document de la CIA, information obtenue à partir de documents étrangers ou
d'émissions radiophoniques, journal suédois quotidien de Stockholm du 18 au 20 décembre
1953, un avion militaire non conventionnel.

Il est étrange de lire avion militaire non conventionnel,
car à aucun moment ni le gouvernement suédois, ni la presse
du pays, ni les témoins oculaires n'ont jamais dit qu'il
s'agissait d'un avion militaire non conventionnel donc selon le
terme peut être un objet expérimental.

Ils ne parlent pas non plus de fusée ou avion soviétique.

WHERE PUBLISHED Stockholm	NO. OF PAGES 4
DATE PUBLISHED 18-20 Dec 1953	SUPPLEMENT TO REPORT NO.
LANGUAGE Swedish	THIS IS UNEVALUATED INFORMATION
SOURCE Dagens Nyheter	

VETERAN SWEDISH AIRMEN OBSERVE,
DESCRIBE DISK-SHAPED AIRCRAFT OVER SKAANE

/The information in this report was taken from three articles which appeared in the liberal Stockholm daily, Dagens Nyheter on 18, 19, and 20 December 1953. In the rendition of the first two articles (18 and 19 December), repetitious elements have been omitted. The third article is given in full.

Numbers in parentheses refer to appended sources./

The chief pilot for Transair Airlines, Flight Captain Ulf Christiernsson, and his flight mechanic, Olle Johansson, reported that on the afternoon of 17 December 1953, while flying in a DC-3 over Skaane, they sighted a mysterious circular metal object flying in an opposite direction of them at a speed estimated at about the speed of sound. The airmen estimated that the object was about 10 meters in diameter.

Captain Christiernsson, at present employed by Transair in flying the morning [Stockholm] papers to southern Sweden, has very extensive air experience, having served as a volunteer with the RAF from 1942-1946, finishing his service with the rank of captain. He flew 30 missions against enemy territory from North Africa and Italy.

Captain Christiernsson made the following statement to Dagens Nyheter: "I do not doubt for an instant that it was not a jet plane. What I saw was a completely unorthodox, metallic, symmetric, round object which was unlike anything I have seen before. The mysterious object appeared suddenly on the air route traveled by all controlled air traffic between Bulltofta and Bromma airfields [at Malmö and Stockholm respectively]. I myself was en route to Bromma.

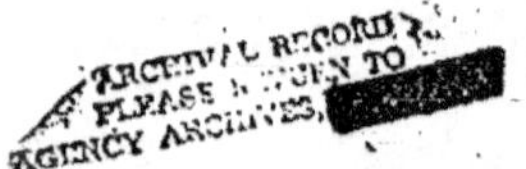

SEE LAST PAGE FOR SUBJECT & AREA CODES

CLASSIFICATION			DISTRIBUTION					
STATE	NAVY	NSRB						
ARMY	AIR	FBI						

Le document de la CIA fait référence à sept sources distinctes corroborant cette affaire.

Over Hässleholm, I saw an object -- on my right and obliquely in front of me,
flying at a somewhat lower altitude -- which at first I thought to be a jet
plane. The silhouette was thin and it approached me at a very high velocity.
Olle Johansson and I have discussed the matter of its speed, and comparing its
speed with, for example, that of the "Flying Barrels" [J-29], we have estimated
the speed to be about that of sound. The whole business took place fantastically
quickly, but I believe that I was able to see the object for 4 to 5 seconds.

"When the object got closer, I was able to ascertain that it was symmetric
and metallic. It is very difficult to describe something that one has never
seen before, but I would say that it looked like a flying lozenge. The object
did not seem to have a crew, but seemed more to be a robot. When it passed
under the wing [of the DC-3], I could no longer see it. The mechanic, who was
able to observe it for five more seconds, confirms the fact that it was circular
or possibly somewhat elliptical in form. At the time of the incident, we were
flying at an altitude of 2,150 meters and the cloud ceiling was about 1,500
meters. Thus, the object should have been flying at an altitude of between
1,500 and 1,600 meters. We estimated the size to be about 10 meters in dia-
meter. It left no exhaust or condensation trail.

"We are both absolutely convinced that it could not have been a meteor or
other celestial phenomenon. We did not see any distinct light but were only
able to see that the object had a metallic lustre. Immediately after the ob-
servation, we reported to F5 in Ljungbyhed and to the regional civil air
security service at Bulltofta. The course of the object was south-southwest.
The whole thing happened so quickly that we could not have managed to change
course [and follow the object]..."

Olle Johansson's statement was as follows: "I was sitting forward in the
right-hand seat of the pilot's cabin when Captain Christiernsson pointed to the
object. What I saw was an ellipse with sharp outlines and something between
silver and white in color. I saw it for about 10 seconds. It was approaching
from the north in a direction opposite to ours, at a speed of about 1,200 kilo-
meters per hour. It was flying entirely above the clouds. From Malmö north-
ward, we were able to see the ground for only a few myriameters and after that
there was a cloud covering all the way to Stockholm. We were flying at a speed
of about 270 kilometers per hour. Ten minutes after the incident, we met an
SAS (Scandinavian Airlines System) DC-4. Thereupon, we estimated the object's
speed at about three times that of the DC-4. There seemed to be no flames or
smoke trail from the object. Since we had the automatic pilot on, we had no
chance to turn quickly enough to see where the object went."

The Defense Staff's short communique on the incident read as follows:
"At 1457 hours on Thursday, the crew on a civilian commercial plane observed,
in the vicinity of Hässleholm, an unknown object which moved at a high speed
in a direction opposite to that of the plane. The object was viewed for 6 to
7 seconds. At the time of the incident, there was clear weather at the alti-
tude at which the plane was flying. Because of the low cloud ceiling, the
object could not have been seen from the ground. Within the knowledge of the
Defense Staff, there was no Swedish plane in the area concerned at the time of
the incident. Investigation continues."

Reports of "flying saucers" have arisen in both Europe and America on
countless occasions in recent years but, according to a statement to Dagens
Nyheter by a member of the Air Staff, these observations over Skaane can be
termed the clearest and most detailed which heretofore have been made regarding
mysterious, unknown aircraft.(1)

Rapport d'observation du personnel naviguant à bord du DC 3

Mémorandum secret de la CIA, la source de
l'information, des articles parus sur trois jours dans les
colonnes du journal Dagens Nyheter un quotidien suédois
publié à Stockholm offrant une couverture d'articles à vocation
nationale et internationale :

« Un vétéran de l'armée de l'air suédoise décrit un disque volant vers Skaane (face à Copenhague). L'information contenue dans le rapport a été prélevée sur trois articles édités par le journal libéral quotidien de Stockholm Dagens Nyheter les 18, 19 et 20 décembre 1952, avec au total sept sources de renseignement. »

Le chef pilote de Transair Airline, le capitaine Olaf Christiernssen et le chef mécanicien Olle Johansson rapportent que dans l'après-midi du 17 décembre 1953, volant à bord d'un DC 3au-dessus de Skaane, ont vu un mystérieux objet volant métallique circulaire dans la direction opposée à eux, avec une vitesse estimée à celle de la vitesse de propagation du son, les pilotes estiment que l'objet mesurait approximativement dix mètres de diamètre.

Le capitaine Christiernssenest employé par Transair dans le vol du matin reliant Stockholm au sud de la Suède, il détient une grande expérience et a servi comme volontaire dans la Royal Air Force de 1942 à 1946, finissant son service avec le grade de capitaine, il réalisa trente missions en territoire ennemi depuis le nord de l'Afrique jusqu'en Italie.

Le capitaine Christiernssen a déclaré selon le Dagens Nyheter :

« Je n'ai pas le moindre moment de doute que ce n'était pas un avion à réaction. Ce que j'ai vu était un objet rond, complètement non conventionnel (non orthodoxe dans le texte), métallique, symétrique, qui était totalement différent de tout ce que j'avais auparavant.

Le mystérieux objet apparu subitement dans les airs dans le couloir aérien suivi par le contrôleur de trafic aérien du terrain d'aviation de Bulltofta (aéroport de Malmö Bulltofta en service de 1923 à 1972, principal aéroport desservant la ville de Malmö, remplacé par l'aéroport de Malmö Sturup en 1973), contrôleurs aériens de Malmo et de Stockholm respectivement.

Moi-même était en route vers Bromma (un district de l'ouest de la ville de Stockholm qu'il allait devoir survoler).

Par-delà la Hasselholm (au nord-est de Malmo), j'ai vu un objet à ma droite et oblique par rapport à moi, volant à quelque basse altitude, en premier j'ai cru qu'il s'agissait d'un avion à réaction.

Sa silhouette s'est approchée à très grande vitesse, Olle Johanson et moi-même avons discuté de l'origine de cette vitesse et l'avons comparée par exemple aux Saab 29 Tunan (la CIA emploie le terme de Barrils Volants ce qui était pour les aviateurs anglais le terme usuel), nous avons estimé sa vitesse à celle du son (340 m/s), il est apparu fantastiquement rapidement à son emplacement, car j'étais capable de voir l'objet au bout de 4 à 5 secondes, (Le Saab 29, fut le deuxième avion de combat suédois à propulsion par turboréacteur introduit dans l'armée de l'air suédoise en 1951, il volait à environ 977 km/h).

Lorsque l'objet fut visible, il fut certain qu'il était symétrique et métallique, il est très difficile de décrire quelque chose que je n'avais jamais vu auparavant, mais je pense avoir vu quelque chose comme un losange volant, ressemblant plus à un engin téléguidé (robot), quand il a passé sous l'aile (de leur avion DC3), j'ai pu l'observer plus longtemps.

A cet instant de l'incident nous volions à une altitude de 2 150 mètres et les nuages plafonnaient à 1 500 mètres environ.

Ce qui fait que l'objet volait à une altitude comprise entre 1500 à 1600 m, nous avons estimé sa taille à environ 10 m de diamètre, il n'émettait pas de trainées de condensation.

(Ce sont par exemple des trainées de moteur, le kérosène brûlé sortant des moteurs se transforme en eau et sous l'effet de la faible température en altitude devenant des cristaux de glace selon une trainée visible derrière l'avion, ou des traînées d'ailes (ou de détente) qui sont des vortex associés à une dépression sur le dessus des ailes, ou bien encore des traînées de moteurs à hélices lorsque les gaz d'échappement et de détente en sortie de moteur, chauds et très humides, sont soumis à des phénomènes d'expansion créant des vortex circulaires).

Nous sommes absolument convaincus que nous n'avons pas vu une météorite ou autre phénomène céleste. Nous n'avons distingué aucune lumière, nous avons simplement distingué que l'objet avait un lustrage métallique.

Immédiatement après l'observation nous avons rapporté les faits à F 15 à Ljungbyhed (contrôle de la circulation aérienne de Ljungbyhed, une localité située dans la municipalité de Klippan), et au service régional de la sécurité de l'aviation civile de Bulltofta (Aéroport).

Le vol de l'objet allait du sud-sud-ouest. Il est apparu si soudainement que nous n'avons pas pu changer de cap pour suivre l'objet. »

Olle Johanssons raconte à continuation :

« J'étais côté droit (dans la cabine) quand le capitaine Christiernssen a désigné l'objet. J'ai vu une ellipse avec des contours nets, quelque chose d'argenté ou de couleur blanche.

Je l'ai vu pendant dix secondes, il approchait par le nord, dans la direction opposée à la nôtre à une vitesse supérieure à 1 200 km/h.

Il volait entièrement au-dessus des nuages.

Vers le nord de Malmo, il n'était pas possible de voir le sol à part quelques millimètres, et ensuite les nuages ont recouvert toute la route (aérienne) vers Stockholm.

Nous volions à la vitesse de 270 km/h, dix minutes après l'incident, nous avons croisé un DC 4 (avion de ligne transport de passagers de quatre moteurs à hélices développé par la Douglas Aircraft Company, volant entre 365 et 450 km/h) de SAS Scandinavian Airlines System, et nous avons estimé la vitesse de l'objet à trois fois celle du DC4 (1000 km/h à 1350 km/h approximativement), il n'y avait ni brume ni brouillard.

Comme le pilotage automatique était en service, nous avons eu la chance de nous tourner rapidement pour voir venir l'objet. »

Le département de la défense suédois communique brièvement sur l'incident :

« A 14h57, jeudi, un avion commercial civil aux abords d'Hassleholm, un objet inconnu bougeant à très grande vitesse, en direction opposée à laquelle volait l'avion a été vu durant six à sept secondes.

Au moment de l'incident il faisait temps clair à l'altitude à laquelle volait l'avion, et comme le ciel était couvert de nuages, l'objet ne pouvait pas être vu depuis le sol.

Selon le département de la défense, ce n'était pas un avion suédois dans le secteur concerné au moment de l'incident, une enquête est en cours. »

Des rapports de soucoupes volantes en Europe et en Amérique en de nombreuses occasions ces dernières années concordent avec ce qu'un membre de l'état-major rapporte (selon le journal Dagens Nyheter), ces observations sur Skaane seront éclaircies dans le détail au sujet de ce mystérieux avion inconnu.

Nous pouvons nous demander si l'évolution technologique humaine est allée si vite sans doute, pour que sa compréhension du monde qui l'entoure ne soit trop compliquée à sa vue, quand la science ne peut répondre à tout avec le niveau actuel de notre connaissance et que l'on ne peut pas tirer bénéfice d'une sagesse plus complexe qui sans doute nous côtoie.

Ou bien toute cette histoire d'ovnis en Scandinavie au sujet des ovnis à un sens stratégique, et alors elle est si subtile et compliquée, qu'elle nous échappe totalement, ou ce n'est qu'une vaste démonstration cosmique, que les gouvernements enfouissent dans un canular sociétal mensonger qui se poursuit sur plusieurs générations de désinformation.

OO-W-29745

<u>Experts Say Object Was Daylight Meteorite</u>

Both the Defense Staff and the Air Staff were working feverishly on Friday (18 December) to solve the mystery of the "flying lozenge." They arrived at no definite result, but the experts are mostly of the opinion that the observed object was a daylight meteorite. The possibility that it was a ballon or an unknown type of foreign aircraft is not ruled out, however. The theory of a meteorite was put forth by one of the persons in Sweden best acquainted with the region, Bertil Lindblad of the observatory in Lund.

According to Lindblad, precisely in December the earth passes a swarm of meteors known as the Geminids. The maximum occurred on 13 December. Studies of the meteors have shown that just at the time of day at which the object was seen -- about 1500 hours -- the meteors are approaching the earth at an angle of 3 degrees which means that their path is nearly parallel to the earth's surface. The direction of the meteors is from north to south with a displacement of 17 degrees which also seems to agree with the observations made. In space, meteors have a speed of 36 kilometers per second, but the speed is reduced very greatly when they come into the vicinity of the earth. It has not heretofore been possible to observe meteors during the day so it is not known how they look in daylight. When the earth passed the same meteor swarm last year, a lone meteor was observed some days after the swarm had disappeared. That meteor was plainly a straggler. It was observed at night, however, and therefore gave off a weak, red glow. It fell also at an entirely different angle since it was a different time of day.

Captain Källenius of the Defense Staff stated that other possible explanations of the phenomenon have not been written off by any means. To be sure, no Swedish balloons have been sent up, but propaganda and weather balloons have been sent up from both Germany and Denmark. With the type of wind and weather prevailing in recent days, it would have been possible for a balloon to have been driven over Sweden. Captain Christiernsson and his mechanic, Olle Johansson, stated in their report that the speed of the object approached that of sound; however, there is great difficulty in judging speeds of suddenly appearing objects, even for experienced observers. Captain Källenius commented that if a balloon prior to its observation had soared to a great altitude, it might have lost some of its gas, giving it a flat form.

In some quarters, Captain Christiernsson's report has been regarded as a prank. The Defense Staff, however, does not consider it a prank. Christiernsson, on returning from another flight to Malmö on Friday, gave heated assurances that his report was the absolute truth. He said, "To be sure, I joke a bit, but one does not joke about things like this. I saw something and reported my observations. What it was, I do not know."(2)

<u>Object Stated to Be Advertising Balloon</u>

The mysterious "flying lozenge" over Hässleholm was probably neither a meteor nor a robot weapon, it was more likely an advertising balloon for a Skaane perfume firm. The object was observed at 1500 on Thursday (17 December) and on the same day between 1200 and 1300, Director Bertil Dahlström of Malmö had been up at Åsphult on Linderodsaasen, some myriameters south of Hässleholm, to release 300 advertising balloons.

On Saturday evening (19 December) Dahlström telephoned <u>Dagens Nyheter's</u> Malmö office and said, "With all certainty, it is one of our balloons which the flyers saw. On Thursday noon, we sent up over 300 balloons of various colors. Their sizes varied from 15 to 30 centimeters in diameter. According to what

La seconde hypothèse, la météorite vue de jour est avancée, ors le tracé d'une pierre venant de l'espace est constant, elliptique et descend sur terre depuis le ciel, les pierres ne volent pas çà l'horizontale et en parallèle aux avions de ligne à 1 200 km/h pourtant :

« Les experts du département de la défense et de l'état-major de l'armée de l'air ont formellement résolu le mystère du losange volant du 18 décembre, selon leur expérience il s'agit d'une météorite de jour. »

La troisième hypothèse fut celle d'un petit ballon publicitaire de 15 cm tel qu'un enfant pouvait avoir pour jouer, pas plus grand que la paume de la main et qui aurait volé à 1600 m d'altitude :

« Le capitaine Kallenius du département de la défense avance l'hypothèse sur ce phénomène, ce seraient des ballons publicitaires de propagande d'une firme de parfums, qui auraient volé depuis l'Allemagne et le Danemark, il est possible qu'ils aient aussi dérivé jusqu'en Suède, mais il n'e peut pas expliquer la grande vitesse observée de l'objet observé par le pilote, le capitaine Christiernssen et le mécanicien de bord Olle Johanson. Le capitaine Kallenis dit qu'il est très difficile d'évaluer la vitesse d'objets qui s'approchent soudainement et qu'il s'agit formellement d'un ballon dégonflé qui vidé de son gaz a pris la forme aplatie d'une soucoupe volante. »

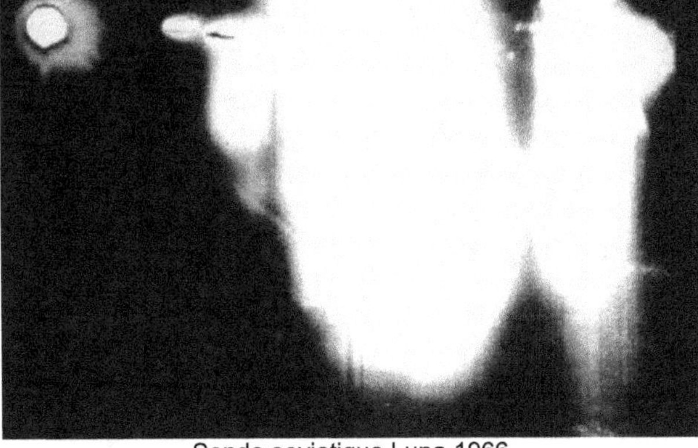

Sonde sovietique Luna 1966.

maybe still higher, depending on the weather. To each balloon was attached an advertisement card which the finder was to return to the firm in Malmö in exchange for a bottle of cologne. Some cards have already been returned from finders with addresses in Hässleholm, so it is clear that the balloons were driven by the prevailing winds to the place where the flyers observed the mysterious lozenge."

As of Saturday evening, the Air Staff did not know about the Skaane balloons. On the other hand, the Air Staff had received a telephone call from another person in Malmö, radio technician Lundblad. On the day before the observation (16 December), he had sent up three weather balloons of a current model. The wind was so strong and in such a direction that it is not likely that any of the three balloons could have remained over Skaane. Meteorological balloons are from 1 to 2 meters in diameter.

Whether the perfume advertising balloons, which are considerably smaller than meteorological balloons, could, through angles of refraction and radiation of light, take on the appearance and size which Captain Christiernsson reported the object to be, is a question which cannot be answered until detailed calculations are made. Very likely, composite photographs and other techniques will be utilized to determine the matter.

No new observations have been reported during Saturday (19 December), and the experts are now working with the material which came in earlier. Telephone calls have been received from a number of persons with new theories, some of which will be tested. In the meantime, the balloon theory seems to have been strengthened through the latest reports from Skaane.(3)

SOURCES

1. Dagens Nyheter, 18 Dec 53

2. Ibid., 19 Dec 53

3. Ibid., 20 Dec 53

- E N D -

LIBRARY SUBJECT & AREA CODES

L'état-major a reçu un appel téléphonique d'une personne de Malmö, une ville à l'extrême sud de la Suède face à Copenhague, provenant d'un radio technicien Mr Lundblad qui soutenait la théorie des ballons sonde, bien qu'aucune station météo n'ai confirmé avoir procédé à des relevés officiels avec ce type d'appareillage, il aurait vu trois ballons le 16 décembre, bien qu'aucune autre observation ne vienne corroborer ces dires notamment le 19 décembre où rien ne fut vu, la probabilité d'un ballon sonde est présentée comme la plus plausible venant même être renforcée par des rapports en provenance de Skaane limitrophe des comtés de Halland, Kronoberg et Blekinge, presqu'ile reliée à la région de la capitale danoise par le pont de l'Oresund.

L'origine des témoignages, le contenu des rapports n'est pas rapporté.

Toutefois des ballons sonde dans le ciel ne passeraient pas inaperçus des citadins de Copenhague, du moins nous pouvons sincèrement le penser, et ils ne voleraient pas en parallèle d'avions de chasse entre 1000 km/h et trois fois et demi la vitesse du son.

Le gouvernement fit des déclarations à la presse afin de discréditer le témoignage pourtant sincère de l'équipe navigante à bord de l'avion, un équipage hautement expérimenté dont le métier est de connaitre l'altitude et la vitesse des avions à chaque seconde si besoin est au cours de leur travail.

Trois incohérences majeures ressortent des communiqués du gouvernement suédois, aucun ballon météo ne fut lancé car le vent était trop fort les 16, 17, 18 décembre 1952, de plus ce type de ballons d'un diamètre d'un à deux mètres ne peut qu'être que porté par le vent, car il est dépourvu de moyen de propulsion et ne peut donc pas rivaliser avec la vitesse d'un avion en vol.

En réponse aux déclarations du gouvernement, le capitaine Christernssen a donné l'assurance de l'absolue vérité de son observation après être revenu à Malmo sur un vol retour le vendredi suivant :

« On ne plaisante pas avec des choses comme celles-ci, j'ai vu quelque chose et rapporté mon observation, je ne sais pas ce que c'était. »

Peut-on imaginer que la NASA à caché l'évidence ?

Clark C.McClelland, membre senior du MUFON de 1958 à 1992, a révélé dans la presse canadienne, des détails secrets d'un incident étonnant qui se sont produits lors de la mission STS-80 (19 novembre au 7 décembre 1996) à bord de la navette spatiale Columbia.
Un objet en forme de disque est apparu et il a suivi la navette.
Le disque est parfaitement visible en haut à droite

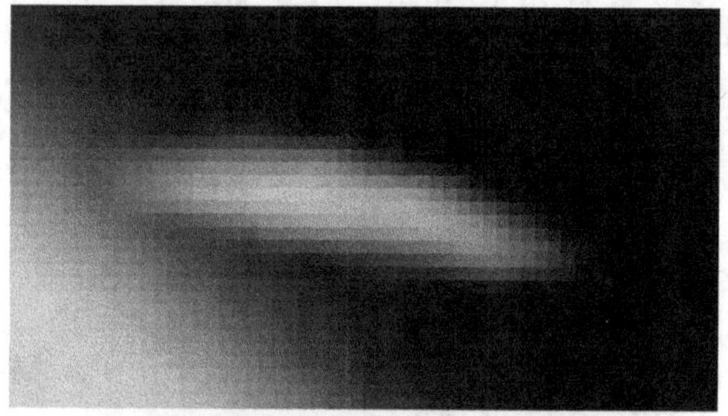

Les OVNIS persistent à survoler la Norvège

La région norvégienne de Hessdalen détient à ce jour 747 cas répertories (2006) d'observations de phénomènes volants et soucoupes inconnus, dont nombreuses furent photographiées ou filmées (Morkevollhøgda, Hessdalen, Holtålen (Norway).

La légende du Spitsbergen selon Ole Jonny Brenne, est à classer définitivement dans les supercheries journalistiques.

Il tenta de discréditer Rauni-Leena Luukanen alors conférencière souvent invitée lors de débats sur les ovnis, elle participa d'ailleurs à l'organisation de la première conférence internationale sur les extraterrestres en Finlande et elle était une fervente partisane de la théorie de l'objet qui s'est écrasé sur Svalbard au Spitzberg en 1952. En résumé, nous pouvons dire qu'Ufo-Norway et Luukanen ont deux vues diamétralement opposées au sujet du phénomène ovni dans son approche et en particulier sur celui du Spitsbergen qu'UFO-Norway considère comme déjà résolu et identifiée comme un canular journalistique devenu légende urbaine au fil du temps.

Ces phénomènes ovnis inexpliqués sont soumis à une recherche scientifique compétente, analysés de toutes les manières possibles depuis près de cent ans, et aucune preuve définitive n'a pu être apportée, permettant définitivement d'éliminer les ovnis de l'hypothèse théorique de leur appartenance à des entités venues d'ailleurs, certains ont une approche sensitive et romancée, d'autres demeurent des scientifico-sceptiques, mais le débat contradictoire doit démocratiquement s'opérer, même autour de ces sujets sociétaux sensibles[57].

---

[57] http://old.ufo.se/english/articles/scandal.html

Une des sources consultatives du MUFON en Norvège fut le docteur Rauni-Leena Luukanen, elle était docteur en médecine née en Finlande et résidant dans le sud-est de la Norvège jusqu'en 2015, une fois prise sa retraite en 1986 après un accident de voiture dans lequel elle aurait été sauvée par des extraterrestres, elle entreprit l'écriture de trois ouvrages au sujet des ovnis, puis réalisa des tournées et conférences sur la parapsychologie et l'ufologie.

Luukanen-Kilde est née à Värtsilä. Elle a dû fuir avec sa famille en bas âge pendant la Seconde Guerre mondiale et a été élevée à Helsinki, elle publia un certain nombre d'ouvrages parfois sous son nom, parfois sous l'allias de Rauni :

Kuolemaa ei ole. Espoo: Weilin & Göös, 1982. ISBN 951-35-2776-X.

Helsinki: Uusi kirjakerho, 1982. ISBN 951-54-0364-2 (Both as Rauni-Leena Luukanen.) Revised edition: Helsinki: WSOY, 1992. ISBN 951-0-17866-7

Tähtien lähettiläs. Helsinki: WSOY, 1991.   ISBN 951-0-17031-3

Kuka hän on? Helsinki: WSOY, 1993.   ISBN 951-0-18918-9

Universumin lapsi. Helsinki: WSOY, 1995. ISBN 951-0-19914-1

Salatut maailmamme. Son Star Sisters International, 2007. ISBN 978-952-92-1785-4

Bright Light On Black Shadows. Georgetown, Ontario, Canada : 2015 ISBN 978-0-9940374-0-4

JASNE ŚWIATŁO W CIEMNOŚCI TUNELU, Georgetown, Ontario, Canada, 2016   ISBN 978-0-9940374-1-1

Certains ufologues apportent un regard nouveau sur ces phénomènes scandinaves dans un rapport émanant de Fotocat Report N°4 rédigé par deux ufologues, Vicente-Juan Ballester Olmos de Valencia (Espagne) et Jonny Brænne, d'Oslo (Norvège), ils nous dévoilent que cette région est reconnue mondialement comme celle où se situent les événements luminescents aérospatiaux les plus fréquents, riche en observations d'ovnis.

Mrs Ballesteros et Brænne font une rétrospective depuis 1900 jusqu'en 2005 dans cette zone. Ils n'ont publié aucun cliché d'ovni sur la période de 1952.

Ils citent des cas extrêmement intéressants, comme celui survenu à Holteskaret, Hemsedal, jeune marié, le 4 avril 1953, il s'agissait d'une boule rouge sortant des nuages, apparue durant cinq à sept secondes, il prit quelques clichés malheureusement détériorés.

Un autre cas date du 30 juin 1954 à 13h30 à Heggedal, un village faisant partie de la municipalité d'Asker dans le comté d'Akershus, Dorothy Huitfeldt prend une photo d'une éclipse solaire sur laquelle on peut observer très nettement dans le ciel un ovni dans le ciel au même moment, cette prise extraordinaire fut publiée dans les journaux en 1954. Ce même jour du 30 juin 1954 à 13h30 un grand nombre de scientifiques et astronomes ainsi que les équipages partis à bord de trois avions depuis Gardermoen, l'aéroport d'Oslo, afin d'observer l'éclipse depuis le ciel furent témoins de ce même ovni, Johnny Bjørnulf prit une photo exploitable. Un autre passager de l'avion de Johnny Bjørnulf du nom de Raun Conradi filma le ciel au-dessus des montagnes de Lifjell, Seljord, ce 30 juin 1954 à 13h30, Sur une version de bonne qualité on peut clairement voir la fenêtre ensoleillée de l'autre côté de l'avion reflété dans le hublot, confirmant la véracité de la prise de vue sur l'objet volant non identifié[58].

---

[58] Please go now to the full Norway catalogue spreadsheet :
http://www.anomalia.org/fotocat/norway.xls

Frank Edwards aujourd'hui décédé développe l'affaire dans son livre, Flying Saucers : Serious Business, attribuant la paternité de l'ovni du Spitsbergen au seul journal Stuttgarter Tageblatt qui cite un colonel ayant fourni des détails supplémentaires.

Il suggère que l'affaire est authentique.

Photo dossier projet Blue Book.

Cette image, intitulée simplement "Hiver 1951", a été prise en Nouvelle-Zélande. Alors que le photographe pensait qu'il s'agissait d'une soucoupe volante, l'USAF a conclu qu'il s'agissait en fait d'un nuage lenticulaire. Les formations en forme de lentille sont le résultat de l'air humide qui s'est condensé à haute altitude.

(http://fotocat.blogspot.com/).

EuroUFO network (http://www.euroufo.net),

Archives ufologiques de l'AFU Norvege : http://www.afu.se/afu2/?tag=braenne&paged=2

Ovnis soviétiques

Les ovnis étaient-ils soviétiques ?

Cette question que beaucoup se posaient entre 1945 et 1955 était infondée, jamais la technologie aérienne de l'époque n'aurait permis de produire ces exploits.

Si les soviétiques furent faussement désignés comme les auteurs de la vague ufologique de 1946 à 1952 en Scandinavie, ils n'en ne sont pas en reste de sensationnel eux non plus, le 27 novembre 1954 un gros objet cylindrique survole la Place Rouge au centre historique de Moscou à une altitude estimée de deux cents à trois cents mètres, et se dirige vers le nord-ouest, il était entre 16h00 et 16h30 de l'après-midi, de nombreux témoins oculaires observent sa progression. Il évoluait à l'horizontale et au ralenti, quand tout à coup ce cylindre métallique stoppa net, se redressa en position verticale et s'envola à très grande vitesse vers le haut disparaissant dans le ciel, laissant les moscovites éberlués.

Le 19 mai 1958 une soucoupe volante fut observée et photographiée, elle avait atterri et demeurait posée sur le sol dans une clairière d'une forêt de mélèzes et de pins de la banlieue de Moscou, elle décolla soudainement et disparu à très grande vitesse dans un mouvement d'ascension hélicoïdal comme si elle avait décrit une sorte de demi-cercle en se hissant à la verticale.

Des dessins et photographies furent réalisés par des observateurs, mais leur analyse ne put donner d'informations techniques précises sur l'objet. Ils furent remis aux membres du Comité Soviétique Stoliarov créé dix ans plus tard, le mercredi 18 octobre 1967 du nom de Porfiry A. Stolyarov, il devait répondre à la demande du public soviétique au sujet de l'existence hypothétique des ovnis.

Le Comité Stoliarov fut chargé de défendre la science contre les mensonges colportés au sujet des ovnis, ses travaux aboutirent au bannissement de l'ufologue Zigel, puis à une période de déni et de silence au sujet des ovnis perdura de 1968 à 1972 en URSS, les ufologues étant alors présentés comme des menteurs aux allégations dénouées de fondement, selon le Journal La Pravda.

Des traces d'ovnis ont été découvertes près d'Ekaterinbourg, là-bas, en février 1959, un groupe de neuf touristes est mort dans des circonstances mystérieuses, près de Sverdlovsk, une soucoupe volante été capturée sur une photo.

En Mai 1959 durant vingt-quatre heures la base militaire de missiles ultrasecrète de Sverdlovsk est survolée par des ovnis, des avions décollent pour leur interception et se font semer sur place, puis les ovnis reviennent planer comme si de rien n'était. Les ovnis furent enregistrés par les radars au sol et embarqués à bord des avions, corroborant le contact visuel.

La région de Sverdlovsk, semble-t-il, donne au monde une autre sensation, située à 450 kilomètres d'Ekaterinbourg, des traces d'un objet volant non identifié ont été retrouvées en 2006, lorsque des chercheurs célèbres ont déniché des objets étranges suite à l'effondrement du pont automobile à Ekaterinbourg, et se sont tournés vers la rédaction du journal Ural.ru, qui ne s'en est même pas étonné.

En septembre 2006 lors de travaux publics dans le centre d'Ekaterinbourg, des artefacts ont été trouvés et le matériel présenté à l'agence de presse.

Sergey Kondrashin, qui est engagé depuis longtemps dans la recherche archéologique dans la région de Sverdlovsk, la réserve de pierres de Denezhkine, dans les eaux de la rivière Chusovaya, est l'un des points de recherche privilégiés des chercheurs.

En 1856, une barge s'est brisée sur les rochers, elle était chargée de pièces de monnaie de la Maison de la Monnaie d'Ekaterinbourg. Le navire a coulé et la précieuse cargaison est restée au fond (c'est pourquoi le rocher a été nommé pierre Denezhkinogo).

Depuis lors, le naufrage a été constamment exploré par des passionnés, ne perdant pas espoir de trouver un trésor, mais cela aboutit parfois à des découvertes plus surprenantes.

En 2005, l'équipe de Sergey Kondrashin a pu retrouver l'épave de 1856, inspirés, les chercheurs ont organisé une nouvelle expédition, armés d'é équipements pour la plongée sous-marine et de détecteurs de métaux, cependant, cette fois, la découverte était encore plus curieuse que les monnaies du XIXe siècles tant convoités.

Comme l'a dit Sergey, au cours d'une fouille sur la rive même de la rivière, le détecteur de métaux a soudainement commencé à donner des signaux indiquant la présence de formations métalliques sous le sol. Ils ont commencé à creuser, espérant voir de la vieille monnaie. Cependant, à une profondeur de 10 à 15 centimètres, un objet complètement différent a été trouvé : un morceau de métal de couleur claire totalement inhabituel.

L'échantillon est assez petit, de la taille d'une paume d'enfant, expliqua Sergey Kondrashin :

« Cependant, je n'ai jamais rien vu de tel, c'est un alliage très inhabituel, à la fois en texture et en qualité. Léger et durable, avec plusieurs alliages et traitements chimiques étrangement assemblés, apparemment, il est resté longtemps dans le sol, mais est bien conservé et sans traces d'oxydation. »

Tous les membres de l'expédition sont d'accord avec Kondrashin, ils n'ont pas vu de tels échantillons de métal. La découverte fut portée à Iekaterinbourg et envoyée pour examen à des spécialistes à l'Institut de physique des métaux de la branche de l'Oural de l'Académie des sciences de Russie.

Sergei Kondrashin lui-même croit en un objet d'origine extraterrestre.

« Je peux dire avec confiance que *ça* vient de quelque part dans le ciel », a-t-il déclaré, « Bien sûr, c'est peut-être une pièce de fusée ou une sorte d'avion militaire. Cependant, mes collègues et moi avons pensé que cela ressemblait plus à un objet volant non identifié. »

Kondrashin a également rappelé que non loin de la pierre de Denezhkin se trouve le célèbre col de Dyatlov où en février 1959, un groupe de neuf touristes est mort dans des circonstances mystérieuses. Leurs corps avaient avec une couleur de peau étrange, des traces de radiation et de multiples fractures. Personne n'a encore été en mesure de dire avec certitude ce qui a réellement tué neuf touristes :

« Nous avons des preuves matérielles entre nos mains qu'il se passe des choses anormales dans ces endroits », a déclaré Sergey Kondrashin.

Notez que les ufologues ont recentré à plusieurs reprises leur attention sur la région de Sverdlovsk.

Par exemple, dans les années 1990, la chaîne de télévision américaine CNN a diffusé un film secret provenant des archives du KGB aux États-Unis. Il décrivait l'accident d'une soucoupe volante en 1968-1969 près de Sverdlovsk.

La soucoupe elle-même, les actions des officiers du KGB de l'URSS et la procédure de préparation du corps de l'extra-terrestre décédé ont été filmés.

Il s'agissait d'un canular de toutes pièces, monté par les américains à des fins mercantiles.

Un autre épisode survint au printemps 1980, selon les ufologues, un objet volant serait tombé dans la taïga du district de Verkhneturinsky. Deux jours plus tard, un groupe important du bureau du KGB situé dans la région de Sverdlovsk est arrivé sur le site et imposé le silence aux habitants.

L'objet tombé a été étudié par les militaires et les Tchekistes, après quoi il a été transporté dans la région de Moscou. Beaucoup croient que cette fois c'est un véritable ovni, et non un faux car en général, les chercheurs notent que des objets volants non identifiés sont souvent aperçus dans le ciel au-dessus du nord de la région de Sverdlovsk depuis le survol de la base militaire locale par des ovnis en mai 1959.

Les systèmes de défense antiaérienne surveillent très attentivement l'espace aérien en raison de la proximité d'installations militaires stratégiques :

« Il est évident que des objets volants inconnus ont été détectés. »

Ils espèrent que, dans les conditions modernes, ils seront autorisés à effectuer un examen du spécimen retrouvé par un organisme privé civil, indépendamment de l'armée et du FSB, et que ses résultats feront véritablement sensation dans le monde scientifique, à moins qu'il rejoigne les rayonnages des archives secrètes. Deux ouvrages sont consacrés aux ovnis en Russie sur les périodes de 1945 aux années 2 000, avec des extraits d'archives inédites du KGB et des témoignages jamais publiés en occident[59] :

---

[59] LE DOSSIER OVNI DU KGB, par François et Paola Garijo, 359 pages, ISBN n° 9791097252038, du 20 février 2019, Lulu éditions.

LES OVNIS EN URSS, par François et Paola Garijo, 336 pages, ISBN n° 9791097252045, du 20 février 2019, Lulu éditions.

Le 9 avril 1950 un journal de Hambourg rapporte que les soucoupes volantes sont une invention allemande et n'ont pas une origine soviétique, bien qu'il soit possible que les russes poursuivent le développement de ce concept aéronautique discal innovant en rupture avec le design des avions traditionnels. Des propos identiques sont imprimés dans les pages du Zurich Sttutgarter Zeitung le 23 septembre 1954.

Une conférence donnée dans la ville de Schwetzingen, une ville allemande située au nord-ouest du Bade-Wurtemberg, à environ 10 km au sud-ouest de Heidelberg et à 15 km au sud-est de Mannheim le 16 septembre 1954.

Elle était entièrement dédiée aux soucoupes volantes, un des orateurs était Erich Strudel et se déroulait à la brasserie Weldebräu, on y parle de l'ingénieur en chef Klein, ancien représentant spécial du ministère de l'aviation, en mesure de présenter un plan original avec des dessins de construction des disques volants allemands.

Le journal Zurich Tages-Anzeiger dans une interview accordée à l'Ingénieur en chef Klein, rapporté que les plans pour les disques volants télécommandés sans pilote furent élaborés en Allemagne pendant la Seconde Guerre mondiale.

Trois designers ont travaillé dessus, l'Ingénieur Schriever décédé à Brême, le deuxième était l'ingénieur italien en charge des turbines, Bellouzo, décédé également selon le journal suisse, le troisième de ces designers était Miethe, résidant alors en Amérique.

L'article suppose donc que les soucoupes volantes en forme de disque sont fabriquées aux États-Unis mais n'exclue pas que les russes pouvaient aussi avoir pu eux aussi, maitriser cette technologie à cette époque.

Il existerait des disques de 16 et 42 mètres de diamètre. Les grandes soucoupes disposaient de douze unités de buses pour l'entraînement. Les plus petites n'en possèdent que cinq. Dès 1942, les travaux de construction ont commencé en Allemagne. Un disque volant sans pilote télécommandé a été lancé à Szczecin. Selon Klein, la vitesse de montée des disques volants devrait être portée à 12 400 mètres en trois minutes.

Pourtant, aucun des ingénieurs constructeurs de fusées Peenemünde n'était au courant ?

Beaucoup sont convaincus que les russes et les américains expérimentaient déjà des modèles de soucoupes volantes en 1946.

Ce sont les mystérieux phénomènes célestes qui ont été observés maintes et maintes fois dans le monde entier pendant plusieurs années. Le 9 avril 1950 un journal de Hambourg rapporte que les soucoupes volantes sont une invention allemande désormais produite en Union Soviétique.

À ce jour, les personnes se demandent si ces prototypes mentionnés par Klein et Schriever, étaient vraiment capables de voler en raison de la technologie de l'époque.

Bien que si un certain nombre de personnes estiment que cela est tout à fait possible, d'autres ont conclu que ces prototypes étaient techniquement impossibles, car la résistance des matériaux existant à ce moment-là n'aurait pas pu tenir face aux vitesses, accélérations, altitude etc., en outre, les équipements dotés d'une technologie de haute qualité auraient été impossibles en raison d'une pénurie générale de matériaux en 1945.

Si un tel projet à ce moment-là avait vu le jour, les besoins en technologie, personnel et matériaux auraient dû être justifiés et recensés afin d'être pourvus et fournis.

Les russes et les américains sont-ils repartis avec les archives de cette technologie lors de la prise de l'Allemagne par leurs troupes. En 1941, à Breslau et Prague les scientifiques allemands Schriever, Habermohl, Miethe et l'italien Bellonzo ont commencé la construction d'un avion, qu'ils ont appelé disque volant. Il s'agissait d'un anneau large en rotation qui tournait autour d'une forme de dôme fixe. Miethe a développé un disque de 42 mètres de diamètre dans lequel des moteurs à réaction ajustables ont été utilisés dont le premier aurait été achevé le 2 juin 1942. Il vole un jour plus tard, propulsé par de minuscules fusées. Le 14 février 1945, Schriever et Habermohl lancèrent le premier disque volant. Des spécialistes russes ont conduit de force 174 concepteurs et scientifiques allemands pour travailler en URSS sur un disque volant propulsé par un moteur à réaction, cette théorie est très présente dans les milieux ufologiques allemands et pourrait avoir été la source d'inspiration de l'affaire du Spitsbergen en 1952 qui évolue autour de cette double idée conceptuelle, une information d'origine invérifiable provenant d'Allemagne au sujet d'un ovni de fabrication soviétique dont la description correspond en tous points aux prototypes supposés de l'ingénierie allemande.

Structure de l'Institut central de recherche du KGB sur les OVNIS, programme : Setka.années 80.

Les objets volants inconnus reviennent

Le travail à partir que ce que la CIA daigne bien communiquer cinquante à soixante-dix ans plus tard à ses limites, les services de renseignement Norvégien, Suédois et Danois quant à eux n'ont absolument rien fourni.

Pourquoi ?

S'il s'agit de fusées expérimentales russes ou de ballons sondes météorologiques ou quelques artéfacts atmosphériques bénins sans rapport avec l'espace ?

En quoi ces informations nécessitent obligatoirement leur maintien au plus haut niveau de classification secret défense ?

Plus de soixante-dix ans passés sans qu'ils ne divulguent grand-chose, mis à part des efforts constants pour discréditer les témoins oculaires par presse interposée, les médias reprenant mot pour mot les déclarations officielles contradictoires des états-majors militaires.

Les civils s'y intéressent dès les premières années, Stenødgård était préoccupé par l'enregistrement d'observations d'ovnis en Norvège qui avaient été à l'origine d'une parution d'articles de presse importante, en particulier les années 1946, 1952, 1955 et dans une certaine mesure sur la période englobant les années 1950 et 1960.

Il avait entrepris l'enregistrement et la traçabilité systématique de chaque affaire par un vaste réseau de chercheurs bénévoles dans tout le pays (autour des grandes villes et notamment Oslo, Bergen, Stavanger et Trondheim) qui se rendaient sur place, devenant ainsi une structure cohérente d'enquête participative sur le terrain.

À Bergen en Norvège, un groupe informel a été formé, vers 1954, ce collectif aboutit à la création de l'Association Ovni-Bergen (1967-1973, avec Finn W. Kalvik et Nils Sælensminde, tandis que l'association ovni voyait le jour à Stavanger, son activité débuta le 4 avril 1967 avec Robert Moklev, Tora Greve, Trond Lauvås. Dans une autre ville à Trondheim, l'association ufologique de Trondheim est fondée, ses activités vont de 1968-1973, avec Tormod Hagen, et Kolbjørn Stenødegård.

Au cours de l'été 1953 des sources danoises formulaient l'hypothèse de l'existence d'une soucoupe volante de fabrication soviétique dans l'Arctique.

En octobre 1953 la marine norvégienne basée à Horten et vers l'estuaire Oslofjorden, signale la violation de l'espace aérien par un engin volant inconnu de construction inhabituelle et inconnue, il est identifié comme identique à d'autres échos radars attribués à des aéronefs soviétiques enregistrées entre 1952 et 1953 par l'armée Suédoise dans la Mer Baltique.

S'il est impossible d'identifier ces appareils, comment étaient-ils en mesure d'affirmer qu'il s'agissait de prototypes russes ?

Etait-ce en raison du crash de l'appareil de 1952 où de dossiers plus complexes impliquant les soviétiques ou les américains dans des expérimentations de ce troisième type ?

Depuis l'été 1954 jusqu'à l'intégralité de 1956, les communications suédoises et les retransmissions télévisuelles furent brouillées lors de survols d'objets volants inconnus dans le ciel, lors de passages de sphères volantes très distinctes de tout ce que l'homme pouvait artificiellement créer. Le magazine ufologique allemand UFO-Gids n°8 de novembre 1956, publia cette histoire avec des modifications mineures du texte origine de l'ovni du Spitsbergen de 1952.

De son côté, le chercheur Oly Jonny Brænne dit avoir enquêté dans les éditions des journaux de 1952 en Norvège notamment le Svalbadsposten, la gazette locale de Svalbard-Spitsbergen ainsi que le Morgenbladet, l'Afteposten sans résultat.

Le service de presse du haut commandement norvégien ne fournit pas d'information et ne peut pas confirmer l'existence des officiers norvégiens dont les noms sont relatés dans l'article d'origine de l'ovni du Spitsbergen de 1952.

Les archives de la presse suédoise détenues au fonds national des archives de l'agence de presse suédoise TT Tidningarnas Telegrambyra à Stockholm, ainsi que vingt différents journaux régionaux sur le sujet des ovnis sont rassemblés dans un ouvrage nommé Spokraketrna 1946 Nyhetsbyramaterialet avec certains détails au sujet de 150 rapports en particulier parmi les plus intéressants ils furent traduits du suédois à l'anglais par l'ufologue L.E. Gross[60].

William L. Moore écrit dans un article pour la gazette Focus n°5 le 31 décembre 1990 les lignes publiées dans un journal français Le Lorrain du 15 octobre 1954, que les services de la défense territoriale suisses la DAT, publièrent un rapport au sujet des soucoupes volantes, décrivant la technologie allemande issue de la seconde guerre mondiale, issue de l'ingénierie de Schriever et Hebermohl et que l'ovni du Spitsbergen provient de ce type d'engins volants allemands dont une soucoupe volante avait été récupérée par les commandos canadiens. Sa vision de l'incident confirme l'hypothèse que la Russie continuait à expérimenter des objets volants de forme discale provenant de la technologie capturée à l'Allemagne en 1945.

---

60 Ils font désormais partie du fonds privé de l'association ufologique privée norvégienne. Un ouvrage très complet de Margaret Sachs, reprend de nombreux cas de l'époque : The UFO Encyclopedia édité par Putnam en 1980, 408 pages ISBN 978-0399124211.

L'auteur David Clarke s'est intéressé à la soucoupe du Spitzberg dans son livre de fiction intitulé : Comment les Ovnis ont Conquis le Monde, l'histoire d'un mythe moderne.

Il y relate et rejoint les travaux de Bill Spaulding du groupe américain Ground Saucer Watch, ses conclusions de comportent pas des faits évérés nouveaux pouvant donner un éclairage significatif sur l'affaire, toutefois tous les chercheurs ayant contacté l'état-major norvégien se sont vu répondre :

« Nous ne pouvons pas vous communiquer les informations confidentielles que nous détenons au sujet des ovnis en Norvège. »

En définitive dans ce type de réponse on est enclin à douter d'avantage que s'ils avaient répondu qu'il n'existe rien.

En 1991, UFO-Norway a publié une brochure sur l'histoire d'un vaisseau extraterrestre qui aurait dû être découvert à Svalbard en 1952, il stipule que cette histoire est ancienne et connue, et n'est rien de plus qu'un journal qui a suscité beaucoup d'attention sur une affaire bidon, mais est régulièrement relancé par des personnes qui n'en avaient jamais entendu parler auparavant et qui voudraient croire que l'histoire aurait pu être vraie et dont il pourrait s'agir d'une mascarade pour cacher le fait, que la plupart de ces histoires sont vraies, ce ne sont pas des vaisseaux spatiaux échoués, mais des avions américains secrets ou des légendes urbaines auto-alimentées.

Les chercheurs ufologues norvégiens simples citoyens ufologues, questionnèrent leur gouvernement, s'attendant à ce qu'il leur communique la plus grande découverte scientifique de l'humanité comme cela en toute sérénité, comme il n'en fut rien, certains en déduisent que rien n'a existé.

Le 16 mars 1959

Treize années après les vagues d'ovnis de 1946, un objet volant inconnu est observé à Bergen le 16 mars 1959. Bergen est une ville de la côte sud-ouest de la Norvège entourée de montagnes et de fjords, le funiculaire Fløibanen monte vers la montagne Fløyen qui domine le paysage. Selon un mémo de la CIA de mars 1959 numéro 891, un ovni observé en Norvège.

D'après eux : « Un ovni observé en Norvège, le texte intégral provient du journal Altenposten d'Oslo dans son édition du soir le 16 mars 1959. Plusieurs objets brillants ont été vus dans le ciel vers Bergen par de nombreuses personnes au cours de l'après-midi du 12 mars 1959. »

A Bergen et à Storesund, cinq corps brillants ont traversé le ciel du nord au sud. Le premier objet fut vu à 20h00 durant deux minutes, traversant le ciel et disparaissant derrière l'horizon, sa taille et apparence pouvaient être comparées aux spoutniks soviétiques.

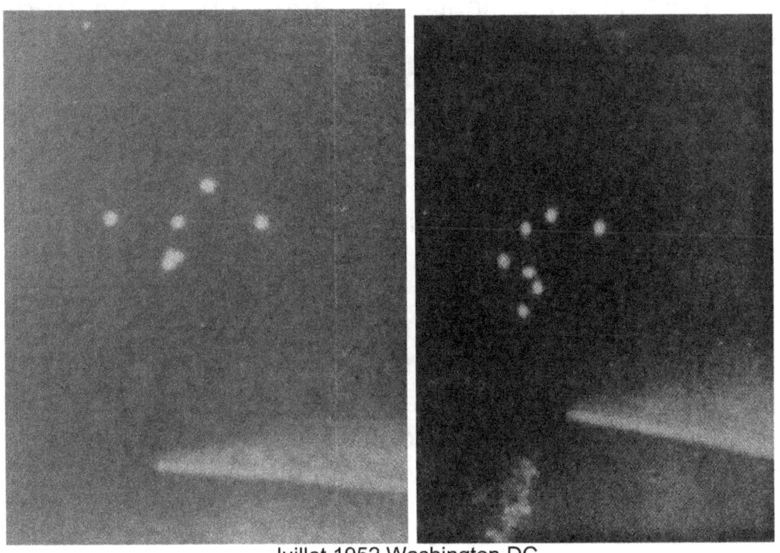

Juillet 1952 Washington DC.

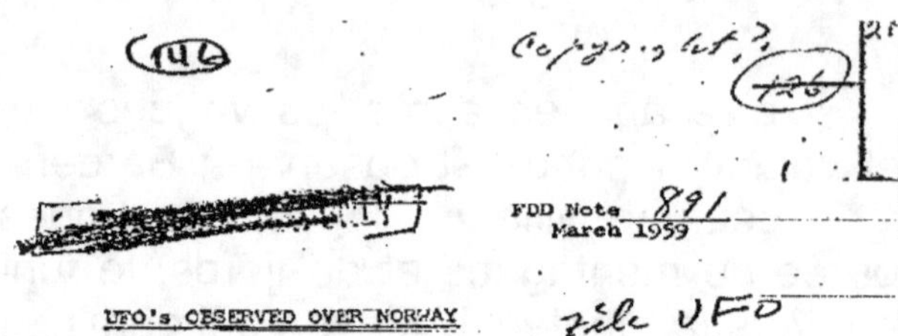

UFO's OBSERVED OVER NORWAY

The following is the full text of an item which appeared in Oslo Conservative Aftenposten of 16 March 1959 (AM edition):

Several bright objects were observed in the sky near Bergen by several persons on the evening of 12 March.

According to Birger Storesund, of Storesund, near Bergen, there were five of the bright bodies, all of which crossed the sky from north to south. The first object, which was first seen at 2010 hours, took about two minutes to cross the sky and disappear beneath the horizon. In size and appearance, it could be compared to the Soviet sputniks. About five minutes later, object number two appeared, later to be followed by objects three, and four and five.

According to Storesund, several of his neighbors also saw the objects. No sound was to be heard from the objects.

Storesund's dog, which usually reacts to the presence of aircraft, paid no attention. The objects were also observed in binoculars.

Environ cinq minutes plus tard l'objet numéro deux est apparu, ensuite plus tard à continuation les objets numéro trois et quatre et cinq. A Storesund et aux alentours, les objets furent également observés, aucun son ne fut entendu en provenance des objets. A Storesund un chien qui réagissait habituellement au passage des avions ne preta aucune attention, les objets furent également observés avec des jumelles.

Ces objets sphériques volants, lumineux et brillants étaient revenus, évoluant de façon intelligente, coordonnés entre eux, volant en formation à la même altitude sur une trajectoire rectiligne horizontale, leur vive lumière n'était accompagnée par aucun son d'aucune sorte. »

Quoi qu'en pensent les ufologues Norvégiens et malgré toute leur perspicacité, il faut admettre que jamais les autorités d'aucune nation n'avoueront et ne communiqueront avec un civil à des fins de divulgation de masse de secrets majeurs au sujet d'une présence extra-terrestre.

En second lieu l'interprétation de la terminologie présente sur les documents peut être sujette à des interprétations variées et contradictoires, et nous pouvons imaginer que le trouble profite aux services de renseignement.

Les déplacements à de très grandes vitesses allant à trois fois celle du son, de tubes, des sphères en feu et autres artéfacts auto propulsés sans aucun combustible, ni moteur, ni turbine, sont techniquement et scientifiquement impossibles[61].

Le 25 janvier 1981 un ovni lumineux stationnaire au ralenti est observé par Bjorn Lillevold, l'objet volant disparait ensuite dans les montagnes à grande vitesse, dans l'émission de télévision de TF1, les témoignages se succèdent, ceux de Martin Aspas, Rutt Mary Moe, Bjorn et Jon Arvid, qui dit :

« Nous formulons l'hypothèse (les habitants de la vallée) qu'ils (les ovnis) ont perdu l'un de leurs engins et qu'ils cherchent à la récupérer. »

Le 4 décembre 1999 à 17h20 une caméra de surveillance filme un ovni lumineux au-dessus de la Norvège, parfaitement identifiable comme un engin volant de type soucoupe volante, le 25 janvier 2011, un autre ovni lumineux survole la Norvège à son tour.

---

[61] Voir www.ufo.no
http://www.ufo.no/?q=metaparser.php&aar=english
Ole Jonny Jonny Brænne avait-il raison, il suffit de voir l'article de Redfern dans ce blog:
http://marcianitosverdes.haaan.com/2012/09/spitsbergen-una-estratagema/

Le 24 Mars 2011, Il y avait un ovni au-dessus de l'aéroport d'Oslo Gardermoen, le principal aéroport qui dessert Oslo en Norvège. Ce mystérieux ovni a causé la fermeture vendredi du deuxième aéroport le plus fréquenté des pays nordiques.

Un avion qui transportait 400 passagers a dû faire demi-tour et atterrir à l'aéroport parce qu'un objet volant non identifiait bloquait son chemin.

Des milliers de passagers ont été retenus lorsque l'aéroport a fermé 90 minutes. Cela a entrainé la perte de millions de dollars pour l'aéroport d'Oslo parce que cela a affecté de nombreux vols et de nombreux passagers.

Qu'était ce mystérieux appareil volant non identifié ?

Personne ne semble être en mesure de répondre à cette question, pour le moment. Les seuls à avoir vu l'objet ont été membres de l'équipage d'un Boeing 737 SAS qui volait dans l'aéroport d'Oslo Gardermoen de Francfort, l'Allemagne le jeudi, peu avant 16 heures.

L'avion se trouvait à moins de 60 km d'atterrir en Norvège, lorsque les membres de l'équipage ont vu un objet verdâtre planant dans le ciel et bloquant leur atterrissage. Le pilote de l'avion a donné la description de son aspect un peu comme un deltaplane et plus tard a fait remarquer que ça ressemblait un planeur. Quoi que ce fut, ce n'était pas supposé être là, dans leur espace aérien en parfaite illégalité et en violation des lois internationales régissant l'aviation civile et l'obligation d'identification permanente.

Le pilote du Boeing a communiqué avec la tour de contrôle pour savoir s'il y avait des signalements d'un aéronef dans la région et il n'y en avait pas. Il a flotté dans les airs pendant plus d'une heure et il n'y avait pas moyen d'atterrir, tous les vols en décollage ou à l'arrivée ont été, soit cloués au sol, soit engagés à repartir vers une autre destination, ce qui est totalement inconcevable dans un aéroport moderne international de nos jours.

L'ovni flottait parfaitement à la même altitude qu'auraient maintenue les compagnies aériennes qui survolent l'aéroport d'Oslo, tous les vols ont dû être déroutés ou annulés jusqu'à ce que l'ovni quitte la zone.

La seule façon pour le Boeing 737 d'atterrir à l'aéroport d'Oslo a été de prendre une nouvelle direction.

L'équipage a alors dirigé l'avion au Nord-Ouest d'Oslo et a effectué un virage au sud pour atterrir enfin à Oslo. À ce moment, le pilote a pu voir l'objet verdâtre sous l'avion et légèrement à droite. Il les a accompagnés pendant environ 20 secondes puis a effectué un virage contrôlé à droite, puis a disparu de la vue du pilote.

L'aéroport d'Oslo, Gardermoen est le sixième aéroport civil le plus fréquenté de toute l'Europe. Plus de 19 millions de personnes sont passés par l'aéroport d'Oslo en 2010.

L'aviation civile continue à enquêter sur cet incident majeur[62].

Le témoignage du pilote raconte :

---

[62] https://area51blog.wordpress.com/2011/04/02/24-mars-2011-un-ovni-fait-fermer-laeroport-doslo-gardermoen-en-norvege/
https://blogs.mediapart.fr/jean-charles-duboc/blog/020711/un-ovni-provoque-la-fermeture-de-l-aeroport-d-oslo

« Nous venions du fjord d'Oslo et volions vers le nord, nous étions à l'ouest d'Oslo, puis nous allions virer pour effectuer un atterrissage vers le sud afin d'atterrir à Gardermoen. J'étais assis et je regardais à l'extérieur pour trouver un avion qui devait venir du nord et c'est là où j'ai vu cet objet, légèrement sur la droite et au-dessous de nous.

Je l'ai identifié immédiatement et j'ai pensé que c'était un planeur ou, de toute façon, un avion, et qu'il ne devait pas être là. Aussi, je l'ai montré à mon collègue qui l'a ensuite identifié. Pendant que nous observions l'objet j'ai demandé au contrôle aérien s'il y avait un autre avion dans notre secteur mais ils m'ont répondu qu'il n'y avait rien. »

A quelle distance l'objet était-il de leur route ?

Le pilote John Kilborn l'estime à deux ou trois kilomètres.

S'il avait tendu le bras, l'objet n'aurait pas été recouvert par un doigt ceci donne un angle de plus de deux degrés apparents et une taille minimale de 100 m.

Le pilote témoigne avoir échange à ce sujet avec la tour de contrôle :

« J'ai essayé de décrire l'objet au contrôle aérien. Ce que j'ai vu était un objet d'une couleur jaune citron, légèrement vert, et avec ce qui ressemblait à une aile. Cela colle assez bien. Et j'ajoute qu'il avait aussi une queue.

J'ai réussi à le suivre (visuellement) 15 à 20 secondes environ.

A ce moment, tel que j'ai pu le voir, il était en virage contrôlé, et serré, vers la droite. Il a fait presque un 360 ° (un tour complet) avant que je le perde de vue.

Lorsque nous avons tourné sur la droite, vers l'aéroport, nous nous sommes retrouvé face au soleil et nous ne pouvions plus le voir », selon le compte rendu de l'incident rédigé par Mats Blekelia[63].

Vérité ou mensonge ?

La vague d'ovnis en Suède aboutit à un nombre de quelques 2000 observations totalement extraordinaires et impossibles à réaliser par la technologie humaine, parmi ces 2 000, environ 200 d'entre-elles furent enregistrées par les radars civils et militaires, et un certain nombre de fragments ont été rapportés par les autorités militaires dans des laboratoires.

Les dossiers en référence sont classés secrets.

Les suédois ont menti délibérément durant plus de quarante ans au sujet des survols du secteur soviétique de la Mer Baltique et de l'Arctique par leurs avions espions alors que la nation était déclarée neutre.
Is mentirent sur leur avion espion abattu par les soviétiques durant un demi-siècle, même les familles des huit disparus en mission officielle n'en savaient rien, alors penser que la Norvège ou la Suède divulgueraient aux simples citoyens qui en font la demande l'existence d'une soucoupe volante n'est même pas imaginable.

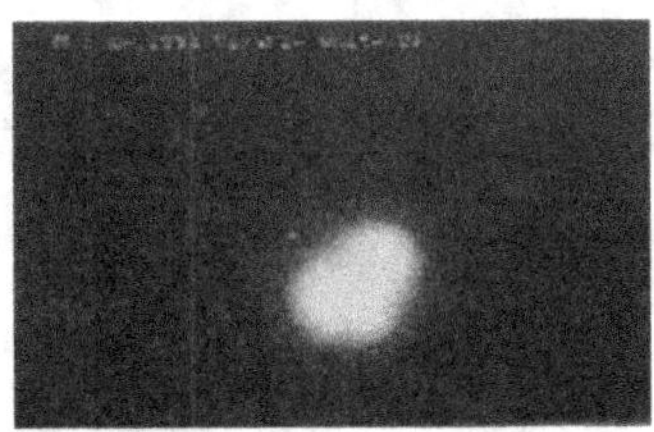

16 septembre 1989, dans le port de Zaostrovka, à la périphérie de Perm, URSS

---

[63] https://www.vg.no/reise/i/4dO1j6/gardermoen-ufo-rammer-helgetrafikken

http://www.realufos.net/2011/03/ufo-shuts-down-oslo-airport-in-norway.html

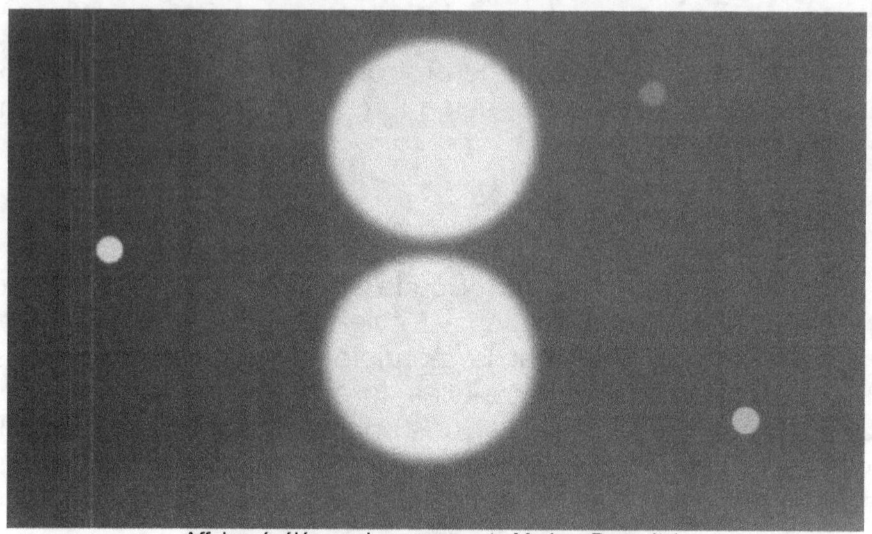

Affaire révélée par la cosmonaute Marina Popovitch
Tamboskoy Oblast 22h00 le 10 Janvier 1974
OVNI volant à 5000 km/h, haltitude de 60 km, consigné dans un rapport
par le capitaine A.A. Volochenko (unité télégraphique militaire)

27 octobre 2017 Noyabsrk Vyngapurovsky
Fédération de Russie

CONCLUSIONS

Nous pouvons réaliser des conclusions à titre comparatif sur la même période en parallèle avec les enquêtes de l'ATIC, l'Air Technical Intelligence Center nord-américain, afin de nous faire une opinion globale sur ces années et le type de phénoménologie aérienne spectaculaire qui ne trouve aucune explication scientifique encore de nos jours.

Les correspondants de l'ATIC et de la CIA détachés dans les pays Scandinaves ont aidé les autorités militaires locales à tenter de résoudre l'énigme des fusées fantômes, les tubes, les sphères lumineuses et autres artéfacts, et malgré l'absence d'une identification scientifique formelle, ils déclarèrent officiellement que sans écarter l'hypothèse ovni, il ne demeurait pas moins que leurs soupçons sur le lancement de fusées soviétiques à grande échelle était totalement contredite par une nouvelle ère qui commence, les ovnis étant devenus planétaires, ils ne se concentraient plus seulement en Scandinavie, les Etats Unis d'Amérique furent à leur tour sujet à des survols d'ovnis dans des proportions qui les feront devenir un mythe sociétal moderne définitif.

Une lettre datée de 1951 nous éclaire davantage sur le fait que les américains soupçonnaient les soviétiques d'avoir réussi à faire aboutir l'ingénierie de guerre allemande au sujet des ovnis :

« Secret AFOIN-E / CE Colonel Thomas / 74472, le 9 janvier 51, (non classifié), demande d'informations au chef du Centre de renseignement technique aérien Base aérienne de Wright-Patterson Dayton, Ohio, Département de l'armée de l'air, USAF - AFOIN-E, Colonel Thomas ref : 76472.

1. L'assistant de production, AFOIN-A, souhaite disposer des informations suivantes.

a) Résumé de tous les faits disponibles concernant les avions expérimentaux ou prototypes non conventionnels développés par les Allemands à la fin de la Seconde Guerre mondiale.

b) Toute utilisation possible des aéronefs en question par les Soviétiques doit être incluse.

2. Il est demandé que les informations ci-dessus soient fournies au plus tard le 25 janvier 1952.

WM Garland
Brigadier General,
Assistant de l'US Air Force pour la
Direction de la production du renseignement
AFOIN / AID AFOIN-E AFOIN-A

Bien que le titre du document ne soit pas classifié, il porte le cachet SECRET. Tout en haut, la date est incorrecte et devrait indiquer le 9 janvier 52. La date de signature du document est estampée du 10 janvier 1952. Le colonel Thomas a signé pour BG Garland :

La signature de AFOIN / AID [Air Intelligence Digest] est signée par HG Barber, directeur de la rédaction de AID.

AFOIN-E [Division de l'évaluation] par le Col. JE Thomas.

AFOIN-A [assistant à la production] est approuvé par le Col. Sherman.

Le l'article a été envoyé au Centre de renseignement technique aérien le 11 janvier 1952.

Cette année 1952 réveillait les plus sceptiques détracteurs de l'ufologie, pourquoi aucun des vaisseaux spatiaux ne s'est-il écrasé et n'a été retrouvé en Scandinavie ou aux USA ?

Ruppelt de l'ATIC, a considérablement sous-estimé le nombre de coupures de journaux reçues en 1952, est-ce intentionnel ou pas ?

En 1968, le lieutenant-colonel Hector Quintanilla a confié au Dr Strentz les microfilms contenant les coupures de presse de l'époque, destinées pour la préparation de sa thèse de doctorat. Les microfilms ont ensuite été transférés à Barry Greenwood de Citizens Against UFO Security (CAUS).

Lorsque ces coupures sur microfilm sont parvenues au Dr. Herbert Strentz, il estima qu'il y avait 30 000 articles sans aucune duplication sur les 32 rouleaux de microfilm contenant les coupures d'avril à septembre 1952. Le service de microfilmage de presse a été annulé en octobre 1952. Autre document révélateur de l'ATIC classé secret du 9 janvier 52 nous en dit d'avantage :

AFOIN-E / AID M Barber / 71498   9 janvier 1952, Mémorandum pour Enregistrement - Problème.

1. Demander à ATIC et à AFOIN-V de fournir des informations sur les aéronefs non conventionnels développés par les Allemands à la fin de la Seconde Guerre mondiale.

Faits et Discussion :

2. Le 8 janvier 1952, l'assistant à la production AFOIN-A, ordonne à Mme Barber AFOIN-E / AID de demander à ATIC et à AFOIN-V des informations sur des aéronefs allemands non conventionnels. Ces informations doivent être utilisées dans le briefing du B / General Garland.

3. Ne convient pas pour l'inclusion dans le Daily Staff Digest.

Action Recommandée :

4. Qu'un D / F n ° 1 à l'ATIC et un n ° de C / S à AFION-V soient approuvés et envoyés.

Coordination :

AFOIN-E / AID, Mme Barber, Ext. 71498
AFOIN-E / CE, Colonel Thams, Ext. 76472
AFOIN-E, colonel Porter, 71110
AFOIN-A, général de brigade Garland, poste 52542

Tous les chefs sauf le général Garland ont paraphé le document par leur ligne. Le Col Sherman paraphé pour le général Garland.

Dans le Dakota du Sud une autre affaire ressort des dossiers du projet Bluebook dans un rapport déposé le 17 août 1953, quelques jours après l'incident.

Alors qu'un ovni volait dans le ciel, se dirigeait vers le sud, le viseur de l'avion militaire enregistra deux bips alors que visuellement un seul objet volant était observé. Après que l'objet se soit dirigé vers le sud, l'observateur a noté qu'il était de retour à son emplacement d'origine, sans qu'il puisse expliquer comment il a pu revenir à son point de départ.

Puis il a commencé à se diriger vers le nord-ouest et quatre bonnes photographies exploitables ont été prises, mais l'appareil à mal fonctionné peut-être que cela est dû à une erreur de l'opérateur. Le pilote poursuit l'ovni sur une distance de 120 milles (environ 195 km).

La lumière émise par l'ovni était constante ce qui laissait supposer qu'il se déplaçait à la même vitesse.

Une fois à court de carburant, le jet est revenu sur sa base pour atterrir, avec l'ovni qui le suivait, le traquant à son tour. Il a continué sa course en gardant l'objet à 11 heures pour une meilleure vue. Après environ 30 secondes, il a disparu puis est réapparu pendant 30 secondes supplémentaires, au bout desquelles il s'est effacé brusquement et n'a plus été revu du tout.

De 1947 à 1952 l'ATIC enregistra 4 400 dossiers de ce type sur les ovnis.

De 1947 à fin 1948 le rythme des observations d'ovnis fut de cinquante apparitions déclarées par mois, militaires et civils confondus.

En 1949, 1950 et 1951 le nombre tomba à seulement dix par mois, en décembre 1951 la tendance fut à la hausse avec vingt par mois.

En 1952 l'ATIC enregistra 1 700 rapports soit une moyenne mensuelle de plus de 150 par mois.

En 1954 environ 40 rapports par mois soit environ 450 dossiers.

Durant les six premiers mois de 1955 l'ATIC enregistra 189 rapports soit moins de 30 par mois, ces données officielles sont celles de l'ATIC, certaines informations officieuses circuleraient, selon lesquelles leurs services recevaient parfois jusqu'à trente cas d'observations par jour en fonction des périodes, et que leur service était surchargé de travail au point de ne pas pouvoir tout traiter convenablement

Depuis l'incident de Roswell en 1947, durant une période de dix années jusqu'en 1957 le nombre de dossiers concernant les ovnis est de 5 700. L'ATIC détermine que sur 4 400 rapports fin 1952, ils ont pu étudier dans de bonnes conditions qu'environ 1 493, confiées à des spécialistes techniques et scientifiques parfaitement sceptiques par rapport aux ovnis et donc sans apriori sur la question, selon eux :

11 ,76 % Des dossiers concernaient des avions.

14,20 % Concernaient des étoiles et corps célestes.

18,51   Concernaient   des   ballons   sondes météorologiques.

1,66 % Des illusions d'Optique.

4,21 % Des phénomènes atmosphériques de réfraction de la lumière

Le 25 juillet 1952, le major DJ Fournet est chargé d'évaluer ces rapports. Au cours d'une période de 24 heures, 31 rapports de soucoupes ont été reçus par câble de divers commandements, en plus d'une moyenne de 30 lettres par jour de civils. Une liaison étroite a été établie entre le Centre de renseignement aérien technique, la base aérienne Wright-Patterson et AFOIN-2A. Toutes les informations leur ont été transmises pour utilisation dans le cadre du projet Blue Book.

Au cours des mois de juillet, août et septembre, le volume de rapports de soucoupes volantes reçus de toutes les régions des USA a créé de graves difficultés pour AFOIN-2A.

Le Centre de renseignement technique aérien ATIC, implanté à la base aérienne Wright-Patterson au bâtiment 263, a joué un rôle important dans divers aspects de la recherche sur le problème des soucoupes volantes. Comme indiqué dans le mémorandum du général Garland du 3 janvier 1952, l'ATIC avait pour mission de fournir les moyens et le personnel nécessaires pour permettre la capture de preuves photographiques d'ovnis, visuellement ou radar, qui auraient pu les détecter.

Perth, Australie occidentale, le journal The Mirror publie le 27 septembre 1952 :

Plus de lumière sur ces Soucoupes Volantes

« New York, aujourd'hui : l'US Air Force a publié un rapport époustouflant selon lequel certains objets volants mystérieux vus sur la Terre provenaient de sources extérieures à cette planète, a écrit aujourd'hui Robert S. Allen, correspondant de New York Post à Washington ».

Selon Allen, le rapport de scientifiques et de responsables de l'armée de l'air était basé sur 1800 observations de soucoupes volantes réalisées au cours des 5 dernières années.

Les autorités de la Force aérienne nord-américaine envisageaient de publier certaines parties du rapport :

« La dissuasion principale est la crainte que les résultats sensationnels ne provoquent une alarme publique injustifiée », a poursuivi Allen. Ces conclusions ont été décrites par de hauts responsables de la Force aérienne comme fantastiques mais vraies.

Allen déclare :

« Un point important souligné dans le rapport est que les observations les plus fiables et les plus détaillées proviennent d'usines atomiques, de bases militaires et de centres de recherche. L'étude a été réalisée par le Centre de Veille Technique Air, de la base aérienne Wright Patterson, à Dayton, en Ohio. Un certain nombre de scientifiques de haut niveau y consacrent tout leur temps à l'analyse de rapports.

Leurs activités sont tellement secrètes que l'armée de l'air n'autorisera pas la publication de leurs noms. En fait, personne lié au projet ou au rapport ne permettra que son nom soit utilisé. »

Mais outre les premiers dossiers facilement traités dont on pouvait donner une définition explicité appropriée, demeuraient ensuite 26,94 % d'objets volants non identifiés volants et non référenciés par l'aviation civile ou militaire.

Environ 22,72 % D'objets volants non identifiés inclassables avec peu d'informations permettant d'en extraire une analyse ou conclusion, finalement, soit 49,66 % des observations laissaient les scientifiques et les autorités dans l'embarras le plus absolu.

Plus de 63 % des observations provenaient de civils et militaires, 17,10 % de pilotes navigants, 5,70 % de chercheurs et scientifiques, 12,50 du personnel travaillant sur les systèmes radars principalement militaires et 1% des tours de contrôle de l'aviation civile dans les aéroports.

Finalement l'ATIC ne reconnut que 26 ,94% d'objets volants non identifiés soit presque 50 % de moins que la réalité.

Dans les années qui suivirent le Projet Blue Book son directeur Edward J. Ruppelt membre des services secrets de l'Intelligence Militaire de la base de Wright Patterson déclara que l'approche de la Force aérienne sur la question des ovnis avait été traitée avec une confusion organisée intentionnellement.

Il quitte l'armée puis se fait engager en 1956 comme ingénieur de recherche pour la Northrop Aircraft Company, il écrit un livre de 20 chapitres, paru en 1956 puis un second en 1960.

Ruppelt décédé le 15 septembre 1960 à l'âge de 37 ans. Il déclarait que les ovnis étaient un mythe moderne mais que sur les 1 493 rapports analysés par les techniciens et scientifiques de l'ATIC environ 402 posaient problème car ils étaient la preuve sinon de l'existence des ovnis du moins de l'impossibilité de déclarer quoi que ce soit à leur sujet, et il ajoute que selon lui le nombre devrait être multiplié par dix soit plus de 1400, car seulement 10 % de tous les phénomènes inexpliqués relatifs aux ovnis avaient été examinés entre 1947 et 1952.

Le mémorandum du général Samford, daté le 3 janvier 1952 est un véritable réquisitoire pour les soucoupes volantes soviétiques, une fois de plus la technologie allemande est désignée comme étant à l'origine des progrès aéronautiques dans ce domaine en URSS :

Secret, Action envisagée pour déterminer la nature et l'origine des phénomènes liés aux récits d'objets volants inhabituels

1. Le signalement continu d'objets volants inhabituels nécessite une action positive pour déterminer la nature et l'origine de ce phénomène. Les mesures prises jusqu'à présent ont été conçues pour repérer et évaluer les rapports des observateurs occasionnels dans tout le pays. Jusqu'ici, cette action a produit des résultats d'une valeur douteuse et les incohérences inhérentes à la nature des rapports n'ont fourni aucune preuve positive ou négative des revendications.

2. Il est logique de relier l'observation rapportée au développement connu d'avions, de propulsion, de fusées et de capacités d'extension de portée en Allemagne et en URSS. À cet égard, il convient de noter que certains développements réalisés par les Allemands, en particulier l'aile Horton, la propulsion par jet et le ravitaillement en carburant, combinés à l'utilisation intensive d'armes V-1 et V-2 pendant la Seconde Guerre mondiale, donnent à penser que les objets volants pourraient être d'origine allemande ou russe.

Les développements mentionnés ci-dessus ont été achevés et opérationnels entre 1941 et 1944 et sont ensuite tombés aux mains des Soviétiques à la fin de la guerre. Il est prouvé que les Allemands travaillaient sur ces projets dès 1931-1938.

Par conséquent, on peut supposer que les Allemands avaient au moins 7 à 10 ans d'avance sur les États-Unis en ce qui concerne le développement de fusées, de réacteurs et d'avions de type Horton.

L'armée de l'air a expérimenté le ravitaillement en carburant dès 1928 mais n'a pas développé sa capacité opérationnelle avant 1948.

3. Compte tenu de ce qui précède et des informations persistantes concernant des objets volants inhabituels au-dessus de certaines parties des États-Unis, en particulier des côtes est et ouest et à proximité des installations de production et de test de l'énergie atomique, il est évident que des mesures positives doivent être prises, déterminer la nature des objets et, si possible, leur origine. Comme on sait que les Soviétiques ont peut-être développé les conceptions des avions allemands à un rythme accéléré afin de disposer d'un transporteur approprié pour la livraison d'armes de destruction massive.

En d'autres termes, les Soviétiques peuvent avoir un transporteur sans les armes requises, alors que nous avons des armes relativement supérieures avec des transporteurs relativement inférieurs.

Si les Soviétiques devaient obtenir le transporteur et l'arme, combinés à un avion de défense adéquat, ils pourraient nous dépasser technologiquement pendant une période suffisante pour leur permettre de mener une campagne aérienne décisive contre les États-Unis et ses alliés.

La philosophie de base des Soviets a été de surpasser technologiquement les puissances occidentales et les Allemands leur en ont donné l'occasion.

4. Compte tenu des faits exposés ci-dessus, il est considéré comme impératif que l'armée de l'air prenne immédiatement des mesures positives en vue de déterminer avec certitude la nature et, si possible, l'origine des objets volants inhabituels signalés. L'action suivante est maintenant envisagée :

a) Demander à l'ATIC de mettre en correspondance au moins trois équipes d'ADC avec un nombre égal d'équipes afin de prendre des photographies au radar et des photographies du phénomène :

b) Sélectionner les sites de ces équipes en fonction des concentrations d'observations déjà signalées au-dessus des États-Unis ; (ces zones sont généralement la région de Seattle, la région d'Albuquerque et la région de New York-Philadelphie).

c) faire les premiers pas de ce projet début janvier 1952.
1 Incl Tech. Rept N ° 76-45, signé W.M. Garland, brigadier général, assistant de l'US Air Force pour la direction de la production du renseignement[64] »

Le responsable du fameux Projet Blue Book affirmait qu'environ 3 600 affaires sur plus de 4 000 n'avaient pas été enregistrées ni étudiées, en plus des 4 400 existantes dans les archives soit près de 8 400 dossiers d'ovnis en moins de quinze ans.

Nous conclurons sur les commissions d'enquête Nord-Américaines de ces années-là, ils déclarèrent que les ovnis n'existaient pas, nous sommes toutefois en droit de nous demander à quoi furent investis les deux cents millions de dollars utilisés par l'Air Force dans ses programmes de recherche sur les soucoupes volantes.

Afin d'être plus précis, deux cents millions de dollars de 1947 feraient deux milliards deux cents cinquante-deux mille quatre-vingt millions de 2019 avec l'inflation, pour rien ?

Pour du vent ?

---

[64] http://www.project1947.com/fig/1952a.htm

Pour enquêter sur quelque chose qui n'existe pas au sortir de la guerre quand la nation et le monde était en train de se reconstruire, avec d'immenses dépenses à perte pour un mythe ?

L'Armée de l'Air avait reçu tellement d'enquêtes émanant de la presse qu'elle avait nommé Albert M. Chop pour communiquer au sujet des ovnis, car le personnel participant au projet Projet Blue Book, état dans l'incapacité de la faire. Albert M. Chop est décédé le 15 janvier 2006 à Palm Désert, Californie, après avoir exercé les fonctions d'officier des relations publiques et porte-parole du service de presse de l'Air Force au Pentagone, il participait directement au célèbre débat de juillet 1952 et présenta à la presse une liste des incidents ovnis intrigants cités par le du Pentagone, relatant des incidents extraordinaires.

Une lettre du Département de la Défense Nord-Américain datée du 26 janvier 1953 destinée à la maison d'édition Henry Holt & Company, fondée en 1866 par Henry Holt et Frederick Leypoldt, Henry Holt & Co qui publie de nombreux livres primés et à succès de fiction littéraire, de poésie, d'histoire, au 383 Madison Avenue New York 17 rédigée par Albert M Chop du service de presse de l'armée de l'air, les autorise à diffuser un certain nombre d'informations issues des dossiers de l'ATIC et en relation avec Donald Edward Keyhoe, un aviateur du corps des marines américains, auteur de nombreux articles et livres sur l'aviation.

Dans les années 1950, il devint très connu en tant que chercheur sur les objets volants non identifiés.

En 1956, Keyhoe a cofondé le Comité national d'enquête sur les phénomènes aériens (NICAP) avec Thomas Townsend Brown, Keyhoe avait rédigé un article nommé : Les soucoupes volantes sont réelles, paru dans le numéro de janvier 1950 de True, se positionnant dès le départ du côté des personnes convaincues que les soucoupes volantes étaient réelles.

DEPARTMENT OF DEFENSE
OFFICE OF PUBLIC INFORMATION
WASHINGTON 25, D.C.

26 January 1953

Henry Holt & Company
383 Madison Avenue
New York 17, N.Y.

Dear Sirs:

This will acknowledge your letter of recent date regarding a proposed book on "flying saucers" by Major Donald E. Keyhoe, U. S. Marine Corps, retired.

We in the Air Force recognize Major Keyhoe as a responsible, accurate reporter. His long association and cooperation with the Air Force, in our study of unidentified flying objects, qualifies him as a leading civilian authority on this investigation.

All the sighting reports and other information he listed have been cleared and made available to Major Keyhoe from Air Technical Intelligence records, at his request.

The Air Force, and its investigating agency, "Project Bluebook," are aware of Major Keyhoe's conclusion that the "Flying Saucers" are from another planet. The Air Force has never denied that this possibility exists. Some of the personnel believe that there may be some strange natural phenomena completely unknown to us, but that if the apparently controlled maneuvers reported by many competent observers are correct, then the only remaining explanation is the interplanetary answer.

Very Truly Yours

Albert M. Chop
Air Force Press Desk

Lettre concerne le projet de livre sur les soucoupes volantes du major à la retraite du corps des U.S. Marines Donald E.Keyhoe.

Le document résumé dit en substance... :

« L'Air Force reconnait que le major est un enquêteur responsable et reconnu par l'Air Force dans notre étude au sujet des objets et la qualifié comme consultant civil dans cette recherche. Tous les rapports et autres informations listées sont fournies au Major Keyhoe par l'Air Technical Intelligence, selon leurs dossiers et à sa demande. L'Air Force et l'agence d'investigation du projet Blue Book sont au courant des conclusions du major Keyhoe selon lesquelles les soucoupes volantes proviennent d'une autre planète, l'Air Force n'a jamais nié que cette possibilité existe, parmi le personnel, certains croient que c'est un phénomène naturel étrange complètement inconnu de nous mais dont les manœuvres apparemment contrôlées rapportées par tous les observateurs compétents sont correctes, alors la seule explication retrouvée est la réponse interplanétaire. »

Des observations d'ovnis émanant des services de l'ATIC les renseignements techniques aériens et d'autres informations sécurisées, autorisées à la diffusion et rendues publiques par M. Albert M. Chop, du bureau de presse de la Force aérienne des Etats Unis d'Amérique parmi des milliers de cas contenus dans les archives de l'ATIC :

1. Base aérienne de Laredo, Texas, 4 décembre 1952, combat aérien d'un pilote de l'U.S. Air Force avec un ovni.

2. Région de l'Atlantique Nord, le 29 août 1952, trois objets en forme de disque observés lors du pistage d'un ballon.

3. Santa Ana, Californie, le 9 janvier 1953, des pilotes de bombardier B-29 virent des lumières ovnis bleues et blanches se déplaçant rapidement, dans ce qui semblait être une formation d'objets volants groupés.

4. Presque Isle du Maine le 29 janvier 1953, les pilotes d'un F-94 et de deux autres avions de combat en vol ont aperçu un objet gris foncé, de forme ovale bien définie.

5. Hempstead, Long Island le 29 octobre 1952, deux F-94 en manœuvres en plein ciel observent un objet à la vitesse élevée qui semblait contrôlé, manœuvrant d'une façon intelligente.

6. Duncanville, Texas le 6 janvier 1953, un étrange objet volant éclairé fut vu par l'exploitant de la tour CAA et d'autres témoins oculaires.

7. Base aérienne de Goose Bay, Labrador, le 15 décembre 1952, deux équipages de la Force aérienne se sont verrouillés momentanément par radar sur un objet étrange. Un pilote avait déjà vu un objet similaire le 26 novembre 1952.

8. Région du golfe du Mexique, le 6 décembre 1952, au cours d'un vol d'entraînement de bombardiers lourds B-29, ils enregistrent des rapports radar et visuels avec des détails précis, revérifiés, les vitesses calculées montrant un ovni volant à 9 000 km / h.

9. Minneapolis, Minnesota, le 11 octobre 1951, une observation extrêmement importante fut effectuée par deux observateurs de ballon aéroportés, projet de ballon General Mills-Navy. Les observateurs étaient dans un avion et ont aperçu deux objets en forme de cigare gris fumée se déplaçant à une vitesse incroyable. (Un des objets a également été aperçu et observé brièvement dans un théodolite un instrument de géodésie complété d'un instrument d'optique, mesurant des angles dans les deux plans horizontaux et verticaux afin de déterminer une direction, par un observateur terrestre).

10. Mars Air Force Base, Californie le 28 septembre (en fait, le 23 mars), 1951, des avions F-86 essayent d'intercepter un objet étrange en orbite contrôlée à 50 000 pieds ou plus.

11. Terre Haute, Indiana Le 9 octobre 1951, un rapport du communicateur de la CAA, relate un objet argenté vu au-dessus, se déplaçant à grande vitesse. (Voir le cas suivant.)

12. Greencastle, Indiana. (Paris, Illinois) le 9 octobre 1951, un pilote privé a aperçu un objet argenté à (estimé) 5 000 pieds.

13. Au Japon une rotation de lumières le 29 décembre 1952, des détails extrêmement précis son rapportés, avec radar et confirmation visuelle au sol et dans les airs, trois équipages ont confirmé leur position, leurs mouvements et leur vitesse.

14. Région du nord du Michigan le 24 novembre 1951, un ovni fut observé de quatre endroits, il était plus rapide que n'importe quel jet.

15 Greenville en Caroline du Sud le 13 mai 1952, quatre astronomes amateurs ont observé un groupe d'objets volants en formation de diamant, des objets de forme ovale, vacillant en vol.

16. Base aérienne de Patrick en Floride, 18 juillet 1952, trois officiers et quatre aviateurs, ont vu une série de lumières d'ovnis, les objets ont plané, accéléré, stoppé net puis tourné.

17. Le 29 juillet 1952, une station d'avions et d'alerte située dans le Michigan a signalé un cas extrêmement important, un centre de contrôle au sol a suivi un ovni sur son radar, la cible avait une vitesse de 550 nœuds plus de mille kilomètres heure). Poursuivi par les F-94, l'un d'eux a verrouillé le radar, il émettait une lumière clignotante vive vue au même moment, sur la même position.

18. Los Alamos au Nouveau-Mexique, le 29 juillet 1952, plusieurs pilotes et un garde de Los Alamos ont vu un ovni de couleur métallique à vol rectiligne et rapide effectuant un virage à 360 degrés derrière des avions de combat qui tentaient de l'intercepter au-dessus des installations Top Secret atomiques nord-américaines.

19. Albuquerque, NM, le 29 juillet 1952, un colonel de réserve de l'armée de l'air à Los Alamos voit une étrange lumière en forme d'ellipse, il indiqué sa vitesse rapide.

20. Bellefontaine, Ohio, le 1 er août 1952, deux F-86 ont pourchassé un objet rond et étrange, et enregistré des images avec leur caméra de vol embarquée à bord.

21. NM Trois objets cylindriques sont aperçus.

22. Açores le 26 septembre 1952 d'étranges feux verts sont vus par les équipages de la Force aérienne approchant des Açores.

23. Washington, DC, les 19 et 20 juillet et les 26 et 27 juillet 1952, cas de l'aéroport de Washington, observations radar et visuelles de survol d'un aéroport international par une formation groupée d'objets volants non identifiés.

24. Norfolk en Virginie, 14 juillet 1952, dans la base de la Navy des pilotes panaméricains font un compte rendu extrêmement précis à l'ATIC de plusieurs objets brillants en train de manœuvrer et de voler à des vitesses extraordinaires.

25. Pittsburg, Kansas., 27 août 1952, l'ATIC étudie les détails de base et l'échantillon de sol transmis, de la ville où l'observation a eu lieu, au sujet d'un objet signalé planant au-dessus d'un champ ouvert avec des lumières bleuâtres vues à travers réalisant une ascension rapide durant l'observation. Échantillon de sol fragmenté, dont ils furent incapables d'analyser la radioactivité.

26. Aéroport du comté de Yuma le 4 février 1953, un observateur au travers d'un appareil Théodolite a suivi de deux objets de forme elliptique.

27. Fort Worth au Texas le 13 février 1953, un bombardier B-36 réalise un suivi radar et des observations visuelles d'objets volants étranges non identifiés.

28. Terre Haute, Indiana le 1er février 1953, un pilote de T-33 fait une observation d'un d'ovni en vol.

29. Japon le 19 avril 1952 (le 29 mars est la date corrigée), un pilote de T-6, le Lieutenant D.C. Brigham, a signalé à l'ATIC l'observation d'un petit objet en forme de disque qui s'approchait d'un chasseur, et manœuvrait autour de lui.

30. Uvalde, Texas le 22 juillet 1952, détails de l'affaire sur une liste séparée.

31. Manhatten Beach en Californie, 27 juillet 1952, observation d'ovnis connue sous le nom de "pile de pièces".

32. Près de Hermanas, NM, le 24 août 1952, le pilote d'un F-84 a observé deux objets étranges (en forme de disque et manœuvrant à grande vitesse).

33. Base aérienne de Hamilton, Californie le 3 août 1952, observation d'une série d'ovnis, compte rendu extrêmement précis des manœuvres, des vitesses.

34. Rosalia, Washington le 6 février 1953, un rapport de bombardier B-36 avec une description d'observation très précise, montrant un objet discal à l'approche de B36, dont la lumière commence à clignoter à intervalles rapprochés.

35. Île de Truk le 6 février 1953, un objet brillant, d'aspect métallique est aperçu par un officier responsable de la station météorologique.

36. Région de Corée (Okinawa) le 7 février 1953, le radar de la base militaire détecte un ovni, un F-94 décolle à sa rencontre et a été brouillé, le pilote a vu un objet de couleur orange vif, qui change d'altitude, s'éloigne à grande vitesse.

37. Tunis-Tripoli le 11 février 1953, un ovni est aperçu par l'équipage d'un C-119 de l'Armée de l'Air, il descendit à sa rencontre et suivit l'avion pendant une longue période.

38. Caroline du Sud, rapport préliminaire sur l'affaire, en février 1953, où un homme du nom de Booth a tiré sur un objet allumé apparemment planant. (La possibilité qu'il ait tiré sur un dirigeable de la marine fait l'objet d'une enquête.)

39. Falls Church en Virginie, rapport préliminaire sur une observation en août 1952, d'un ovni en rotation vu par les observateurs terrestres, y compris la police. Lorsque l'officier de police a incliné le projecteur de la voiture de repérage vers le haut, l'objet a semblé descendre vers lui. La lumière a été éteinte à la hâte, et l'objet a atteint sa hauteur initiale, continuant de tourner.

---

40. Ville d'Erie en Pennsylvanie, le 22 février 1953, un ancien mitrailleur de la Marine, désormais observateur d'avions, a signalé un disque argenté, d'un éclat très brillant, estimé à au moins 150 pieds de diamètre.

41. Panama, Zone du canal les 25-26 novembre 1952, deux ovnis, furent suivis par un radar de défense, aucune observation visuelle.

42. Série de questions concernant les théories du Dr Donald Menzel. Répondu par ATIC.

43. Questions relatives aux réclamations de Henry J. Taylor, US News and World Report, des Dr Urner Liddel, Frank Scully et Anthony Mirachi. Répondu par ATIC.

44. Questions sur Tremonton, Utah, projection de diapositives lors d'une conférence au sujet de l'existence connue de source extraterrestre, confirmée par l'armée de l'air, y compris confirmation par des officiers du renseignement lors de la projection des images de Mc Lean.

45. Résumé de la première enquête de l'armée de l'air par Albert M. Chop, il admit que la phase initiale n'avait pas été bien gérée, mais l'attitude a changé, avec une approche très sérieuse.

46. Le fait qu'un nombre croissant de membres du personnel de la Force aérienne, y compris des officiers du renseignement et du projet, soient convaincus que les soucoupes sont d'origine interplanétaire, à moins de phénomènes naturels étranges. (Cette déclaration a été approuvée avant la déclaration officielle faite à Henry Holt and Company).

47. Le fait que les services de renseignement donnent des briefings classifiés secrets défense à divers responsables importants (comme indiqué dans le rapport Finletter).

48. Le projet utilise divers scientifiques hautement réputés, astronomes, astrophysiciens, ingénieurs, experts en aéronautique, experts en missiles guidés et fusées, etc. pour l'analyse de rapports et d'autres éléments de preuve.

49. Le fait d'aider l'armée de l'air à sécuriser les images de McLean pour analyse.

50. Le fait que le colonel William C. Odell a soumis un article (par l'intermédiaire de M. Chop) indiquant un possible exode d'une autre planète ; qu'il n'était pas autorisé à utiliser son rang à ce sujet et qu'après avoir discuté de la question avec True magazine, j'ai rendu le manuscrit au colonel (toujours par l'intermédiaire de M. Chop).

51. L'approbation de l'affaire Tremonton (Utah) et des faits que j'avais précédemment confirmés.

Cette liste détaillée porte la notation suivante.

« Tel que paraphé, le texte ci-dessus est le récit fidèle des sujets abordés, des opinions exprimées et des documents autorisés à être publiés ».
Signé : Albert M. Chop.

Malgré toute l'ouverture d'esprit que l'on concède aux habitants des pays Nordiques Scandinaves, les autorités ne communiquèrent sur rien dans le domaine des observations d'objets inhabituels et ou insolites pendant plus de soixante-dix ans.

Toutefois les sources de l'ATIC nord-américaines ont été plus prolifiques, nous noterons la grande diversité de déclarations incroyables ou tout simplement banales que les américains ont recensé.

Bien que sollicités par les Norvégiens et les Suédois pour les assister dans leurs enquêtes, les américains non plus n'ont pas daigné communiquer sur les étranges survols d'ovnis en Scandinavie de 1946 à 1952.

Le Mémorial des ovnis à Ängelholm, une statue de disque volant dédiée à un supposé ovni atterrissant à Kronoskogen, dans la banlieue d'Ängelholm, en Suède, rappelle aux touristes et aux curieux que quelque chose à bien eu lieu dans ces contrées nordiques, et suffisamment insolite pour que la population s'en inquiète et ne croît pas à la version officielle.

La société norvégienne UFO Centre Company Limited, Norsk UFO Center AS, fut été créée en janvier 2000 à l'initiative de la municipalité de Holtålen, dans le comté de Sør-Trøndelag. Holtålen, l'endroit en Norvège où le plus grand nombre d'ovnis de tous les temps ont été observés.

Un observatoire d'ovnis est construit par une association citoyenne afin d'observer, répertorier et essayer de comprendre ce que sont ces objets inconnus dont l'existence est niée par leur gouvernement. Un mémo secret défense du directeur de la CIA daté 2 décembre 1952, finira déclassifié le 24 janvier 1975 :

« À l'heure actuelle, les rapports d'incidents nous convainquent que quelque chose se passe qui doit faire l'objet d'une attention immédiate. AD / SI a discuté des détails de certains de ces incidents avec DDCI.

Les observations d'objets inexpliqués à grande altitude et se déplaçant à grande vitesse à proximité d'installations de défense américaines importantes sont d'une nature telle qu'elles ne sont pas attribuables à des phénomènes naturels ou à des types connus de véhicules aériens. »

Plus de 100 cas finirent dans le projet Blue Book durant l'été 1952, finissant classés comme objets volants totalement inconnus. Beaucoup d'officiers supérieurs ont fait des remarques intéressantes sur le fait que les soucoupes volantes étaient d'origine extraterrestre à l'époque. L'année 1952 fut une année plutôt difficile pour l'armée, qui commença à vraiment critiquer les informations de déni au sujet des soucoupes volantes après l'incident de Roswell en raison d'innombrables observations, très sérieusement réalisées par le personnel volant à bord des avions de l'armée de l'air. Cinquante-six observations émanaient de pilotes d'avions impliquant des effets électromagnétiques sur le matériel militaire[65] et interférant directement avec leurs instruments de bord, Richard F. Haines, Ph.D. témoigne en 1992 à ce sujet : Fifty-Six Aircraft Pilot Sightings Involving Electromagnetic Effects[66] :

« Des comptes rendus d'objets aériens anormaux (AAO) apparaissant dans l'atmosphère continuent d'être signalés par des pilotes de presque toutes les compagnies aériennes et les forces aériennes du monde, en plus de pilotes d'essai privés et expérimentaux. » Chercheur à la NASA depuis 1967. M. Haines a enregistré plus de 3 000 rapports sur les ovnis.

Le document Fifty-Six Aircraft Pilot Sightings Involving Electromagnetic Effects, présente une analyse de 56 rapports d'AAA dans Les effets électromagnétiques (EM) se produisent à bord de l'avion lorsque le phénomène est localisé à proximité mais pas avant ou après son départ.

---

[65] http://kevinrandle.blogspot.com/2010/03/washington-national-sighting-press.html

[66] http://www.nicap.org/papers/92apsiee.htm

Les effets électro-magnétiques signalés comprenaient des interférences radio ou une défaillance totale, un contact radar avec et sans contact visuel simultané, des déviations du compas gyroscopique, défaillances ou interférences du radiogoniomètre, l'arrêt ou interruption du moteur, l'atténuation des lumières de la cabine, la défaillance du transpondeur et la défaillance du système d'armement de l'avion militaire. Il ne s'agit pas de projections mentales ni d'hallucinations de la part du témoin, mais d'un phénomène physique réel[67]. Richard Haines, psychologue spécialisé dans la recherche sur les facteurs humains chez les pilotes et les astronautes pour le centre de recherche Ames de la NASA en Californie, et fut responsable du bureau des facteurs humains de l'espace[68]. Son intérêt pour les phénomènes ovnis s'étend sur plus de 20 ans, avec un intérêt particulier pour les observations de pilotes, l'analyse de preuves photographiques et les données sur les Rencontres rapprochées du quatrième type.

Le 17 décembre 1969, le secrétaire de la Force aérienne a annoncé la fin du projet Blue Book, le programme d'enquête de la Force aérienne sur les ovnis.Les archives des documents papiers microfilmés du projet Blue Book (la documentation relative aux recherches d'objets volants non identifiés), à l'exclusion des noms des personnes impliquées dans les observations, sont maintenant disponibles pour des recherches dans le bâtiment des Archives nationales. L'accès aux documents du projet Blue Book se fait au moyen de 94 rouleaux de microfilms de 35 mm (T-1206) dans la salle de lecture des microfilms des Archives nationales nord-américaines.

---

[67] http://www.nicap.org/83rsaps.htm

[68] https://www.bibliotecapleyades.net/ufo_aleman/rfz/index.htm#menu

Le premier rouleau de microfilms comprend une liste du contenu de tous les rouleaux et des instruments de recherche et un index des observations ind ividuelles, par date et lieu. Des photographies séparées des documents texte auxquels elles se rapportent ont également été filmées séparément et figurent sur les deux derniers rouleaux. Les films cinématographiques, les enregistrements sonores et certaines images fixes sont gérés par la Direction des images animées et son et vidéo (NNSM) et par la Direction des images fixes (NNSP).

De 1947 à 1969, 12 618 observations ont été signalées au projet Blue Book. De ce nombre, 701 demeurent totalement non identifiées, bien que ce chiffre contredise totalement les déclarations des responsables de l'ATIC.

Comment comprendre que plus de 100 cas de rencontres entre des militaires des forces aériennes furent enregistrés dans le projet Blue Book durant l'été 1952 et classées comme objets volants totalement inconnus sur une période égale à moins d'un trimestre, peut-être seulement quelques semaines à peine et ne suffisent néanmoins pas à prouver l'anormalité du phénomène, sa redondance et son origine extra-terrestre.

Le Projet Blue Book déclassifié et disponible dans les archives nationales est-il complet ?

Où se trouvent les dossiers les plus litigieux ?

Le projet avait son siège à la base aérienne Wright-Patterson, là où se trouvait l'ATIC depuis la fin de la seconde guerre mondiale, le personnel ne reçoit plus, de document et n'enquête plus sur les rapports d'ovnis aujourd'hui.

Tout au long de la période des observations d'ovnis en Scandinavie les autorités de plusieures nations appartenant à l'Alliance Atlantique et en particulier en collaboration avec les autorités Britanniques et Nord Américaines ont validé la théorie des fusées aériennes soviétiques qu'ils auraient hypothétiquement lancé.

Les documents internes issus de leurs propres services de renseignement parlent d'une phénoménologie inconnue ipossible à réaliser sur terre, en provenance d'une autre planète sans exclure dans cette seconde hypothèse non plus que les soviétiques ne soient pas capables de l'utiliser.

Sans aucun débris, sans la moindre trace, ils ont semé la panique dans les populations de nombreux pays Européens dans des affirmations infondées très largement reprises dans la presse.

En 1987, le gouvernement norvégien envoie 1400 pages de documents sur les soi-disant fusées fantômes aux Archives nationales du pays.

En 1968, certains fichiers de l'armée de l'air suédoise sont mis à la disposition du chercheur K. Like Rehn. 1975 et de nouveaux documents sont mis à la disposition de l'association ufologique suédoise UFO (AFU), en fin le 10 mai 2009, le gouvernement suédois a déclassifié un dossier gigantesque englobant 18 000 cas d'ovnis enregistrés dans le pays.

La déclassification des documents ovnis a commencé au niveau du pays avec les États-Unis, Russie, Équateur, États-Unis, France, Danemark, Brésil, Suède, Canada, Portugal, Grande Bretagne, Suisse, toutefois sommes-nous pleinement persuadés, que les instances gouvernementales fournissent-elles l'intégralité des données en leur possession ?

Film vidéo tourné par la station spatiale ISS 2022

Des objets trop brillants qui ne sont pas des débris

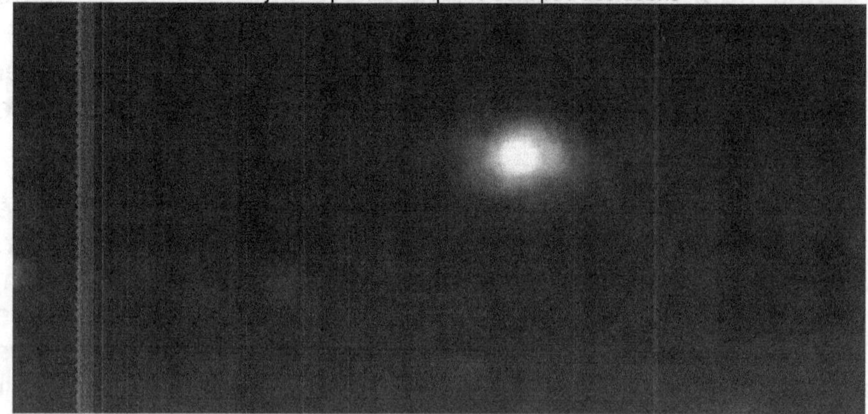

TABLE DES MATIERES